Wilhelm Hoegner

WILHELM HOEGNER

Flucht vor Hitler

Erinnerungen an die Kapitulation
der ersten deutschen Republik 1933

Mit einem Nachwort
von Wolfgang Jean Stock

Nymphenburger Verlagshandlung

2. Auflage 1978

© Nymphenburger Verlagshandlung GmbH, München 1977
Alle Rechte, auch das der photomechanischen Vervielfältigung
und des auszugsweisen Abdrucks, vorbehalten
Umschlaggestaltung: Werner Rebhuhn, Hamburg
Satz und Druck: J. C. Huber KG, Dießen
ISBN 3-485-01841-4
Printed in Germany

Inhalt

Vorwort

Dieses Buch ist vor vierzig Jahren während meiner Schweizer Emigration entstanden. Meine Zürcher Parteifreunde lehnten damals die Veröffentlichung aus politischen Gründen ab.

Im Unterschied zu anderen Darstellungen – wie etwa der Geschichte der Weimarer Republik von Friedrich Stampfer, dem früheren Chefredakteur des »Vorwärts« – rechtfertigt nämlich mein Buch die Politik der freien deutschen Arbeiterbewegung im Frühjahr 1933 nicht. Es bringt vielmehr die schwere Enttäuschung über das kampflose Ende der Weimarer Republik zum Ausdruck. Manches Urteil darin mag nach der heutigen Betrachtung der Ereignisse zu hart erscheinen. Ich habe mich aber bemüht, nur der Wahrheit und der Gerechtigkeit zu dienen.

Die Nationalsozialisten hatten ja bei der Novemberwahl 1932 über zwei Millionen Stimmen und 46 Reichstagsmandate verloren. Sie waren finanziell am Ende. Als Hitler dann am 30. Januar 1933 sich durch Täuschung Hindenburgs das Amt des Reichskanzlers erschlich, lehnten die Gewerkschaften einen Generalstreik mit der Begründung ab, Hitler sei »legal« an die Macht gekommen.

Nachdem die bekannteren Parteifreunde in die neueingerichteten Konzentrationslager eingeliefert waren, setzte die Flucht vor Hitler ins Ausland ein. Der Vorstand der SPD begab sich nach Prag in die Emigration.

Gegen mich lag bereits seit März 1933 ein Festnahmebefehl des Nazi-Polizeipräsidenten Heydrich vor. Trotzdem lebte ich noch bis 11. Juli 1933 illegal in München und ließ mich erst durch den dringenden Rat meiner engeren

Freunde zur Flucht über das Wettersteingebirge bewegen. Den Österreicher und Schweizer Parteifreunden, die meiner Familie und mir in den Jahren der Emigration den Lebensunterhalt sichern konnten, bin ich zu tiefem Dank verpflichtet. Es wäre aber unverzeihlich, wenn ich nicht vor allem meiner Frau gedächte, die diese schweren Jahre mit mir durchgehalten hat.

Ich habe in der Emigration nie daran gezweifelt, daß das »Dritte Reich« untergehen würde. Auf die Rückkehr nach Deutschland habe ich mich in der Schweiz lange vorbereitet. Sie brachte aber wiederum eine große Enttäuschung. Wir Emigranten hatten erwartet, daß das deutsche Volk die Verfolgten des Nationalsozialismus mit offenen Armen aufnehmen würde. Statt dessen erlebten wir nur Mißtrauen, Niedergeschlagenheit und bittere Klagen über Elend und Not.

Ich selbst konnte mit Hilfe meiner alten Freunde Thomas Wimmer, Albert Roßhaupter, Ernst Vetter, Josef Seifried, Franz Fendt, Ludwig Linsert, Ludwig Koch und Hans Fischer, die das »Dritte Reich« durchgestanden hatten, einiges für die demokratische Erneuerung meiner bayerischen Heimat leisten.

Angesichts der üblich gewordenen Verniedlichung der Untaten des »Dritten Reiches«, es sei ja alles nicht so schlimm gewesen, möge dieses Buch ein Beitrag zur geschichtlichen Wahrheit sein.

München, Ostern 1977   Wilhelm Hoegner

Einleitung

Dieses Buch handelt von dem Zusammenbruch der freien deutschen Arbeiterbewegung, der sich in der erstaunlich kurzen Zeit von fünf Monaten, von Ende Januar bis Ende Juni 1933, vollzog. Es ist der persönliche, durchaus gewöhnliche und an Merkwürdigkeiten, überhaupt an Ereignissen arme Bericht eines Mannes, der den Fall von Stufe zu Stufe mit seinen unendlichen seelischen Leiden miterlebt hat. Wer an einen Untergang nach heroischem Widerstand denkt, etwa an den Kampf der letzten Goten am Vesuv, an den heldenmütigen Widerstand der vierzehnhundert Eidgenossen in der Schlacht bei St. Jakob an der Birs, an den Verzweiflungskampf der österreichischen Arbeiter im Februar 1934 oder an die Verteidigung Madrids durch die spanische Volksfront, der muß von meinem Bericht bitter enttäuscht sein. Wir leisteten keinen Widerstand. Wir warfen dem siegreichen politischen Gegner keine Prügel in den Weg. Er sollte freie Bahn haben, seine sagenhaften Künste in der Bekämpfung der Wirtschaftskrise zu zeigen, freie Bahn, seine Versprechungen an alle Volkskreise zu halten oder an ihnen, gleich uns, zu scheitern. Wir waren beiseite getreten und wähnten uns sicher im Schutz der Gesetze und einer Verfassung, zu der sich der Sieger feierlich bekannt hatte. Daß dieser Schutz versagte, daß beschworene Eide nicht mehr galten, daß die den Deutschen heilige Ordnung des Staatslebens barst und unser häuslicher Herd, unser Eigentum, unsere privaten Stellungen, unsere Sicherheit und Freiheit, ja unser Leben der Willkür bewaffneter Haufen preisgegeben wurden, war anfänglich unfaßbar für uns. Von jeher gilt das Andenken Cäsars dadurch befleckt, daß er seinen ritterlichen Gegner Vercingetorix, der nur seine Heimat gegen einen fremden Eroberer verteidigt hatte, im Gefängnis erdrosseln ließ. Auch wir hatten kein anderes Verbrechen begangen, als daß wir für unser politisches Ideal mit gesetzlichen Mitteln – leider viel zu schwächlich – eingetreten waren. Daher konnten wir es nicht verwinden, daß man uns nach einer politischen Niederlage, die uns ohnehin ins Herz treffen mußte, gegen alle Überlieferungen im europäischen Kulturkreis auch noch die menschenwürdige Existenz nahm.

Wir hatten die demokratische Freiheit geliebt. Sie schien uns nach der furchtbaren Niederlage Deutschlands im Weltkrieg, nach dem Zusammenbruch des alten Obrigkeitsstaates das einzige Mittel zur Erneuerung des deutschen Volkslebens, zur Wiederanknüpfung an die Überlieferungen einer schöneren Vergangenheit, zur Wiedergewinnung des nationalen Selbstvertrauens, zum Aufstieg der unteren Volksklassen, zum sozialen Fortschritt zu sein. Um dem deutschen Volk auch außenpolitisch wieder Bewegungsfreiheit zu verschaffen, die Ketten des Versailler Vertrages zu lockern, dem durch den Weltkrieg verhaßt gewordenen deutschen Namen die Ehre wiederzugeben, waren in den fünfzehn Jahren demokratischer Republik gewaltige und nicht erfolglose Anstrengungen unternommen worden. Was noch fehlte, durfte man von der Einsicht der Sieger erwarten, durfte man erhoffen von der Zeit. Das stolze, ehrsüchtige und empfindliche Frankreich hatte die letzten Fesseln der Verträge von 1815 erst nach 50 Jahren abgestreift. Aber die furchtbare Wirtschaftskrise seit 1930 rief bei den Deutschen die Erinnerung an die unendlichen Leiden der Inflation wach und ließ alle innen- und außenpolitischen Fortschritte unansehnlich, trüb und verächtlich erscheinen. Die innenpolitische Freiheit gar wurde immer mehr für nichts geachtet, als Freiheit des Elends, der Arbeitslosigkeit und des Freitodes ausgelegt. Knechtschaft mit Brot erschien jetzt vielen besser als Freiheit mit Not. Kein Volk feiert die Freiheit mit Worten so sehr wie das deutsche, kein Volk hat so wenig Opfer für die innenpolitische Freiheit gebracht. Auch wir Anhänger der freiesten Verfassung der Welt, der von Weimar, scheuten vor dem letzten und höchsten Opfer für sie zurück. Wahrscheinlich wären im Jahre 1932 und noch 1933 mehr Deutsche als je bereit gewesen, für die Verteidigung der Volksfreiheiten gegen den Faschismus zu kämpfen. Aber der Deutsche ist vor allem Soldat. Er wartet immer auf den Befehl seiner Organisation. Er macht keinen Umzug, keinen Streik und keinen Aufstand ohne Befehl. Am 30. Januar 1933 blieb der Befehl zur Verteidigung aus. So konnte die Freiheit wie ein baufällig gewordenes Wohnhaus abgetragen werden. Niemand legte Verwahrung ein.

Mit der Einschränkung und schließlichen Vernichtung der politischen Freiheit verloren wir Politiker unser Betätigungsfeld und fielen urplötzlich in ein ungewohntes Privatleben zurück. Bis dahin waren wir gewohnt, in Massen zu denken, für Massen zu handeln. Beruf und Angehörige waren hinter den Anforderungen des politischen Lebens zurückgetreten. Selbst im Sommerurlaub waren wir kaum eine Woche für uns allein, nie waren wir mehr auf uns selbst gestellt, fast körperlich fühlten wir bei allem, was wir sprachen und taten, die Tausende, die hinter uns standen. Durch die politischen Verfolgungen, durch das Verbot unserer politischen Organisationen im Frühjahr 1933 wurde unsere Verbindung mit der Masse durchschnitten. Hinter uns entstand ein luftleerer Raum. Wir sahen uns auf einmal von allen verlassen und mußten uns erst wieder daran gewöhnen, ohne Heer im Rücken zu sein. Das ging nicht ohne schmerzliche Unfälle ab.

Der Korpsgeist der Führer, die noch eine Zeitlang ins Blaue hinein weiterarbeiteten, hielt eine Weile vor. Kameradschaftlichkeit bei Politikern ist selbst innerhalb der gleichen Partei eine Seltenheit. Zu groß sind oft die sachlichen Meinungsverschiedenheiten, die kleinen Eifersüchteleien, der große Neid auf den Erfolg, die Anstachelungen des persönlichen Ehrgeizes, die Reibungen beim Wettlauf um Einfluß und Macht bei der Wählerschaft. Am ehesten kommt es innerhalb einer Partei noch zur Bildung von Cliquen, zu einem auf beiderseitigem Nutzen beruhenden Zusammenhalt von Leuten, die innerhalb einer Körperschaft die Richtung bestimmen, oder umgekehrt zu Verschwörungen von Leuten, die Gegner der herrschenden Richtung sind. Eine allgemeine Erscheinung in allen größeren Parlamentsfraktionen, vielleicht in allen menschlichen Gemeinschaften, ist aber die Furcht der alten Generation vor der jungen, die in die Höhe strebt. Die Alten bangen um ihren Ruhm. Große Männer sträuben sich immer, rechtzeitig einen Nachfolger heranzuziehen und ihm die Fortsetzung ihres Werkes zu treuen Händen zu übergeben. Wie alte, lächerlich gewordene Schauspieler oder Sängerinnen merken sie nie, wann der Vorhang gefallen ist. Auch bei uns war die Vorherrschaft der Alten und ihre Abneigung, die Jungen hinter die Kulissen schauen zu lassen, stark ausgeprägt. Fähige Neulinge, die nach Meinung der Alten zu rasch emporgekommen waren, wurden oft unter Kränkungen zurückgesetzt. Kleine Entgleisungen wurden schadenfroh aufgebauscht. Die Beratungen und Verhandlungen der Leitung wurden mit dem Schleier des Geheimnisses bedeckt. Nicht selten wurde von oben herab ein überheblicher, unerträglich belehrender Ton angeschlagen.

Wenn ich dies anführe, will ich keine mildernden Umstände für mich erbetteln. Ich war sozialdemokratischer Reichstagsabgeordneter und bin daher mitverantwortlich für den Untergang meiner Partei. Als meine Hauptsünde bekenne ich, daß ich mich durch Rücksichten der Zuständigkeit, aus Abneigung gegen mögliche Quengeleien gewisser Parteibürokraten davon abhalten ließ, zu bürgerlichen Politikern zu gehen, ihnen die Größe der Gefahr zu schildern und mit ihnen gemeinsame Abwehrmaßnahmen zu besprechen. Nicht als ob ich mir einbilden würde, das Verhängnis hätte abgewendet werden können! Aber mein Gewissen würde ruhiger sein. So muß ich mich anklagen, mich gleich den andern auf andere oder gar auf den blinden Zufall verlassen zu haben. So darf auch der Politiker nicht handeln, der die Rolle des Glückes in der Geschichte kennt.

Die im Grunde unbedeutenden und kaum erwähnenswerten Mißhelligkeiten und Mißstände in unserer Reichstagsfraktion verblaßten oder verschwanden übrigens mit der zunehmenden Not. Alte Gegensätze milderten sich, in Brüche gegangene Freundschaften lebten wieder auf. Bei bisher unzugänglichen Männern kamen menschliche Züge zum Vorschein. Allerdings währte auch das bei einigen nur bis zur Auflösung der Partei. Da bangten dann manche nur mehr um ihr persönliches Schicksal, gaben wie beim Untergang eines Schiffes die Losung aus, daß jetzt jeder für sich selbst sorgen müsse, und gaben damit das Zeichen zur Flucht. Das war die letzte und schlimmste Erfahrung. Wir waren seit Jahrzehnten nicht mehr wir selbst, nicht mehr bloße Privatpersonen gewesen. Man hatte sich mit seinem persönlichen Schicksal in das der Partei verflochten und konnte nicht glauben, daß jählings alle menschliche Bindung, Freundschaft und wechselseitige Hilfe in dem Augenblick, da sie jeder am meisten benötigte, unwiderruflich zu Ende seien.

Als Volksvertreter in einem parlamentarisch regierten Staate besaßen wir Macht. Die hohe Staatsbürokratie fürchtete uns, aber sie schmeichelte uns. Was wir öffentlich sprachen, schien irgendwie bedeutend, irgendwie von Einfluß auf die Beurteilung oder Gestaltung einer politischen Lage zu sein. Zahlreiche Bittsteller suchten uns auf und bauten auf unseren Einfluß, wenn sie ihre Anliegen bei den Behörden vertraten. Man war, sofern man rechtschaffen und ehrlich seine Pflicht tat, ein angesehener Mann, bei vielen Tausenden, die mit Vertrauen zu einem aufblickten, in Wahrheit beliebt. In Massenversammlungen umrauschte uns der Beifall der Anhänger und verlieh uns immer wieder neue Kräfte, neuen Mut und frischen Glauben an die Richtigkeit und Gerechtigkeit unserer Sache. Von wirtschaftlichen Sorgen waren wir dank einer angemessenen Aufwandsentschädigung frei. Nach der Verfassung hatten wir das Recht, Deutschland von den Alpen bis zur Nordsee, vom Rhein bis zur Pregel in der besten Wagenklasse zu durchfahren. Diese verhältnismäßige Unabhängigkeit hätte auch bei weniger eitlen Männern, als es Politiker häufig sind, das Gefühl wachgerufen, mit an der Spitze der Nation zu sein.

Dann aber, von heute auf morgen, waren wir nichts. Man erklärte uns für vogelfrei. Man machte wie auf entsprungene Sträflinge Jagd auf uns. Der unbändige Haß unserer Gegner brannte uns das Schandmal des flüchtigen Verbrechers auf. Fast keiner von uns entging dem Schicksal, aller erdenklichen strafbaren Handlungen – zu Unrecht – bezichtigt zu werden. Man zeigte mit Fingern auf uns, man zog uns durch den Kot der Zeitungen, man hetzte die früheren Anhänger gegen uns auf. Wir wurden zu Bettlern, zu Werwölfen gemacht. Das ging schier über unsere Kraft. Alle waren wir wie vor den Kopf geschlagen, an allen Gliedern zerschmettert, aus allen Himmeln gestürzt. Wie blinde Greise tasteten wir uns an unbekannten Zäunen entlang.

Einige von uns glaubten, den schmählichen Untergang unserer Millionenpartei, unserer Organisationen, an denen drei Generationen deutscher Arbeiter gebaut hatten, nicht überleben zu können. Sie wählten den Tod. Die meisten anderen verschlang das Konzentrationslager. Zahlreiche der besten Männer und Freunde, ein Stelling, ein Eggerstedt, der prächtige Husemann, wurden ermordet. Viele wanderten rastlos auf allen Landstraßen Europas, fremden Völkern und sich selbst zur Last, bis sie irgendein launischer Zufall in die Arme nahm. Mir sagten meine letzten Freunde, einfache Arbeiter, ein paar ihrer Führer müßten übrigbleiben für eine bessere Zeit. Darauf ging ich über die Berge meiner bayerischen Heimat ins Ausland, wie ein Mann mit abgeschnittenen Ohren, den die Wut der Feinde als Boten der furchtbarsten Niederlage übriggelassen hat. Möge keinen von denen, die mir, wie vielen tausenden anderen Deutschen, Heimat und Vaterland, Beruf und Bücher geraubt haben, das Schicksal dazu aufsparen, das bittere Brot der Verbannung zu essen!

1. Der Niedergang

Gegen Ende Januar 1933, vor den Tagen der Entscheidung, erwachte ich zu Hause in München einmal tief in der Nacht. Aus einer Wohnung unter uns ertönte fremdartig dunkler Gesang. Ich lauschte und lauschte, kein Ärger über die Störung der kostbaren Nachtruhe kam auf, ich fühlte mich seltsam gebannt. Eine Frau schien zu singen, dann fielen immer wieder Kinderstimmen ein. Es klang wie Gebete von Menschen in höchster Todesnot. Inbrünstiges Flehen und erschütternde Klage, unermeßlicher Jammer, Vorahnung entsetzlichen Unglücks und Angst, quälende unheimliche Angst flossen in Tonwellen zusammen und wogten schauerlich durch die nächtliche Stille der Stadt. Es war wie das Ringen verzweifelter Menschen mit einem unerbittlichen grausamen Gott. So hatte meine Mutter erzählt von unglücklichen Frauen, die im Übermaß des Leides Christus vom Kreuze rissen, um Erhörung für ihr verzehrendes Flehen zu finden. So mußten Juden an der Klagemauer ihren Gott anklagen, mit Drohungen, mit Vorwürfen überschütten wegen Wortbruchs und Betrugs um die versprochenen Verheißungen. Ein jüdischer Name war wohl an einem Türschild des Miethauses, das wir bewohnten. Ich hatte ihn flüchtig gesehen, diese Familie mußte es sein. Vielleicht sangen sie die Lieder des Propheten Jeremias, der wegen seiner unheilverkündenden Weissagungen von seinen Volksgenossen gesteinigt worden war. Vielleicht sangen sie von der Zerstörung des Tempels, von der Austreibung der Juden aus den deutschen Städten des Mittelalters, von den Verfolgungen durch die spanische Inquisition, von den Judenpogromen in Südrußland durch die schwarzen Hundert in der zaristischen Zeit. Man hörte keine Männerstimme, der Ehemann war vielleicht auf Reisen und die Frau hatten Ahnungen von einem Unglück überfallen mitten in der Nacht. Sie hatte die Kinder geweckt, und nun wollten sie mit Gebeten das Unheil beschwören, wie man in katholischen Landen mit Gebeten ein schwefelgelbes Gewitter beschwört. Aber sie endeten mit einem Schluchzen der Ohnmacht, mit einem hilflosen Wimmern, das immer leiser wurde und schließlich im Dunkel erstarb.

Mir war das Herz schwer geworden, und ich schlief nicht mehr ein. Das Unheil lag in der Luft. Unaufhaltsam kroch es heran und klopfte höhnisch schon an die Fensterscheiben. Vor einigen Tagen war ich von einem jungen zerlumpten Nationalsozialisten in nächster Nähe meiner Wohnung angefallen worden. Er hatte an meinem Dreipfeilzeichen Anstoß genommen und ging schimpfend auf mich los.

»Jetzt fliegt ihr bald raus aus euren Fünfzimmerwohnungen«, hatte er geschrien, »ihr Bonzen, ihr Volksbetrüger!«

Er verfolgte mich unter Verwünschungen eine Strecke weit, bis ich mit der Polizei drohte. Da lachte er nur frech: »Die Polizei steht auf unserer Seite.« Dann war er aber doch langsam weggegangen. Ein Arbeitsloser, wahrscheinlich ohne Unterstützung, ein armer Teufel, der sich von einem Umsturz die Rettung aus seinem Elend versprach. Warum schimpfte er nicht auf die Industriemagnaten und Bankherren, die reichen Gönner seiner Partei?

Ich wußte, Millionen dachten und warteten wie er. In den letzten Jahren war im Arbeitslosenheer eine große seelische Wandlung vor sich gegangen. Die Hoffnung, durch Besserung der Wirtschaftslage wieder einen Arbeitsplatz zu finden, war geschwunden. Jetzt konnte das nur mehr auf Kosten der noch Beschäftigten gehen. Sie sollten auch einmal das Los der Arbeitslosigkeit am eigenen Leibe spüren, sie sollten aus den Betrieben herausgeworfen und durch die bisher Arbeitslosen ersetzt werden. Eine neue Klassenscheidung entstand. Neid- und Haßgefühle zerfraßen das Volk. Kein Wunder, daß sie vor den Volksvertretern nicht haltmachten. Es ging uns im Verhältnis zu dem Großteil des deutschen Volkes recht gut. Ich bezog mein Gehalt als Landgerichtsrat und dazu die Reichstagsdiäten, nach verschiedenen Abzügen monatlich über 500 Mark. Dieses Geld blieb uns zum größten Teil, weil in den letzten Jahren die Reichstagssitzungen recht selten geworden waren. Man hatte eine bessere Wohnung genommen, der Frau und den Kindern ein schönes Heim geschaffen, eine Art Ersatz für den Gatten und Vater, der als Politiker den Seinen allzu viel entzogen war. Man war als Beamter vor den Wechselfällen des Lebens einigermaßen geschützt, man konnte freilich keinen Aufwand treiben, aber man hatte genug. Von seiner Aufwandsentschädigung gab man reichlich ab, an Ortsvereine für eine neue Fahne, für Anschaffung von Reichsbanneruniformen, für die »Eiserne Front«, an alle möglichen Bittsteller, die einen umdrängten. Man war also kein Ärgernis in der allgemeinen Not. Das schlechte Gewissen, das man angesichts des Massenelends empfand, kam in der Hauptsache doch davon her, daß man diesem Elend nicht abhelfen konnte. Wir Sozialdemokraten waren politisch handlungsunfähig geworden, ins Schlepptau stärkerer Kräfte geraten und wurden nun unaufhaltsam in die Brandung gerissen, deren Donnern und Rollen immer näher kam.

Während ich mich in dieser Nacht umsonst nach Schlaf sehnte, fielen die Erlebnisse und Gedanken der letzten Jahre über mich her. Seit dem Wahlsieg der Nationalsozialisten vom 14. September 1930, durch den sie von 13 auf 107 Reichstagssitze hinaufschnellten, war unsere Partei in die Verteidigung gedrängt. Wir mußten die Regierung Brüning stützen, um Hitler nicht sofort an die Macht kommen zu lassen. Wir mußten die bürgerlichen Parteien bei der Stange halten, damit sie nicht sogleich in hellen Haufen zu den Nationalsozialisten überliefen. Zäh und verbissen verteidigten wir jeden Fußbreit Boden der parlamentarischen Demokratie, wichen schrittweise zurück, sammelten uns immer wieder, gaben auf Teilgebieten nach, um das Ganze zu retten. Es war eine furchtbar opferreiche Politik. Wir schwammen wie auf einer Scholle mitten im Eismeer, täglich bröckelten Stücke ab, wir sahen den Tod vor uns, aber wir hofften, bevor er uns umkrallte, das feste Land zu gewinnen.

Der Kanzler Brüning strebte die Aufhebung der deutschen Reparationsverpflichtungen unter Zustimmung der siegreichen Mächte des Weltkriegs an. Er glaubte, von der Unhaltbarkeit der Reparationen das Ausland dadurch überzeugen zu können, daß er in der Weltwirtschaftskrise die Not des deutschen Volkes auf die Spitze trieb. So wurden die Unterstützungen der Erwerbslosen, die Leistungen der Sozialversicherung, die Renten der Kriegsopfer rücksichtslos gekürzt, zur Deckung des in der Krise erhöhten Staatsbedarfs aber die Verbrauchs- und Kopfsteuern unbarmherzig erhöht. Der Reichskanzler mit dem hageren bleichen Antlitz war westfälischer Willensmensch und katholischer Asket. Er hatte sich vorgenommen, Deutschland sich zur Freiheit emporhungern zu lassen. Dieser dornige Weg hätte zum Ziele geführt. Aber es gelang Brüning nicht, die gesamte Nation zum Verständnis für diesen Weg und zur Begeisterung für dieses Ziel mitzureißen. Er wußte nicht zu entflammen. Von seinem in strenger Zucht gehaltenen Leib und Geist ging nur die kalte Leidenschaft des Verstandes, kein die Seelen entzündender Funke aus. So wurde das Volk aus seinen bitteren und bohrenden Sorgen des Alltags nicht zu einer letzten und höchsten Kraftanstrengung für das Gemeinwohl emporgerissen. Die mit jeder Notverordnung steigende Not erzeugte nur wachsende Erbitterung.

Der Parteihaß der Rechten ersah seine Gelegenheit. Jetzt oder nie konnte die demokratische Republik, das System von Weimar, gestürzt werden. Deshalb durfte der Zentrumskanzler keinen außenpolitischen Erfolg mehr haben. Der Diktator der Deutschnationalen Partei, der alte Geheimrat Hugenberg, Vertrauensmann der Schwerindustrie, allmächtiger Beherrscher eines Zeitungskonzerns, Monarchist und glühender Hasser der Novemberrepublik, hatte sich schon im Kampfe gegen den Youngplan von 1929 mit Hitler, dem Führer des revolutionären Nationalsozialismus, zusammengetan. Zwei Jahre später erneuerten sie ihr Bündnis zum Sturze Brünings, zum Sturze der Demokratie. Als nichts anderes mehr half, wurde der Zentrumskanzler beim greisen Reichspräsidenten Hindenburg, der eben erst durch Brünings äußersten Einsatz im offenen Kampf gegen Hitler und Hugenberg wiedergewählt worden war, als Bolschewik angeschwärzt. Man beschuldigte ihn, die Enteignung der ostelbischen Großgrundbesitzer zugunsten des Staates vorzubereiten. Die ostelbischen Junker aber galten noch immer als das stärkste Bollwerk des alten Preußentums, der Militärkaste und der monarchistischen Tradition. Sie mußten einem Hindenburg, dem Hüter der alten Erinnerungen und erhofften Wiederbringer der alten glanzvollen Zeiten, heilig und unverletzlich sein. So wurde Brüning, ohne daß er Gelegenheit bekam, sich von dem dummdreisten Vorwurf zu reinigen, ungnädig davongejagt. Er stürzte – nach seiner Angabe hundert Meter vor seinem außenpolitischen Ziel. Sein Nachfolger von Papen pflückte die reife außenpolitische Frucht. Aber die durch die Wirtschaftskatastrophe im Innersten aufgewühlte Nation wand auch ihm keine Kränze mehr.

Brünings Notverordnungen waren ungefähr das gerade Gegenteil sozialdemokratischer Wirtschaftspolitik. Wir lehnten als Anhänger der Kaufkrafttheorie die Deflation mit ihrer unheilvollen Verstärkung der wirtschaftlichen

Übel ab. Wir verlangten Kreditausweitung zur Finanzierung öffentlicher Arbeiten, Verkürzung der Arbeitszeit, Verlängerung der Schulpflicht, Herabsetzung der Altersgrenze in der Invalidenversicherung zum Zwecke der Ausscheidung der über sechzig Jahre alten Arbeiter aus dem Produktionsprozeß, Vermögensabgabe, schärfere Besteuerung der Rieseneinkommen und des Luxusverbrauchs. Aber wir konnten uns gegen Brünings Auffassungen nicht durchsetzen und machten so die wirtschaftliche Unvernunft aus politischen Gründen, um die Demokratie gegen Hugenberg und Hitler zu halten, notgedrungen mit. Millionen von Anhängern verstanden uns nicht mehr und schwenkten zu den Kommunisten ab. Im September 1931 löste sich die kleine Gruppe der Sozialistischen Arbeiterpartei von uns los. Die Organisationsvertreter der Kriegsbeschädigten, der Invalidenrentner und zahllose andere, die durch Brünings Notverordnungen betroffen wurden, fielen erregt über uns her. Wir hielten den Schmähungen stand. Wir beriefen uns den vom Gefühl gepeitschten Anklagen unserer Mitglieder gegenüber auf die politische Vernunft. Wir suchten den Notverordnungen Brünings die schärfsten Spitzen zu nehmen und erzielten durch Verhandlungen mit ihm gelegentlich einen kleinen Erfolg. So setzten wir uns schließlich bei dem Großteil unserer Anhänger langsam durch. Sie wußten aus alter Erfahrung, daß in Zeiten der Wirtschaftskrise mit dem Kampfgeist der Arbeiterschaft kein Staat zu machen war. Sie besaßen die Tugend, man kann auch sagen: das Laster, der unendlichen deutschen Geduld. Sie sahen nicht mit schwärmerischer Verehrung, aber mit mannhaftem Vertrauen zu ihren Vertretern auf, die sie sich in freier Wahl an die Spitze gesetzt hatten. Diese mußten wissen, wie in schwierigen Lagen Politik zu machen war. Dazu hatte man sie ja auf die höhere Warte gestellt. So ging der deutschen Sozialdemokratie in den erbitterten Wahlkämpfen der Jahre 1930 bis 1933 trotz Arbeitslosigkeit und

Brüningpolitik kaum ein Viertel ihrer Wähler aus dem letzten Glanzjahr 1928 verloren. Der Kern der Partei und der freien Gewerkschaften blieb unserer Fahne bis zum Untergang treu.

Mit diesem erprobten, gutgläubigen und disziplinierten Millionenheer hinter sich hätte die Führung der deutschen Sozialdemokratie und der freien Gewerkschaften die demokratische Republik durch entschlossenes Handeln vielleicht retten können. Aber auf kühne Taten war unsere Politik nicht eingestellt. Die deutsche Sozialdemokratie hatte von ihren Anfängen an immer zwei Typen politischer Führer: den Intellektuellen aus bürgerlicher Umwelt, der aus gefühlsmäßigem Idealismus, aus wissenschaftlicher Überzeugung oder irgendeiner Gegenstimmung gegen seine Standesgenossen, zumeist wegen seiner Zurücksetzung als Jude, zur sozialistischen Arbeiterschaft kam. Der andere Führertyp war der Mann von Schraubstock und Hobelbank, der sich vom kleinen Betriebsvertrauensmann durch Intelligenz, rastlosen Fleiß, Geschicklichkeit und Klugheit zum Zeitungsredakteur, Gewerkschaftsführer oder Parlamentarier emporgearbeitet hatte.

Dem Zustrom von Intellektuellen zur Arbeiterbewegung standen in Deutschland schwer übersteigbare Schranken entgegen. Die Sozialdemokratie war seit Bismarcks Zeit mit dem Makel der »Vaterlandslosigkeit« behaftet. In der alldeutschen und deutschnationalen Propaganda der Nachkriegszeit wurde dann die »Dolchstoßlegende« erfunden, wurden die Schlagworte vom »Novemberverrat« und von der »Judenrepublik« geprägt. Nun herrschte aber an den deutschen Universitäten, in den studentischen Korps und Burschenschaften ein nationaler, ja ein nationalistischer Ton. Die Wurzeln dieses Nationalismus gingen bis auf die Freiheitskriege von 1813 zurück. Bekenntnis zum Sozialismus galt daher beinahe als Landesverrat. Der Intellektuelle, der sich in den Dienst der Arbeiterbewegung stellte, brach in der Regel mit Vaterhaus und Sippe, mit Freunden und Kollegen, er setzte seine Laufbahn und in einem freien Berufe sogar sein Fortkommen aufs Spiel. In der Nachkriegszeit gab es dann in einzelnen von der Sozialdemokratie mitregierten Ländern vorübergehend Ausnahmen. Da und dort wurden Intellektuelle, sogar höhere Beamte, die rascher vorwärtskommen wollten, zu »Novembersozialisten«, und auch an den Universitäten stellte sich in sozialistischen Studentenvereinigungen ein Nachwuchs von überzeugten Republikanern zur Schau. Aber die Zeiten, in denen sogar Tochter und Schwiegersohn des wegen seines demokratischen Bekenntnisses zum Reichsbankpräsidenten gewählten Dr. Schacht eingeschriebene Mitglieder der Sozialdemokratie waren, gingen rasch vorbei. Die meisten Intellektuellen, die vom Kapitalismus nichts wissen wollten, denen aber die Sozialdemokratie zu wenig »national« war, schlossen sich dem Nationalsozialismus an. Der Sozialdemokratie verblieben im allgemeinen, besonders in Norddeutschland, nur die jüdischen Intellektuellen, wie es in der Vorkriegszeit gewesen war. Die Zurücksetzung der Juden in Staat und Gesellschaft, ihr Hang zur wissenschaftlichen Gründlichkeit, ihre Aufgeschlossenheit gegenüber den großen Menschheitsideen führten immer wieder Scharen von jüdischen Intellektuellen zur freien Arbeiterschaft. Bei dieser galt, von Ausnahmen abgesehen, kein Vorurteil der Rasse oder Religion. Die Arbeiter aber brachten den Intellektuellen, die sich im Gegensatz zu ihrer Lebenshaltung gern als Proletarier bezeichneten, ein oft übertriebenes Vertrauen entgegen.

Der sozialdemokratische Intellektuelle war, soweit er Anspruch auf eine führende Stellung machte, mit wissenschaftlichem Sozialismus gesalbt. Allein diese Lehre hing an den Füßen unserer Besten wie ein Bleigewicht. Sie sagte, der Sozialismus komme auf Grund des geschichtlichen Entwicklungsgesetzes von selbst, wir bräuchten nur Geburtshelferdienste zu leisten. Das war bequem und gefährlich zugleich. Eine solche Lehre kam Naturen gelegen, die aus Entschlußlosigkeit oder geistiger Trägheit, aus Feigheit oder Scheu vor persönlichen Opfern in der Politik den Dingen ihren Lauf ließen und vor dem kleinsten Wagnis zurückschreckten. Sie lenkte aber auch das gesamte geistige Leben der Partei in die Bahnen der Analyse, der den Ereignissen nachhinkenden Erkenntnis von Tatbeständen, die von andern – meist gegen uns – geschaffen worden waren. Plötzlich auftauchenden Lagen, die intuitives Erfassen von Möglichkeiten und Wirkungen, blitzschnelles Handeln erforderten, waren wir daher selten gewachsen. Wir waren und blieben in allem waschechte Parlamentarier, d. h. wir redeten über die Dinge, andere aber gestalteten, meisterten sie. In halbwegs ruhigen Zeiten konnte ein mit allen Wassern gewaschener und in allen Sätteln gerechter Parlamentarier, wie wir sie in der Nachkriegszeit als ausgewachsene Prachtexemplare in unseren Reihen hatten, mit dem Öl seiner Beredsamkeit und Überredungskunst auch hochgehende Wogen glätten und über unangenehme Tatsachen in sanftem Bogen hinwegschaukeln. Ein politischer Sturm aber mußte die ewig zweifelnden, schwankenden Gestalten, die über das Wetter redeten, statt die Segel zu raffen und die klaffenden Löcher zu verstopfen, schlußendlich verschlingen. Er hat uns verschlungen.

Die Parlamentarier der deutschen Sozialdemokratie, die aus der Arbeiterschaft stammten und deshalb nicht so sehr von wissenschaftlichem Geist angekränkelt waren, hätten im politischen Handeln besser sein können. Sie stellten eine Auslese aus Tausenden ihrer Klassengenossen dar. Beim Aufstieg hatten viele von ihnen gelegentlich auch rücksichtslos ihre Ellbogen gebraucht. Aber oben versagten sie häufig. Einige wenige sahen sich am Ziel ihrer irdischen Wünsche, frönten den Freuden der besseren Lebenshaltung, legten sich Freundinnen zu oder wechselten die Frau, weil ihnen die alte aus schlechteren Tagen nicht mehr gut genug war. Politisch machten sie es sich ebenfalls bequem, sie hielten es mit dem »Apparat«, jener starken Gruppe von Parteifunktionären, die aus Überzeugung, oft aber auch aus Existenzrücksichten oder gar aus Streberei und Liebedienerei durch dick und dünn mit der im Parteivorstand vorherrschenden Richtung ging. Aus ihrer genießerischen Selbstzufriedenheit schreckten sie nur auf, wenn durch irgendwelche Ränke von Außenseitern ihre Wiederwahl gefährdet schien. Da konnten sie dann reißende Wölfe werden. Unter den Gewerkschaftsführern der Nachkriegszeit strebten einige wissenschaftlich weiter, erwarben sich erstaunliche Kenntnisse und wurden als Schaustücke sogar in Hörsälen deutscher Hochschulen vorgeführt. Aber ihre Geisteshaltung paßte sich dann unheimlich jener der schulmäßigen Wissenschaftler an, sie ahmten den vieldeutigen, von Rätseln dunklen Geheimratston nach, verloren ihren Mutterwitz und Hausverstand und sahen den Wald vor Bäumen nicht mehr. Wieder andere, meist ausgekochte Parlamentarier aus der Vorkriegszeit, waren vor dem sie überwältigenden Fachwissen der Ministerialbürokraten und vor den glatten Umgangsformen dieser Leute knieweich und lendenlahm geworden und feindeten die intellektuellen Fraktionskollegen an, die in die Unfehlbarkeit und Loyalität der erklärten Lieblinge aus den Ministerien den geringsten Zweifel zu setzen wagten. Häufig waren sie Revolutionsminister gewesen und dachten dankbar an die Unterwürfigkeit und Gefälligkeit der damals angstschlotternden Bürokraten zurück, die ihnen die Äußerlichkeiten und Formalitäten der Staatsführung so bereitwillig und nachsichtig abgenommen oder gelehrt und sie dabei, ohne daß sie es merkten, gehörig übers Ohr gehauen hatten. Aber solche Gestalten blieben doch Ausnahmen, nur Ausfallserscheinungen unter der übergroßen Mehrheit der Vertreter der deutschen Arbeiterschaft. Die meisten von ihnen, die Wissell, Husemann, Brandes, Kupfer, Timm und viele andere waren Männer von echtem Schrot und Korn, einfach, gewissenhaft, zuverlässig, pflichtbewußt und nüchtern, Feinde der schönen Phrase, opferwillig und tatkräftig, grundehrlich und deshalb allzu leicht geneigt, auf die glatten Versicherungen eines verschlagenen und hinterhältigen Gegners hereinzufallen. Sie trugen schwer an der ungeheuren Verantwortung, die auf ihren Schultern lastete, und wurden daher scheu vor Pfaden, die ins Dunkle und Ungewisse führten, deren Ende nicht hell und deutlich vor ihren Augen lag. Aber der Ausgang von fremden oder eigenen Handlungen und Taten ist selten im voraus berechenbar. Der große Politiker und Staatsmann ist meist gezwungen, einen letzten und oft entscheidenden Rest dem blinden Zufall, der Laune des spielerischen Glücks zu überlassen. Aber Glücksritter, Spieler mit dem Schicksal von Millionen ihrer Anhänger und der ihrer Verwaltung anvertrauten Sachwerte waren die sozialdemokratischen Arbeitervertreter nicht. Dazu fehlte ihnen schon der genialisch-verbrecherische Schwung und die Gewissenlosigkeit. Politischen Entscheidungen, bei denen es um Sein oder Nichtsein ging, wichen sie daher so lang wie möglich aus. Sie glaubten auch in der Politik an den gesunden Menschenverstand und den ewigen Sieg der Mittelmäßigkeit. Große Entschlüsse hätten ihnen vielleicht von Männern aus noch härterem Holze, von geborenen Führern abgerungen werden können. An solchen Männern aber hat es in den schicksalschweren letzten Monaten der demokratischen Republik gefehlt. Der eine oder andere, der noch vor einem Jahrfünft in Betracht gekommen wäre, war alt und müde geworden, verbittert und verbraucht.

Müde und verbraucht war seit Jahren die ganze sozialdemokratische Politik. Das Revolutionsjahr 1918/19 hatte nicht den von Millionen erwarteten Bruch mit der Vergangenheit, mit dem Militär- und Junkerstaat, mit der kapitalistischen Wirtschaftsweise gebracht. Zahllos sind die

Gründe und Entschuldigungen für den großen geschichtlichen Fehlschlag: Statt des versprochenen Wilson-Friedens der Gewaltfriede von Versailles, der mörderische Bruderkampf innerhalb der Arbeiterschaft, die völlige Abhängigkeit des ausgehungerten und ausgesogenen Reiches von den kapitalistischen Westmächten in der Lebensmittelversorgung, die bürgerliche Mehrheit bei den Wahlen zur Nationalversammlung, die Zerrüttung der Wirtschaft durch den Krieg. Aber das Volk ist ein unbarmherziger Richter in der Politik. Es fragt nicht nach den Gründen des Versagens einer Partei, es macht nur den Gefühlen seiner Enttäuschung Luft und bricht über die wirklich oder vermeintlich Schuldigen mitleidlos den Stab. In der Weimarer Verfassung erblickte es keinen Ersatz für die gescheiterte Revolution, höchstens einen Wechsel auf lange, zu lange Sicht. Der Glaube an die Erreichung des sozialistischen Endziels durch die deutsche Sozialdemokratie, ja der Glaube an den ernsten Willen der Parteiführer, dieses Ziel zu erreichen, schwand dahin. Das Feuer der Begeisterung für dieses Endziel erlosch. Der Sozialismus wurde, vor allem bei den praktischen Politikern, ein kindlich frommer Glaube, eine ferne Utopie. Sie hatten alle Hände voll mit den Schwierigkeiten des Tages zu tun. Als um das Jahr 1926 plötzlich die Frage der Fürstenabfindung auftauchte, bezeichnete das mir gegenüber der damalige Münchner Reichstagsabgeordnete Alwin Sänger als ein wahres Glück für die Partei. Sie habe endlich wieder ein greifbares politisches Ziel. Ja, wir waren ziellos geworden, und alle die Wege, die wir einen nach dem andern ohne wirklichen Glauben an ein glückliches Ende einschlugen, führten ins Nichts. Der Mangel an Tatkraft lähmte unsere Reichs- und Länderpolitik. Wir sahen alles doppelt, hell und dunkel, oben und unten, rechts und links, gerade und krumm, gut und böse zugleich. Geniale Fraktionssekretäre fanden in jeder politischen Lage ein halb Dutzend »Varianten«, verschiedene Möglichkeiten des

Verhaltens, heraus. Dieser Zustand der Ambivalenz machte uns unsicher, instinktlos und handlungsunfähig und ließ uns die letzten Möglichkeiten der Rettung verkennen. Ein Zug nach dem andern fuhr an uns vorbei, wir sprangen nicht auf, wir fanden den Anschluß nicht mehr. Rafften wir uns wirklich einmal zu einem bedeutenderen politischen Entschluß auf, so scheuten wir vor den Folgen zurück, machten die Tat dadurch ungeschehen, löschten sie aus. Zwei Beispiele dieser Verhaltensweise traten mir besonders lebhaft vor Augen in dieser Januarnacht. Das eine betrifft Bayern, das andere die innere Parteipolitik.

Als Mitglied der sozialdemokratischen Landtagsfraktion in Bayern hatte ich im August 1930 durch rasche Ausnützung einer verfassungsrechtlichen Möglichkeit und Verhinderung eines Verschleppungsmanövers erheblich zum Sturz der klerikalen Regierung Dr. Held beigetragen. Das politische Ziel war die Sprengung der längst brüchigen Regierungskoalition, die damals nur noch aus den Parteien der Bayerischen Volkspartei und der Deutschnationalen bestand. Eine neue Regierung sollte unter Beteiligung der Sozialdemokratie gebildet werden. Möglicherweise hätte eine solche Gestaltung der politischen Verhältnisse in Bayern auch günstig auf die politische Lage im Reich gewirkt, jedenfalls hätte sie die Stellung der Sozialdemokratie im Reich und in Preußen gestärkt. Die eine Absicht gelang, die andere mißriet. Zunächst sträubte sich die Bayerische Volkspartei nach Kräften, sich in eine andere Regierungskoalition hineinzwingen zu lassen. Ihre Minister traten zwar zurück, aber sie blieben im Widerspruch zum Sinn und Geist der Verfassung und zu den Spielregeln der Demokratie als geschäftsführende Regierung weiter im Amt. Unsere Aufgabe wäre es nun gewesen, sie durch Anwendung aller parlamentarischen Mittel, letzten Endes durch Verweigerung der Zustimmung zum Staatshaushaltsplan und durch Volksbefragung, zur Beachtung der demokratischen Verfassung zu zwingen. Vor diesem Kampfe scheute aber eine Mehrheit unserer Fraktion unter Führung des Intellektuellenhassers Roßhaupter zurück. Die Beweggründe der Ministerstürzer wurden verdächtigt, ihnen Streberei nach Ministerposten zum Vorwurf gemacht. So blieb die Fraktion auf halbem Wege stehen. Die gestürzten Minister amteten noch jahrelang weiter, ja die sozialdemokratische Landtagsfraktion half der bayerischen Volkspartei ohne wesentliche politische Gegenleistung bei der Abgleichung des Staatshaushalts, indem sie sogar neue Verbrauchssteuern mitbeschloß. Die Antwort des bayerischen Volkes war bei den Landtagswahlen von 1932 eine schwere Niederlage der Sozialdemokratie.

Die andere Halbheit war die »Eiserne Front«. Sie wurde geschaffen, als die Wahlsiege der Nationalsozialisten nach 1930 deutlich zeigten, daß die demokratische Republik nur noch durch eine gewaltige Kraftanstrengung gerettet werden konnte. In der »Eisernen Front« waren die Kräfte der freien Gewerkschaften, der Wehrorganisation »Reichsbanner« und des Arbeiter-Turn- und Sportbundes organisatorisch zusammengefaßt. Deutschlands beste Jugend stand hier neben erprobten Soldaten des Weltkriegs in Reih und Glied. Es wurde gedrillt und marschiert, uniformiert und mit Fanfaren geblasen, wie es das Herz eines alten Soldatenvolkes eben entzückt. Man hätte zwei politische Möglichkeiten gehabt, dieses frische Draufgängertum und diesen unbekümmerten Opfermut für die Erhaltung der Demokratie nutzbar zu machen. Die eine wäre die militärische Ausbildung der jungen Leute durch Polizeioffiziere und ihre Bereitstellung als Polizeireserve gewesen. Aber dieses Problem blieb selbst in jenen Ländern, in denen Linksregierungen bestanden, wie in Preußen, in den Anfängen stecken. Man hätte die Jungmannschaft aber auch nach dem bedenkenlosen Vorbild der SA im geheimen ausbilden und mit Waffenlagern ausstatten können. Davor schreckten nun wieder die Führer der Partei und der Gewerkschaften zurück. Sie sahen Unbesonnenheiten, unliebsame Enthüllungen, gefährliche Prozesse voraus. Das Mitglied einer Organisation, das äußerstenfalls zur Waffe greifen kann, ist ja auch schwerer in Zucht und bei Vernunft zu halten als eines, das seiner Unzufriedenheit oder seiner anderen Meinung nur durch den Stimmzettel Ausdruck geben darf. Alte, im Ränkespiel der Organisationsführung erprobte Kumpane witterten in den Leitern der Neugründung auch zukünftige Nebenbuhler, die eines Tages bei Aufstellung von Kandidaten zu allen möglichen Ämtern Ansprüche auf entsprechende Berücksichtigung stellen und mit Hilfe ihrer militärischen Scharen durchdrücken könnten. So wurde alles in der Schwebe gehalten. Die »Eiserne Front« marschierte bei politischen Kundgebungen in wuchtiger Stärke auf und füllte Riesensäle in Breslau, Hamburg, Magdeburg und Köln. An dem Anblick ihrer Massen begeisterten sich die Redner, riefen das deutsche Volk gegen faschistische Gewaltstreiche zum äußersten Widerstand auf und sprachen die Verse gegen Tyrannenmacht aus Schillers »Wilhelm Tell«. Den ehrlichen Politiker aber, der die wahre Sachlage ahnte, beschlich oft das unbestimmte Gefühl, als ob dieses geräuschvolle Spielen mit Hämmern, Pfeilen und jungen Menschen doch nur Theaterdonner, Spiegelfechterei und Selbsttäuschung sei. Darüber, daß die Republik äußerstenfalls nicht mit den bloßen Fäusten verteidigt werden konnte, war sich jeder Einsichtige klar.

Durch diese Politik des Halbdunkels, des Halbwollens und Halbhandelns gingen die letzten Gelegenheiten verloren, den Rossen, die dem Abgrund zurasten, noch in die Zügel zu fallen. Wir sahen auch die rettenden Möglichkeiten nicht mehr. Seit zwei Jahren wurden wir von Wahlkampf zu Wahlkampf, als Redner in Hunderte von Versammlungen von Köln bis Königsberg und von Kiel bis Kempten gehetzt. Das und die zahllosen Sitzungen und Aufregungen, der Mangel an Schlaf und geregeltem Leben zerrütteten uns. Wir hatten einen Schleier vor den Augen, die Nerven versagten, die Gehirne arbeiteten nicht mehr. Nur einmal, als ich mir im hessischen Wahlkampf, im Herbst 1931, eine Rippenfellentzündung zugezogen hatte und wochenlang krank lag, war mir mit der Befreiung vom politischen Alltagskram die Schwere unserer Lage ganz klar zum Bewußtsein gekommen. Da hatte ich einen jungen Studenten, der mir seine Sorgen um die Partei schrieb, geantwortet, die Republik könne nur noch durch einen großen außenpolitischen Erfolg gerettet werden. Bleibe dieser aus, so würde die Sozialdemokratie dann hoffentlich in Ehren untergehen. Der junge Mensch hatte mit diesem Briefe Mißbrauch getrieben, er war ihm deshalb abgenommen und mir wieder übergeben worden. Sein Inhalt wurde von meinen Freunden meiner durch die Krankheit verdüsterten Stimmung zugeschrieben. Ich hatte das schließlich selbst geglaubt.

Dieser Brief fiel mir wieder ein in der Januarnacht, und wie dann ein Unheil nach dem andern gekommen war. Der schwerste Schlag des Jahres 1932 war die Preisgabe der roten Feste Preußen gewesen. Die deutsche Sozialdemokratie hatte sie am 20. Juli 1932 kampflos geräumt. Dabei war der Versuch eines Widerstandes gegen den Staatsstreich des Reichskanzlers Papen und seiner Regierung der Barone gar nicht aussichtslos. Gegen Papen standen die süddeutschen Staaten, die in der Absetzung der preußischen Regierung einen unzulässigen Eingriff der Reichsgewalt in die verfassungsmäßigen Rechte der Länder erblickten. Gegen Papen eingestellt waren ferner große Teile der preußischen Landespolizei, die meisten ihrer Offiziere waren, getreu ihrem Eid, zur Verteidigung der rechtmäßigen Regierung Braun mit Waffengewalt entschlossen. In den Berliner Großbetrieben warteten die Vertrauensleute der freien Gewerkschaften fiebernd auf das Zeichen zum Beginn des Generalstreiks. Bei der Erbitterung der Zentrumspartei gegen den abtrünnigen Katholiken Papen wären auch die christlichen Gewerkschaften im Rheinland und in Westfalen in den Streik mit hineingerissen worden. Ebenso wären, trotz aller Verhetzung gegen die Sozialdemokratie, genau wie beim Kapp-Putsch, auch die Kommunisten in die Front gegen die Verfassungsbrecher eingeschwenkt. Die preußische Polizei hätte durch Zehntausende erprobter Reichsbannerleute verstärkt werden können. Für die preußische Regierung sprachen aber vor allem Recht und Verfassung, die damals noch stark genug gewesen wären, Zaudernde und Schwankende auf ihre Seite zu ziehen. Auf der anderen Seite verfügte Papen, solange ihn Hindenburg hielt, über die Reichswehr und nach den Abmachungen zwischen Schleicher und Hitler auch über die nationalsozialistische SA. Aber diese wäre in Süddeutschland, im Rheinland, in Hessen und Sachsen wohl gar nicht zur Entfaltung gekommen, sondern von der Polizei eingesperrt worden. So hätten vielleicht ein paar Tage Verwirrung im Norden und eine drohende Sprache der süddeutschen Regierungen genügt, die Umgebung des greisen Reichspräsidenten zur Vernunft zu bringen. Eine Spaltung des deutschen Volkes in zwei feindliche Lager, die Wiederaufreißung der Mainlinie, den blutigen Kampf zwischen Reichswehr und Landespolizei hätten die politischen Falschspieler im Reichskanzlerpalais dem alten Hindenburg kaum zuzumuten gewagt.

Aber die deutsche Sozialdemokratie besaß schon damals nicht mehr die Kraft zu einer entschlossenen Tat, es reichte gerade noch zu einer kraftmeierischen Geste aus. Der preußische Innenminister Severing, der erklärte Liebling der sozialdemokratischen Arbeiter, hatte zuerst versichert, nur der Gewalt weichen zu wollen. Als aber dann der Essener Polizeipräsident Melcher mit einem Reichswehroffizier erschienen war und mit Gewaltanwendung gedroht hatte, war Severing aus seinem Amtszimmer hinüber in seine Privatgemächer gegangen. Die Vorstände der Sozialdemokratischen Partei und der freien Gewerkschaften suchten vergebens ihre Ohnmacht und Entschlußlosigkeit zu bemänteln. Sie stellten es so hin, als habe Papen mit seinem Staatsstreich nur die Arbeiterschaft reizen und zu Widersetzlichkeiten herauslocken wollen, um dann wegen innerer Unruhen die auf den 31. Juli 1932 angesetzte Reichstagswahl verschieben und ohne Reichstag regieren zu können. Man sei aber nicht in die Falle gegangen. So wurde aus dem schmählichsten Ereignis in der Geschichte der deutschen demokratischen Republik ein Sieg der Schlauheit über die Niedertracht, aus einer Haltung der Ratlosigkeit und Schwäche ein wohlüberlegter politischer Schachzug gemacht. Aber das Volk war der Seiltänzereien müde. Bei den Wahlen vom 31. Juli 1932 rückten die Nationalsozialisten von 107 auf 230, die Kommunisten von 77 auf 89 Abgeordnetensitze auf, während die Sozialdemokratie von 143 auf 133 sank.

Der Herrenreiter Papen hatte nach Art eines leichtfertigen Hasardspielers am 20. Juli 1932 alles auf eine Karte gesetzt und gewonnen, weil der Gegenspieler seine letzte Karte nicht mehr auszuspielen wagte, sondern vorher das Spiel aufgab. In Wirklichkeit war Papen seiner Sache gar nicht so sicher gewesen. Den bestimmten Eindruck davon bekamen wir in der Sitzung des Überwachungsausschusses des Reichstags vom 25. Juli 1932, zu der nach längerem Sträuben der Reichskanzler von Papen mit dem Reichswehrminister Schleicher und dem Reichsinnenminister von Gayl schließlich doch noch erschien. Ich hatte als stellvertretender Vorsitzender des Ausschusses diese Sitzung zu leiten; der erste Vorsitzende, der Nationalsozialist Gregor Strasser, war wegen seiner Weigerung, den Ausschuß auf Verlangen seiner Mehrheit einzuberufen, von dieser abgesetzt worden. Anfänglich hatte der Reichskanzler nur kommen wollen, »wenn sich der Gegenstand der Beratungen des Ausschusses im Rahmen seiner verfassungsmäßigen Zuständigkeit hielt«. Die Annahme einer solchen Bedingung hatten wir jedoch rundweg abgelehnt. Durch peinliche Verhandlungen mit der Reichsbürokratie und wiederholte Hinweise auf die Verfassung hatte ich schließlich erreicht, daß der Reichskanzler seine ursprüngliche Bedingung fallenließ.

In dieser Sitzung hielt die Mehrheit der Volksvertretung über die Urheber des Verfassungsbruches vom 20. Juli 1932 Gericht. Mein Parteifreund Dr. Breitscheid, Zentrumsredner und Kommunisten warfen den Reichsministern ihren offenen Verfassungsbruch vor. Die Angeklagten saßen ziemlich betreten, wie auf einer Armesünderbank, da. Man sah ihnen das schlechte Gewissen an. Sie fühlten sich, wie viele Gewaltmenschen, unbehaglich auf dem Boden eines wirklichen Parlaments, auf dem leere Kraftworte nichts gelten, ein bestimmtes Wissen, Gewandtheit in Rede und Antwort und die Fähigkeit zu sachlicher Arbeit erforderlich sind. Die Verteidigung der Minister gegen den schweren Vorwurf war durchaus ungenügend und lendenlahm. Der Reichskanzler wurde nur einmal lebhaft, als ihm der Vertreter der Bayerischen Volkspartei, der alte Justizrat Dr. Pfleger aus Weiden in der bayerischen Oberpfalz, vorhielt, daß durch das Vorgehen der Reichsregierung gegen Preußen im geistigen Sinn die alte Mainlinie wieder aufgerissen werde. Gegen diese Äußerung legte Papen feierlich Verwahrung ein, und man merkte aus dem Ton seiner Stimme, wie unangenehm und gefährlich ihm der Widerstand der süddeutschen, übrigens vom Katholizismus beherrschten Regierungen war. Offenbar war an die verwundbarste Stelle gerührt worden, ein Fingerzeig, was in diesen Tagen entschlossene Staatsmänner aus Bayern, Württemberg und Baden beim Reichspräsidenten hätten ausrichten können. Aber auch beim politischen Katholizismus galt bis zu seinem unrühmlichen Ende das Wort und die leere Drohung mehr als die Tat.

Der Eindruck, den ich damals von den drei Reichsministern aus nächster Nähe empfing, war unangenehm. Herr von Papen mit seiner niederen Stirn und den vorgewölbten Kiefern erinnerte stark an die Urwelt, nur blickte er nicht tückisch-finster, sondern hatte stets ein glattes Lächeln im leeren Gesicht. Er hatte es wohl in Amerika gelernt. Vielleicht hätte es diplomatisch wirken sollen, dem Ernst der Stunde entsprach es nicht. Im übrigen trug er die Überheblichkeit des Edelmannes, nicht aber seine Würde zur Schau. Zuweilen glich er einem Jungen, der sich über einen gelungenen Lausbubenstreich freut. Was er sagte, war nichtssagend, hohl, oberflächlich, eitel, ungeistig, und man spürte in seinen Worten einen aufreizenden Mangel an Rechtsgefühl. Selbst seine Empörung über die Worte Dr. Pflegers wirkte nicht echt, sondern schlecht gespielt. Man sah sofort: Diesem Mann konnte kein Verrat schwerfallen, weil er nicht imstande war, die Verwerflichkeit einer solchen Handlung einzusehen, weil er gegenüber den Lockungen seiner persönlichen Eitelkeit weder von Natur noch durch Erziehung irgendwelche Hemmungen besaß.

Verhältnismäßig besser gefiel der ostelbische Junker von Gayl. Er war zwar abweisend, trotzig und verbissen, aber es fiel ihm offenbar schwer, eine schlecht Sache vertreten zu müssen. Er fühlte sich offensichtlich nicht wohl in seiner Haut. Tatsächlich ist er auch später aus der Politik ausgeschieden.

General Schleicher saß da mit wachsgelbem Gesicht. Er sprach wenig, aber hochmütig, schnoddrig und selbstbewußt. Ich sagte ihm in dieser Sitzung, er solle sich vorsehen, daß es ihm mit den Nationalsozialisten nicht gehe wie dem bayerischen General von Lossow, der im Herbst 1923 auch zu spät gewahr wurde, daß die Reichswehr bereits von Nationalsozialisten durchsetzt war. Schleicher warf den Kopf zurück und meinte verächtlich: »Das ist ausjeschlossen, das kommt jar nicht in Frage, dafür ist vorjesorgt.«

Ich ließ mich durch den verletzenden Ton nicht beirren, sondern wollte ihn vor der Öffentlichkeit festlegen und stellte daher die weitere Frage: »Wird die Reichswehr den Nationalsozialisten mit Waffengewalt gegenübertreten, wenn die SA einen Putsch macht?«

Der General schien sich über die Frage zu ärgern, er blickte gerade auf den Tisch vor sich und zuckte wegwerfend die Achseln: »Selbstverständlich!«

Das klang, als ob der geringste Zweifel an der Verfassungstreue der Reichswehr schon eine tödliche Beleidigung sei. Vielleicht war es auch nur der Ausdruck des Machtgefühls, das dieser gewiegte politische Krisenmacher und Kanzlerstürzer jetzt als Beherrscher der innenpolitisch ausschlaggebenden Reichswehr besaß.

Was dann in dieser Sitzung des Überwachungsausschusses kam, mußte jeden Verächter des Parlaments in seiner Meinung bestärken. In großen Worten, in der Verurteilung des Verfassungsbruchs der Reichsregierung waren sich die Parteien einig gewesen. Als es dann galt, die Folgerungen daraus zu ziehen und zu Entschlüssen zu kommen, fielen sie auseinander. Wir Sozialdemokraten beantragten, der Ausschuß solle als Vertreter des aufgelösten Reichstags die Aufhebung der von der Regierung Papen erlassenen Notverordnungen gegen Preußen beschließen. Die Zentrumsabgeordneten brachten dagegen verfassungsrechtliche Bedenken vor, sie meinten, das Recht zur Aufhebung von Notverordnungen stehe nur dem gesamten Reichstag zu. So endete diese Sitzung wie das Hornberger Schießen. Reichskanzler Papen verabschiedete sich mit einem ironischen Lächeln. Er hatte Grund dazu. Ein Parlament, dessen Mitglieder an juristischen Nüssen herumknackten und sich gegen schnödesten Verfassungsbruch nicht zur gemeinsamen Abwehr zusammenfanden, war ungefährlich und lächerlich geworden. Man brauchte es nicht mit Waffengewalt auseinanderzujagen, es zerfiel von selbst.

Aber es wurde ein langsames Siechtum, und dazwischen zogen immer wieder hellere Tage und Wochen der Hoffnung herauf. Die Nationalsozialisten hatten nach ihrem Wahlsieg vom 31. Juli 1932 in vielen Teilen Deutschlands, besonders in Ostpreußen, Schlesien, München und an der Wasserkante, Bombenattentate und Überfälle auf kommunistische, sozialdemokratische und demokratische Politiker verübt. Sie wollten Papen ins Bockshorn jagen und ihn veranlassen, ihnen freiwillig die Staatsmacht zu übergeben. Als sich die Toten häuften, schritt endlich die Regierung Papen mit Androhung der Todesstrafe für politische Verbrechen und mit Sondergerichten ein. Hitler wurde vom alten Reichspräsidenten Hindenburg persönlich zur Ordnung gerufen und wider Erwarten nicht mit der Bildung einer neuen Regierung beauftragt. Das führte zu einer Annäherung zwischen Nationalsozialisten und Zentrum, die zusammen im damaligen Reichstag eine Mehrheit besaßen. Für unbeteiligte Zuschauer war es ein ergötzliches Spiel. Die Nationalsozialisten erklärten, um zur Macht zu gelangen, würden sie sich auch mit dem Teufel verbünden. Die braven Zentrumsprälaten aber bemühten sich, den rauhen Kämpfern Hitlers bessere parlamentarische Sitten beizubringen. Vorübergehend hatten sie damit tatsächlich Erfolg. Göring wurde zum Reichstagspräsidenten gewählt und trat in der sonderbaren Rolle eines Hüters der Verfassung und der parlamentarischen Gepflogenheiten gegen die autoritäre Regierung Papen auf. Feierlich bestätigte er dem Zentrum von der Tribüne des Reichstags herab, daß es eine nationale Partei sei. Die Genugtuung in den Reihen der politischen Katholiken war groß. Eine schwarz-braune Regierung lag in der Luft. Wir begannen unsere Zentrumskollegen mit dem Lied vom schwarz-braunen Mädel zu ärgern. Damals traf ich meinen alten Bekannten vom bayerischen Landtag, den Führer der Bayerischen Volkspartei, Staatsrat Dr. Schäffer, in Berlin. Wir hatten uns kaum ein

Jahr vorher einmal heimlich im Englischen Garten in München und dann ein paarmal auf der Straße getroffen und die Frage einer schwarz-roten Regierung in Bayern erörtert. Jetzt wandelte er mit mir in der großen Reichstagshalle auf und ab, klagte mir sein Leid über Hindenburg, der bei jeder Unterredung nach kurzer Zeit einschlafe, und meinte zum Abschied: »Hier wird es wohl zu einer Bändigung Hitlers durch den Prälaten Dr. Kaas kommen. Was ich in Bayern mache, weiß ich noch nicht.«

Aber es war alles beim alten geblieben. Papen kam in der Reichstagssitzung vom 12. September 1932 einem Mißtrauensvotum durch Auflösung des Reichstags zuvor. Allerdings hatte der Reichstagspräsident Göring die wiederholten Meldungen des Reichskanzlers zum Wort nicht beachtet, sondern abstimmen lassen und dann festgestellt, daß die Regierung Papen mit 532 Stimmen gegen 32 bei 5 Stimmenthaltungen gestürzt worden sei. Allein bei Beginn der Abstimmung hatte Papen auf dem Tische Görings das Auflösungsdekret niedergelegt, es Göring zugeschoben und mit den Mitgliedern der Reichsregierung den Saal verlassen. Nun entbrannte ein großer staatsrechtlicher Streit. Die Nationalsozialisten behaupteten, die Regierung sei zu Recht gestürzt worden, und Papen habe daher den Erlaß des Reichspräsidenten über die Reichstagsauflösung nicht mehr wirksam machen können. Wir sozialdemokratischen Juristen und die aller anderen Parteien vertraten die Rechtsmeinung, daß gemäß der Zustellungstheorie der Auflösungserlaß dem Reichstagspräsidenten schon vorher zugegangen, die Abstimmung also unzulässig gewesen sei. Diese Rechtsauffassung drang durch, weil sie auch die der Reichsregierung war. Der kurze Traum von einer schwarz-braunen Regierung war aus.

Bei der Wahl vom 5. November 1932 büßten dann die Nationalsozialisten 34 Reichstagssitze, über zwei Millionen Stimmen ein. Der Zauber ihrer Unüberwindlichkeit schien dahin. Noch einmal warf das Schicksal uns Sozialdemokraten eine einzigartige Gelegenheit in den Schoß. An die Stelle Papens trat als Reichskanzler der General Schleicher. Er bemühte sich, das starr gewordene alte Parteiensystem zu sprengen und aus dem sozialistisch gesinnten Strasser-Flügel der Hitlerpartei, den freien und den christlichen Gewerkschaften eine neue Regierungsmehrheit zu schaffen. Der Vorstand der freien Gewerkschaften war offenbar nicht abgeneigt, auf einen solchen Plan einzugehen. Er wollte aber – wenigstens im damaligen Zeitpunkt – nichts ohne die Zustimmung des sozialdemokratischen Parteivorstandes tun. Dieser aber kapselte sich ab und ließ dringende Einladungen Schleichers zu mündlichen Besprechungen unbeantwortet. Er setzte alles auf einen baldigen Zusammenbruch der Nationalsozialistischen Partei. Dafür lagen freilich viele Anzeichen vor. Bei verschiedenen Wahlen büßten die Nationalsozialisten jetzt bis 40% ihrer Stimmen vom 5. November 1932 ein. Überall im Reich empörten sich Gruppen der SA. In Franken lehnte sich der Standartenführer und Reichstagsabgeordnete Stegmann gegen Hitlers Günstling Julius Streicher auf und gründete mit dem Großteil der SA ein eigenes Freikorps. Zahlreiche nationalsozialistische Zeitungen gerieten in Konkurs. Die Schulden der Partei waren auf über 12 Millionen Reichsmark angewachsen, und die Hilfsgelder der Industrie wurden gesperrt. Zwischen Hitler und Gregor Strasser kam es wegen einer Regierungsbeteiligung zu schweren Auseinandersetzungen. Ihre Anhänger gingen in Versammlungen bereits tätlich gegeneinander vor. So glaubte die Leitung der Sozialdemokratischen Partei wohl, die Rettung der Republik in Ruhe abwarten zu können.

Schon stellte sie sich wieder auf reine Agitationspolitik ein. Die von den wissenschaftlichen Hilfsarbeitern der Reichstagsfraktion ausgearbeiteten Anträge auf Sozialisierung der Kraftquellen und Schlüsselindustrien wurden aus den Schubladen hervorgeholt und im Reichstag eingebracht. Sie wären im Jahre 1919 mit Begeisterung aufgenommen worden, jetzt aber wirkten sie wie Versteinerungen in einem Raritätenkabinett. Niemand traute der jetzt politisch ziemlich einflußlosen Sozialdemokratie den ernsten Willen zu einer Sozialisierung zu, die sie nicht einmal auf dem Gipfel ihrer Macht, im Winter 1918/19, durchgeführt hatte.

In befremdlichem Gegensatz zu diesen papierenen Anträgen stand auch das Verhalten der Parteitheoretiker gegenüber den Erfordernissen der Tagespolitik. Die freien Gewerkschaften verlangten für Zwecke der öffentlichen Arbeitsbeschaffung eine Kreditausweitung um $1^3/_4$ Milliarden Reichsmark, durch die eine Million Erwerbsloser wieder hätten Arbeit bekommen können. Allein die Theoretiker der Sozialdemokratischen Partei rangen entsetzt die Hände und behaupteten, das wäre der Anfang der Inflation. Es kam zu langwierigen und hitzigen Auseinandersetzungen in der Reichstagsfraktion, schließlich setzten die Gewerkschaftsführer mit knapper Mehrheit ihren Willen teilweise durch. Aber die ganze Aktion kam reichlich ein Jahr zu spät. Sie zeitigte nicht mehr den geringsten politischen Erfolg.

Gegen Ende 1932 standen wir Sozialdemokraten in der deutschen Innenpolitik schon über zwei Jahre Gewehr bei Fuß. Wir waren nicht Regierungspartei, wir waren nicht Opposition. Wir waren weder Fisch noch Fleisch. Dieser Zeitraum ist für eine große Bewegung zu lang. Ihr Lebensgesetz ist der Kampf. Sie kann Niederlagen ertragen, wenn ihre Anhänger an den Endsieg glauben. Sie hält Fehlgriffe aus, wenn sie von den eigenen Leuten gemacht sind. Aber eine Politik der Ohnmacht und der scheinbaren oder wirklichen Rat- und Hilflosigkeit, die Rolle des fünften Rades an einem fremden Wagen, verträgt sie nicht. Offenkundige Schwäche wirbt nicht mehr, sondern stößt zuletzt die treuesten Anhänger ab. Mit Vernunftgründen allein läßt sich eine große Bewegung nicht leiten. Sie verliert ihren inneren Halt, wenn die Führung nicht mehr Gefühle und Leidenschaften erwecken, nicht mehr für die Ziele und Ideale der Bewegung begeistern kann. In der Politik kann man nicht ungestraft zu lang an Kreuzwegen verweilen.

Durch das autoritäre Regierungssystem seit Papens Kanzlerschaft waren wir im Vergleich zur Brüningzeit in eine womöglich noch unangenehmere Lage geraten. Wir standen zu der Regierung der Barone in schärfster Opposition. Neben uns befanden sich in Reih und Glied aber nicht nur die politischen Katholiken, sondern seit Mitte August 1932 auch die Nationalsozialisten. Sie verteidigten, seltsam genug, mit uns zusammen die Rechte des Reichstages gegen Reichsregierung und Reichspräsidenten, die Demokratie gegen die Diktatur. Im Falle eines Volksaufstandes gegen die nur von den Deutschnationalen, also kaum einem Zehntel des deutschen Volkes, unterstützte Regierung Papen hätte unser Reichsbanner neben der SA gekämpft! Die bloße Vorstellung einer solchen Möglichkeit war grotesk. Der Reichskanzler Papen hatte die Sozialdemokratie nach der Wahl vom 5. November 1932 zu Verhandlungen eingeladen. Die sozialdemokratische Reichstagsfraktion hatte sie abgelehnt und dadurch den Sturz Papens herbeigeführt. Dagegen war bei der Persönlichkeit eines Herrn von Papen nichts einzuwenden.

Jetzt aber tauchte die Möglichkeit einer Verständigung mit der Reichswehr und damit einer Befreiung aus unserer unerträglichen und unfruchtbaren politischen Zwangslage auf. Die Sozialdemokratie hatte allerdings in der Weimarer Republik zu der Wehrmacht nie ein richtiges und festes Verhältnis gefunden. Nur Ebert und Noske hatten sich gegen Ende 1918 mit der Obersten Heeresleitung zur Rettung des Reiches vor dem Bolschewismus verbündet. Sie hatten die Reste des alten Heeres mitsamt dem alten Offizierkorps zur Niederwerfung der Spartakistenaufstände benützt. Die alte Wehrmacht hatte sich dann beim Kapp-Putsch gegen die Reichsregierung empört. Im Herbst 1923 dagegen hatte General von Seeckt der Republik die Treue gehalten und dadurch die rasche Niederschlagung des Hit-lerputsches möglich gemacht. Dann hatten sozialdemokra-tische Mitglieder der Reichsregierung und Preußenregie-rung wiederholt Beziehungen zur Reichswehr angeknüpft und unterhalten, wohl auch die geheime Aufrüstung ge-deckt oder jedenfalls nicht gestört. Die sozialdemokratische Reichstagsfraktion und Presse aber waren von Zeit zu Zeit immer wieder in den Ton der Vorkriegszeit gegen das »militärische Klasseninstrument« verfallen. Sie hatten die geheime Aufrüstung öffentlich gebrandmarkt und sich da-durch dem Vorwurf des Landesverrats ausgesetzt. Die Ein-stellung der Gesamtpartei zur Wehrmacht war durchaus nicht einheitlich. Die Pazifisten in der Partei waren von tiefstem Haß gegen den preußischen Militarismus erfüllt. Die aus der früheren Unabhängigen Partei stammenden Sozialisten brachten aus den blutigen Kämpfen der Jahre 1919/20 und von dem Einmarsch der Reichswehr in Sach-sen und Thüringen im Herbst 1923 den Abscheu vor der »Weißen Garde« mit. Die alten Mehrheitssozialdemokra-ten dagegen bejahten die Pflicht zur Landesverteidigung ohne jede Einschränkung und redeten der Verständigung mit den Reichswehroffizieren das Wort. Wir Bayern in der Reichstagsfraktion wurden fast ausnahmslos als militär-fromm angesehen. Das Soldatische lag uns im Blut. Wir wußten aber auch, daß die Mannschaft der Reichswehr eine Auslese fähiger Köpfe und tüchtiger Menschen war. Sie bil-dete für uns einen wichtigen Bestandteil des Volkes, und wir glaubten daher, den Zusammenhang mit ihr nicht ver-lieren zu dürfen. Von einem blinden Werkzeug des Kapi-talismus konnte bei der neuen Reichswehr nicht die Rede sein. Auf alle Fälle hätte die deutsche Sozialdemokratie nach unserer Meinung Veranlassung gehabt, durch eine kluge Politik auch auf die Rekrutierung der Mannschaften und Offiziere der Reichswehr Einfluß zu gewinnen. Es ging nicht an, daß der Nachwuchs der Arbeiterschaft vom Dienst bei der Reichswehr praktisch ausgeschlossen war und daß das Ergänzungsgeschäft ausschließlich in den Händen der Rechtsverbände lag. Aber auch dieser sachliche Gesichtspunkt drang bei den sächsischen, thüringischen und Berliner Genossen nicht durch. Bei ihnen herrschte die billige Agitationsphrase oder die lederne Doktrin.

Der Zwiespalt der Meinungen innerhalb der Sozialdemokratie war besonders bei der Panzerkreuzerfrage zutagegetreten. Die sozialdemokratischen Mitglieder der Reichsregierung hatten sich für den bereits früher beschlossenen Bau eines Panzerkreuzers entschieden, die Reichstagsfraktion hatte dagegengestimmt. Die weit auseinandergehenden Meinungen über die Pflicht zur Landesverteidigung wurden dann auf dem Magdeburger Parteitag durch eine mehrheitlich angenommene Entschließung geklärt. In ihr war diese Pflicht bejaht und die Forderung nach Demokratisierung der Wehrmacht erhoben. Im Laufe des Jahres 1932 war dann durch die Führer des Reichsbanners eine erfolgversprechende Verbindung zu maßgebenden Männern der Reichswehr hergestellt worden. Sie wurde allerdings durch den Argwohn des Parteivorstandes ständig gestört. Ein annehmbares Verhältnis zur Wehrmacht riet damals schon die politische Klugheit an. Jedenfalls seit dem Schlage Papens gegen die Preußenregierung war die Reichswehr im Staate die alleinige tatsächliche Macht. Keine politische Partei, die mitregieren wollte, konnte es sich mehr leisten, sie zum Gegner zu haben. Die Nationalsozialisten hatten das immer begriffen. Sie wußten, daß sie gegen die Reichswehr nie ans Ziel kommen würden, und umwarben sie heiß. Wie der Prozeß gegen die nationalsozialistischen Ulmer Reichswehroffiziere im Herbst 1930 zeigte, hatte damals der Nationalsozialismus in der Wehrmacht noch nicht Fuß gefaßt. Der frühere Reichswehrminister Groener hatte im April 1932 sogar die SA aufgelöst. Sein Nachfolger Schleicher hatte Hitler zu zähmen und für seine Zwecke zu benutzen versucht, war aber dann mit ihm auseinandergekommen. Jetzt wandte sich Schleicher an die Arbeiterschaft und malte das verlockende politische Bild eines Bündnisses zwischen Arbeitern und Soldaten an die Wand. Er hatte in seiner Programmrede den Ausspruch getan, man schelte ihn einen sozialen General, es sei ihm aber völlig gleichgültig, ob eine Maßnahme kapitalistisch oder sozialistisch getauft werde, wenn sie nur vernünftig sei. So hatte bisher kein Reichswehrgeneral gesprochen. Vielleicht, ja sogar wahrscheinlich war die neue Politik, die er einleiten wollte, wegen der vielen Widerstände nicht durchführbar. Aber der Versuch, die Nationalsozialistische Partei in einen Hitler-Flügel und eine Strasser-Richtung zu spalten und der Sozialdemokratie oder doch den Gewerkschaften Einfluß auf die geistige Haltung der Reichswehr zu verschaffen, durfte nicht von vornherein abgelehnt werden. Dazu gehörten freilich der Bruch mit den Formeln der Theoretiker, politischer Wagemut und schöpferische politische Phantasie.

Die Mehrheit unserer Reichstagsfraktion war jedoch für eine Umstellung ihrer bisherigen Reichswehrpolitik nicht zu haben. Das zeigte bereits ein verhältnismäßig unbedeutender Vorfall bei der Beratung der Dezemberamnestie.

Diese Amnestie wurde von den Nationalsozialisten angeregt. Die rauhen Kämpfer der SA waren von den Sondergerichten Papens schwer mitgenommen worden. Ein großer Teil von ihnen hatte wegen politischer Verbrechen, insbesonders Straftaten gegen Leib und Leben, schwere, z. T. lebenslängliche Zuchthausstrafen erhalten. Die fünf nationalsozialistischen Mörder von Potempa, die einen jungen polnischen Kommunisten nachts im Schlafe überfallen und vor den Augen seiner 69jährigen Mutter grausam abgeschlachtet hatten, waren sogar zum Tode verurteilt, freilich nicht hingerichtet worden. Für sie hatten sich Göring und Hitler in gereizten Telegrammen eingesetzt, sie sogar als Kameraden bezeichnet und ihre Freilassung als eine Ehrensache der Nationalsozialistischen Partei erklärt. Diese Ehre stand jetzt auf dem Spiel. Nach ihrer Niederlage bei den Novemberwahlen und nach der Ernennung Schleichers zum Reichskanzler schienen die Nationalsozialisten wenig Aussicht zu haben, in absehbarer Zeit an die Staatsmacht und damit zur Befreiung der Verurteilten zu gelangen. Andererseits drängte die SA stürmisch darauf, daß die nationalsozialistische Reichstagsfraktion den Kameraden in Zuchthäusern und Gefängnissen zu Hilfe kam. Sie reichte deshalb einen ausführlichen Amnestieantrag ein. Das gleiche taten die Kommunisten, die sich mit ihren politischen Gefangenen in einer ähnlichen Lage wie die Nationalsozialisten befanden.

Diese beiden Parteien hatten zusammen nur eine einfache Mehrheit im Reichstag. Für eine wirksame Amnestie die vor den verfassungsmäßigen Rechten der Länder auf dem Gebiete der Justiz nicht haltmachte, war eine verfassungsändernde Mehrheit und daher die Zustimmung der sozialdemokratischen Reichstagsfraktion erforderlich. Bei uns aber waren die Meinungen über die Zweckmäßigkeit einer Amnestie geteilt. Der sehr angesehene ehemalige Volksbeauftragte Landsberg wandte ein, daß durch die häufigen Reichsamnestien die Strafandrohungen gegen politische Ausschreitungen alle Wirkung verlören. Andere Fraktionskollegen aber brachten Beispiele von einseitigen Urteilen, die gegen Reichsbannerleute ausgesprochen worden waren. So beschloß auch unsere Fraktion fast einmütig, einen Entwurf zu einem Amnestiegesetz vorzulegen. Im Gegensatz zu den Nationalsozialisten wollten wir auch Hochverrat, dessentwegen ausschließlich Kommunisten verurteilt worden waren, in die Amnestie einschließen. Sprengstoffverbrechen, politischen Mord und Totschlag dagegen nahmen wir von der Amnestie aus. In den ersten neun Monaten des Jahres 1932 waren in Deutschland bei politischen Zusammenstößen über 150 Menschen ums Leben gekommen. Die »Eiserne Front« hatte zehn Tote zu beklagen, der Rest fiel fast genau zur Hälfte auf Kommunisten und Nationalsozialisten. Wenn man endlich Ruhe auf den deutschen Straßen bekommen, den schwelenden Bürgerkrieg austreten wollte, durfte man die politischen Totschläger nicht amnestieren. Davon gingen wir nicht ab.

Die Nationalsozialisten machten die größten Anstrengungen, unseren Sinn zu ändern. Sie luden schließlich uns und die Kommunisten zu gemeinsamen Besprechungen ein. Eines Tages saßen dann tatsächlich die Nationalsozialisten Dr. Frick und Dr. Frank, die Kommunisten Torgler und ein Sekretär der »Roten Hilfe« und von der Sozialdemokratischen Fraktion Dr. Marum und ich in einem kleinen Raum des Reichstagsgebäudes zusammen am Beratungstisch. Es war ein seltsames Bild. Die Besprechung wurde sachlich und mit gemessener Würde geführt, von keiner Seite fiel ein verletzendes Wort. Aber da wir Sozialdemokraten hartnäckig blieben, kam nichts heraus.

Nach dieser Sitzung saß ich mit einigen Fraktionskollegen im Reichstagsrestaurant. Plötzlich stürzte unser Fraktionssekretär Dr. Hertz an den Tisch und forderte uns auf, geschwind in die Wandelhalle hinauszukommen. Dort zeigte er aufgeregt auf zwei Männer, die friedlich Zigaretten rauchend auf- und abgingen.

»Der Jude Marum und der Judenfresser Frank«, sagte Dr. Hertz, »jetzt sind wir über den Berg! Zwei Jahre habe ich mich als Jude in diesem Hause zurückgehalten und kaum mehr das Wort ergriffen, jetzt bin ich wieder gleichberechtigt.«

Die nächsten Tage schienen ihm recht zu geben. In den Verhandlungen des Rechtsausschusses kam ein gemeinsamer

Gesetzentwurf der Nationalsozialisten, Kommunisten und Sozialdemokraten zustande, der von dem Vorsitzenden des Ausschusses, dem Nationalsozialisten Dr. Frank, und von mir als Berichterstatter unterschrieben wurde. Die Nationalsozialisten hatten sogar in die Amnestierung des Landesverrats und des Verrats militärischer Geheimnisse, wenn die Tat nicht aus Eigennutz begangen war, gewilligt. Damit fiel auch der Pazifist Ossietzky, der vom Reichsgericht unter Bescheinigung seiner ehrenhaften Gesinnung zu 1¹/₂ Jahren Gefängnis verurteilt worden war, unter die Amnestie.

Die Reichsregierung war von den Amnestieanträgen der Parteien nicht entzückt. Sie sträubte sich dagegen, daß eine Waffe, die sich gegenüber den Ausschreitungen der Nationalsozialisten nach den Wahlen vom 31. Juli 1932 so wirksam erwiesen hatte, jetzt wieder stumpf gemacht würde. Offiziell nahm sie daher an den Beratungen des Rechtsausschusses über die Amnestie nicht teil. Doch stellte sich der Justizminister Dr. Gürtner den Parteien als Vermittler zur Verfügung. Er ließ sich nach seinen Erklärungen auch von dem Bestreben leiten, die Amnestie, die nicht mehr aufzuhalten war, der Reichsregierung noch so erträglich wie möglich zu machen. Zum Unterhändler war er als verbindlicher Süddeutscher und auf Grund einer fast zwölfjährigen Erfahrung im Umgang mit Parlamentariern sehr geeignet.

In diesen Tagen bat er mich mehrmals um meinen Besuch. Das erste Mal ersuchte er mich, auf die sozialdemokratische Reichstagsfraktion einzuwirken, daß im Interesse einer sauberen Rechtspflege die Amnestierung des politischen Mordes unterbliebe. Dieser Wunsch stimmte ohnehin mit unserer eigenen Auffassung überein. Vor der Vollversammlung des Reichstags ließ er mich nochmals kommen und machte mich auf eine Bestimmung des vom Rechtsausschuß beschlossenen Gesetzentwurfs aufmerksam, derzufolge auch die Strafen wegen Zersetzungsversuchen in der Reichswehr und Polizei unter die Amnestie fallen sollten. Er teilte mir mit, daß General Schleicher und der Reichspräsident die Annahme dieser Bestimmung wegen ihrer ungünstigen Auswirkung auf die militärische Disziplin sehr übel vermerken und unter Umständen die ganze Amnestie zu Fall bringen würden.

Ich setzte unseren Fraktionsvorstand von dieser Unterredung in Kenntnis, und die Fraktion trat eilig nochmals zusammen. Als ich berichtet und aus sachlichen Gründen, und um nicht die ganze Amnestie zu gefährden, die Berücksichtigung der Bedenken des Reichsjustizministers empfohlen hatte, trat mir am leidenschaftlichsten entgegen die Abgeordnete Toni Pfülf, Tochter eines deutschen Generals. Sie war als schwächliches Mädchen in der Familie zurückgesetzt, darum wohl »aus der Art geschlagen«, Volksschullehrerin und dann Frauenrechtlerin, im Kriege Pazifistin, zuletzt Sozialistin geworden. Eine Lungenkrankheit bekämpfte sie mit zäher Energie. Äußerlich stellte sie einen fast männlichen Typ dar, wenn sie es gelegentlich auch nicht an weiblicher Schläue fehlen ließ. Sie gehörte zu den wenigen geistig bedeutenden Frauen in der Nationalversammlung und im Reichstag. Im Strafrechtsausschuß hatte sie als Protokollführerin des alten Professors Kahl seit Jahren eine gewisse Rolle gespielt. Bei einigen unserer Parteigrößen wie dem stets ritterlichen Löbe stand sie in Gunst. Der Parteivorstand hatte sie, als sie sich wegen ihres Kampfes gegen den Alkohol in München mit dem damals fast allmächtigen Genossen Erhard Auer entzweit hatte, im Wahlkreis Niederbayern-Oberpfalz als Kandidatin aufgestellt. Dort war sie seither mit Hilfe der überschüssigen Stimmen des benachbarten Wahlkreises Oberbayern/Schwaben immer gewählt worden. Der Fleiß und die Ausdauer, mit der sie diesen fast rein ländlichen Wahlkreis bearbeitete, war bewundernswert. Wie sie mit ihrem Antialkoholismus und ihrer Freigeisterei bei dieser gut katholischen und trinkfesten Bevölkerung zurechtkam, ist nie richtig bekannt geworden. Bei den braven Arbeitern dieses Landstrichs war sie geschätzt. Ich war als Bayer vielleicht zu naturhaft, um diesen scheinbar kalt verstandesmäßigen und bei politischen Entscheidungen doch rein vom Gefühl bestimmten Typ intellektueller Frauen zu verstehen. Auch jetzt malte sie der Fraktion in grellen Farben die Schrecken einer drohenden Militärdiktatur vor.

Ich suchte die Wirkung ihrer heftigen Rede abzuschwächen, indem ich wiederholte, wir hätten als Verfassungspartei die Pflicht, eine verfassungsmäßige Einrichtung wie die Reichswehr vor zersetzenden Einflüssen jeder Art zu schützen. Umsonst! Bei der Abstimmung in der Fraktion blieb ich um ein paar Stimmen in der Minderheit. Gegen mich standen die »hellen« Sachsen und Thüringer, die Berliner, die Frauen, die Pazifisten, für mich traten die Gewerkschaftler, fast alle Bayern, Hamburger und Badener, die Reichsbannerleute und einzelne »Realpolitiker« wie Braun und Severing ein. In der Vollversammlung des Reichstags stimmten dann die Nationalsozialisten gegen die umkämpfte Vorschrift und brachten sie dadurch zu Fall. Sie waren wohl auch vom Reichsjustizminister bearbeitet worden und klüger gewesen als wir. Denn sie wußten, daß der alte Hindenburg die ganze Politik nur mit militärischen Augen sah. Hindenburg aber hütete den Schlüssel zur Macht.

Reichskanzler Schleicher war auch im Januar 1933 mit seinen Bemühungen um eine neue tragfähige Regierungsmehrheit nicht weitergekommen. In der schweren Krise der Nationalsozialistischen Partei hatte Hitler noch einmal gesiegt. Sein Widersacher Gregor Strasser hatte alle Parteiämter niedergelegt und sich ins Privatleben zurückgezogen. Aber in der Presse dauerten die Meldungen über seine angeblichen Besprechungen mit Schleicher und Hindenburg fort. In Hitlers SA ging der Abfall weiter. In Nürnberg mußte die Polizei den Gauführer Streicher und das Braune

Haus gegen den Ansturm der braunen Rebellen schützen. In Lippe sagte sich der Gründer der dortigen nationalsozialistischen Ortsgruppe, ein Dr. Fuhrmann, in einer vernichtenden Erklärung, die schwere Anklagen gegen den mit Hitler betriebenen Byzantinismus und Röhms homosexuelle Verirrungen enthielt, von dem Führer los. Bei den Landtagswahlen in Lippe-Detmold gelang es dann den Nationalsozialisten, die außer Hitler einen großen Stab ihrer besten Redner eingesetzt hatten, gegenüber den Novemberwahlen etwas über 5000 Stimmen auf Kosten der Deutschnationalen zu gewinnen. Aber auch wir Sozialdemokraten nahmen um 4000 Stimmen zu, die Kommunisten büßten fast genauso viel Stimmen ein. Der Zeitpunkt, in dem Hitler die Mehrheit des deutschen Volkes hinter sich bringen könnte, schien in weiter Ferne zu liegen. Von einer bolschewistischen Gefahr konnte noch viel weniger die Rede sein.

Allerdings hatte der im November gestürzte frühere Reichskanzler von Papen in eigentümlicher Weise von sich reden gemacht. Er hatte Anfang Januar 1933 in der Wohnung des Barons Schröder, des Mitinhabers des Bankhauses I. H. Stein in Köln, eine geheime Zusammenkunft mit Hitler gehabt. Die Sache wurde ruchbar. Darauf erklärte der »Völkische Beobachter«, Herr von Papen habe das Bedürfnis gefühlt, dem Führer die Methoden anzugeben, »mit denen man heutzutage Kanzler werden kann«. Einige Tage später las man, daß Papen seinen Freund Schleicher aufgesucht und ihn von der Unterredung mit Hitler sowie über die in der westdeutschen Schwerindustrie gegen Schleicher herrschende Mißstimmung unterrichtet habe.

Die Abneigung der Schwerindustrie gegen Schleicher war ohne weiteres begreiflich. Ein »sozialer General«, der sich nicht an dem Namen Sozialismus stieß, wie Schleicher in seiner Programmrede verkündet hatte, war für die alten Scharfmacher an Rhein und Ruhr eine Ungeheuerlichkeit. Dazu kam der verruchte Plan, mit den Gewerkschaften und mit braunen Sozialisten, die doch sicherlich innen rot waren, zusammen zu regieren! Das ging den Großindustriellen, die bisher die Wirtschaftskrise zur Zurückdrängung des Einflusses der Gewerkschaften und zum Abbau der sozialen Errungenschaften ausgenützt hatten, gegen den Strich! Sie blieben mit ihren Bedenken nicht allein. Auch der »Reichslandbund« trat jetzt in offener Feindseligkeit gegen Schleicher auf und schwärzte ihn wegen seiner Siedelungspläne im Osten bei dem alten Hindenburg an. Die Ostsiedelung aber hatte schon einen Brüning zu Fall gebracht.

Der Reichstag machte in der zweiten Hälfte Januar 1933 wieder stark in Parlamentarismus und Demokratie. Im Haushaltsausschuß platzte plötzlich der Osthilfeskandal. Ostelbische Junker, darunter die nächsten Freunde des Reichspräsidenten, hatten sich an öffentlichen Geldern schamlos bereichert. Der alte Oldenburg-Januschau hatte sich aus Staatsmitteln sogar ein zweites Rittergut zugekauft. Andere gewissenlose Adelige hatten die staatlichen Hilfsgelder an der Riviera verpraßt. Angeblich lagen in den Akten solcher Leute warme Empfehlungsschreiben von Hindenburg Vater und Sohn. Die Reichsregierung zögerte, mit solchen Akten herauszurücken. Darauf traten die Juristen aller Fraktionen in Funktion. Wir fanden bald heraus, daß sich der Haushaltsausschuß nur in einen Untersuchungsausschuß umzuwandeln brauchte, dann war die Regierung nach der Verfassung verpflichtet, uns die Akten zu unterbreiten. Die Ministerialbürokraten rangen verzweifelt die Hände, aber wir Parlamentarier fühlten uns wieder groß und stark.

Plötzlich tauchten neue Gefahren auf. Reichskanzler Schleicher hatte in einer Besprechung mit unserem Fraktionsvorsitzenden Dr. Breitscheid die Frage aufgeworfen, ob die Arbeiter auf die Barrikaden steigen würden, wenn der staatliche Notstand erklärt, der Reichstag aufgelöst und eine Zeitlang ohne einen solchen regiert würde. Breitscheid hatte erklärt, er wolle sich nicht gerade auf die Barrikaden festlegen, ein offener Verfassungsbruch aber würde die gefährlichsten Stürme hervorrufen. Darauf erschienen am Beginn der letzten Januarwoche Meldungen in der Presse, in denen für den Fall, daß im Reichstag ein Mißtrauensantrag gegen die Regierung Schleicher eingebracht würde, die Erklärung des Staatsnotstandes und die Ausschaltung des Reichstags angekündigt war. Gegen den geplanten Staatsstreich ließen der sozialdemokratische Parteivorstand und die Führung der Zentrumspartei sofort geharnischte Erklärungen los.

So war die Lage zuletzt gewesen, als ich nach Vertagung der Beratungen des Haushaltsausschusses nach München zurückgekehrt war. Jetzt wälzte ich mich schlaflos auf meinem Lager und überlegte die letzten politischen Möglichkeiten. In diesem Reichstag bildeten die Nationalsozialisten zusammen mit den Kommunisten eine Mehrheit. Ein solcher Reichstag war natürlich arbeitsunfähig. Bei Neuwahlen unter der Kanzlerschaft Schleichers würde diese Mehrheit zweifellos verschwinden, die Wahlniederlage der Nationalsozialisten vom letzten November sich wiederholen und verstärken, aber Schleicher bekam, wenn er nicht von allen bürgerlichen Parteien und von uns Sozialdemokraten unterstützt wurde, keine Regierungsmehrheit. Auf eine Unterstützung durch uns konnte er nicht zählen. Deshalb würde er wahrscheinlich vorziehen, den Staatsstreich zu machen und ohne Reichstag zu regieren. Die Deutschnationalen forderten es. Wir Sozialdemokraten aber befanden uns in der denkbar heikelsten Lage. Je mehr wir gegen einen Staatsstreich protestierten und mit dem Einsatz des letzten Mittels, des Generalstreiks, drohten, um so stärker beschworen wir die Gefahr einer Kanzlerschaft Hitlers herauf. Zwar sollte Hindenburg sein Ehrenwort gegeben haben, den »böhmischen Gefreiten« niemals zum Kanzler zu machen.

Aber hatte nicht auch Brüning sich mit letzter Kraft für die Wahl Hindenburgs eingesetzt und war dann kaum vier Wochen später mit Schimpf und Schande davongejagt worden? Konnte sich der uralte Mann an sein Ehrenwort gegen Hitler noch erinnern? Besaßen Ehrenworte in der Politik überhaupt einen großen Wert?

Der Osthilfeskandal hatte die Wut der Ostelbier gegen Schleicher zur Siedehitze gebracht. Sie beschuldigten ihn, er habe ihnen aus gemeiner Rachsucht wegen ihrer öffentlichen Stellungnahme gegen ihn den giftigen Brei eingerührt. Dann war Papen da, der gefährliche, ehrgeizige, skrupellose Papen, der bei der Entlassung Brünings dem Zentrumsvorsitzenden Dr. Kaas auch das Ehrenwort gegeben hatte, das Reichskanzleramt auszuschlagen, und doch eine Viertelstunde später Reichskanzler geworden war! Er galt einmal als Freund Schleichers, aber offenbar hatte er ihm nicht verziehen, daß er durch ihn im November 1932 gestürzt worden war. Was würde kommen? Die Arbeitslosigkeit war um ein paar Millionen geringer in diesem Winter, aber immer noch hoch genug. Die Nationalsozialistische Partei schien im Zerfall, aber wo war der Politiker, der das, was fallen wollte, noch stieß, der den furchtbaren Druck von dem deutschen Volke nahm?

Schwer, träge und schwarz schlichen die Gedanken in dieser Nacht. Alle Hoffnungen schwanden langsam dahin. Es war, als tappte ein Schatten durchs Dunkel, packte mich mit Riesenarmen und schlürfte mir die letzte lichte Hoffnung aus Hirn und Herz, wie das scheußliche Untier Grendel im Beowulfslied den Mannen König Rudigars Nacht für Nacht das Blut aus dem Leibe sog.

Am nächsten Tag kam ein Telegramm: Der Reichstag wurde zum 31. Januar 1933 einberufen. Mit dem Nachtschnellzug fuhr ich nach Berlin. Ein junger Naziabgeordneter fand keinen anderen Platz mehr und kam in mein Abteil. Er wurde allmählich zutraulich und sagte mir, daß der Auftrag an Hitler, eine neue Regierung zu bilden, bereits beschlossene Sache sei.

General Schleicher wurde am 28. Januar 1933 gestürzt. Man nannte als Ursache die Rache der Junker wegen des Osthilfeskandals. Der kurze Traum eines Bündnisses zwischen Arbeitern und Soldaten war ausgeträumt. Zwei volle Tage dauerte es, bis die neue Regierung Hitler-Papen-Hugenberg, die sich im Reichstag nur auf eine Minderheit von Nationalsozialisten und Deutschnationalen stützen konnte, zustande kam. Aber auch diese Galgenfrist wurde von den Gegnern Hitlers nicht ausgenützt. Das Zentrum hatte sich längst in das scheinbar Unvermeidliche geschickt. Es suchte noch Garantien für »katholische Belange« zu ergattern, hoffte wohl auch auf eine baldige Mitbeteiligung an der Regierung wegen der zu erwartenden Schwierigkeiten in der Außenpolitik. Auf Brünings Ansehen im Ausland und seine vermeintliche Unentbehrlichkeit in der Außenpolitik wurden damals viele Schlösser im Monde gebaut. Wir Sozialdemokraten aber waren ebenso wie die Kommunisten gelähmt.

In den Fraktionssitzungen droschen wir leeres Stroh. Wir wußten nichts und waren ganz und gar auf die Seite gestellt. Nie war uns das so wie in den träge schleichenden Stunden dieser Tage zum Bewußtsein gekommen.

Ich gehörte weder dem Fraktionsvorstand noch dem Parteivorstand an. So erfuhr ich über die Gedanken und Überlegungen der Parteileitung nur, was man für gut hielt, vom hohen Olymp herab den gewöhnlichen Sterblichen zu verkünden. Unter der Hand fragte ich einmal das Vorstandsmitglied Aufhäuser, ob denn nirgends ein Wille zum Widerstand gegen die drohende Entwicklung vorhanden sei. Er antwortete erbittert, daß die Sozialdemokratie sang- und klanglos untergehen würde. Da lohnte es sich also gar nicht mehr, in der Fraktion auch nur eine Frage zu stellen. Man wäre von dem Kollegen Stampfer, der uns Jüngeren gegenüber die Rolle einer Gouvernante spielt, mitleidig als unfähiger Politiker abgetan worden. Da behielt man lieber seinen Kummer für sich und verließ sich auf die unergründliche Weisheit der oberen Götter, die alle notwendigen Wunder schon wirken würden. Vorläufig sahen wir davon allerdings nichts, der hohe Olymp schien in undurchdringliche Wolken gehüllt.

Nur die Spitzenverbände aller Gewerkschaften richteten an den Reichspräsidenten ein Telegramm, in dem gegen die Berufung einer sozialreaktionären und arbeiterfeindlichen Regierung und gegen einen etwaigen Staatsstreich Widerspruch erhoben war. Das zielte offenbar gegen Papen, dessen Wiederkehr befürchtet wurde, war aber ganz und gar nicht auf Hitler gemünzt. Gegen Hitlers Ernennung zum Reichskanzler war nach Meinung unserer Gewerkschaftsführer nichts zu machen. Sie war angeblich »legal«. Der Reichspräsident hatte eben nach der Verfassung bei der Wahl seines Kanzlers freie Hand. Wir bauten also auf die Verfassung. Dann auf den Reichspräsidenten, den alten, »getreuen Ekkehard«. Dann auf das Zentrum und die Macht der katholischen Kirche, die einen über- und unterirdischen Einfluß zur Erhaltung des Rechtsstaates ausüben würde. Dann auf die Deutschnationalen, die Hitler bändigen sollten. Dann auf Bayern. Dann auf die Reichswehr. Dann auf den »Stahlhelm«. Nur nicht auf uns selbst.

Der Parteivorsitzende Otto Wels, der sich damals zur Erholung von seiner Herzkrankheit in der Schweiz aufhielt, soll einem Gerücht zufolge in einem fernmündlichen Gespräch mit Hans Vogel für den Fall einer Ernennung Hitlers zum Reichskanzler die Ausrufung des Generalstreiks angeraten haben. Er wurde angeblich darauf aufmerksam gemacht, daß er mit seiner Meinung alleinstehe. Offenbar wuchs der politische Scharfblick mit der Entfernung von Berlin.

In der Tat wäre in diesen zwei Tagen zwischen dem

28. und 30. Januar 1933 die letzte schwache Möglichkeit der Rettung der deutschen demokratischen Republik und der deutschen Arbeiterklasse vor dem Hitlerfaschismus gewesen. Die Aussichten eines Widerstandes gegen Papen und seine Hintermänner waren eher größer als am 20. Juli 1932. In der Reichswehrgeneralität war der Schleicher-Flügel sehr stark. Der Chef des Generalstabs, Freiherr von Hammerstein, erhob wegen des Sturzes Schleichers sogar Vorstellungen bei Hindenburg. Sie blieben vergeblich, aber gegen einen Generalstreik hätte die Reichswehr kaum geschlossen eingesetzt werden können. Vielleicht hätte die bloße Drohung mit dem Generalstreik genügt, Hindenburg und seine Berater im letzten Augenblick bedenklich zu stimmen. Blieb doch auch Hugenberg mit seinem Vorschlag einer Kanzlerschaft Hitlers in der deutschnationalen Reichstagsfraktion völlig allein. Aber die Gewerkschaften rührten sich nicht. Sogar die Kommunisten wagten keine Tat. So nahm das Schicksal seinen Lauf. Am Nachmittag des 30. Januar 1933 erfuhren wir in einer der sinn- und zwecklos gewordenen Fraktionssitzungen, daß Hitler zum Reichskanzler ernannt worden war. Das von dem Grafen Helldorf ausgestreute Gerücht, daß die Reichswehr in Potsdam einen Militärputsch gegen Hindenburg vorbereite, hatte Wunder gewirkt und die letzte Entscheidung herbeigeführt. Es war ein kleines Vorspiel des Reichstagsbrands. Die auf den nächsten Tag einberufene Sitzung des Reichstags wurde abgesagt.

Die Dunkelheit war bereits hereingebrochen, als wir Bayern am Abend dieses Tages vom Reichstag am Rande des Tiergartens entlang zum Anhalter Bahnhof gingen. Zahllose Stahlhelmer und SA-Leute strömten gegen das Brandenburger Tor. Jugend, nichts als Jugend, ohne Bartflaum, frische Knabengesichter, hastig, eifrig, »im Dienst«. Sie eilten zum Fackelzug, der an diesem Abend Hindenburg und Hitler dargebracht wurde. Leuchtende Helle kam von der Straße »Unter den Linden« her. Wir schlichen müde und zerschlagen von den Aufregungen dieser Tage im Dunkel dahin. Nur rasch weg von Berlin, wir hatten hier nichts mehr zu suchen! München, Bayern, unsere Heimat war vielleicht der letzte Zufluchtsort.

Im Eisenbahnzug lasen wir die Abendausgabe der »Deutschen Allgemeinen Zeitung«, in der Chefredakteur Dr. Fritz Klein die unheilschwangeren Worte schrieb: »Eine gewagte Entscheidung ist es auf alle Fälle, und kein verantwortungsbewußter Politiker wird zum Jubeln geneigt sein ... Hitlers Anhängern aber werden die Augen übergehen.«

Das war auch unser einziger Trost: Zähmung Hitlers durch Hugenberg! Darauf freuten sich alle Gegner Hitlers, die in diesen Tagen noch Freude aufbringen konnten. Im »Vorwärts« aber schrieb jemand, wohl der Chefredakteur Friedrich Stampfer selbst, einst ein glänzender Leitartikler, die denkwürdigen Worte: »Heute Generalstreik machen, hieße die Munition der Arbeiterklasse zwecklos in die leere Luft verschießen!«

Aber nach dem 30. Januar 1933 hatten wir keine Munition mehr. Wir hatten stillschweigend kapituliert. Es dauerte freilich noch einige Monate, bis wir es merkten. Aber schon in diesen Tagen lag ein Druck auf uns, der uns nicht mehr froh werden ließ.

Nur einer, Friedrich Stampfer, ging mit einem stillen Lächeln herum. Als ihn seine Redaktionskollegen darob verwundert zur Rede stellten, meinte er treuherzig: Nun komme die zweite Jugend über ihn. In seiner ersten, als er sozialdemokratischer Redakteur in Brünn war, sei die Parteizeitung von den österreichischen Behörden verboten worden und man habe illegal arbeiten müssen. Das sei die schönste Zeit seines Lebens gewesen. Genauso werde es jetzt wieder kommen, und er freue sich schon darauf.

Aber es kam ganz anders. Preußen war nicht Österreich, Hitler aber auch nicht Bismarck, der ebenfalls die Sozialdemokraten verfolgte. Bismarck erließ ein Gesetz, dessen Vorschriften zu beachten oder zu übertreten in jedermanns Belieben stand. Die Folgen für jede einzelne Gesetzesverletzung waren genau festgelegt. Inzwischen war aber die Menschheit fortgeschritten. Im Frühjahr 1933 brauchte man kein Sozialistengesetz mehr. Zur Vernichtung wehrloser Gegner genügte die eiserne Stirn, die starke Faust, das weite Gewissen, die nackte Gewalt.

2. Der letzte Wahlkampf
der deutschen Demokratie

Wie im August 1932 wollte das Zentrum auch nach dem
30. Januar 1933 von Hitlers Gewand wenigstens den hin-
tersten Zipfel erhaschen. Es stellte durch den Prälaten
Dr. Kaas dem neuen Reichskanzler einen Fragebogen zu
und erklärte sich für den Fall einer befriedigenden Antwort
zur Duldung der neuen Regierung bereit. Damit hätte die
Reichsregierung im Reichstag von 5. November 1932 eine
Mehrheit gehabt. Allein es war vergebliche Liebesmühe.
Hitler ging aufs Ganze. Bei den Verhandlungen um die Re-
gierungsbildung hatte er dem widerstrebenden Führer der
Deutschnationalen, Dr. Hugenberg, die Zustimmung zu
Neuwahlen abgepreßt. Bereits am 1. Februar 1933 wurde
der Öffentlichkeit die Auflösung des Reichstags mitgeteilt,
»weil die Bildung einer arbeitsfähigen Mehrheit nicht mög-
lich gewesen sei«. Diese Begründung traf nicht zu. Das
Zentrum stellte es nachträglich fest. Es wäre nach den Worten des Prälaten Dr. Kaas »in uneigennütziger Sachlichkeit«
bereit gewesen, »der Regierung die Arbeit zu ermöglichen«.
Aber die Klagen kamen zu spät. Die Neuwahlen waren bereits auf den 5. März angesetzt. Wir traten zum letzten
Wahlkampf an.

Wenn ich heute nach Jahren an diesen Wahlkampf zu-
rückdenke, so erscheint er mir als einer der ehrenvollsten,
den die deutsche Sozialdemokratie jemals geschlagen hat. Er
wurde mit ungleichen Waffen geführt. Den verbündeten
Nationalsozialisten und Deutschnationalen stand der gesamte Regierungsapparat des Reiches und der meisten Länder, fast nur die süddeutschen ausgenommen, zur Verfü-

gung. Sie nützten ihn bedenkenlos für sich aus. Tag für Tag peitschten die Mitglieder der »nationalen Regierung« und Zehntausende ihrer Trabanten am Radio und in Riesenversammlungen die heftigsten Wellen des Hasses, der Lüge und Verleumdung gegen uns auf. Wir wurden für den ganzen Jammer der Weltwirtschaftskrise verantwortlich gemacht. Die unsägliche Erbitterung der sieben Millionen Arbeitslosen und ihrer Familien wurde auf unsere angeblich schuld- und fluchbeladenen Häupter geladen. Gegen jeden Einwand gepanzert mit der ehernen Rüstung der Regierungsautorität, umflossen von dem Glanze des endlich erfolgreichen Parteiführers, umwölkt von dem Weihrauch der Anbeter beiderlei Geschlechts, über sich selbst hinausgetragen durch die inbrünstigen Hoffnungen eines geschlagenen, gedemütigten, zerrissenen und durch unendliche Leiden blind gewordenen Volkes stürmte Adolf Hitler wie ein Racheengel durch die deutschen Lande und spie unaufhörlich die fressenden Flammen des Hasses, der Empörung, der Wut und des letzten Gerichtes gegen uns aus: 14 Jahre Marxismus hätten Deutschland ruiniert. In 14 Jahren hätten die Novemberparteien den deutschen Bauernstand zugrundegerichtet. In 14 Jahren hätten sie ein Millionenheer von Arbeitslosen geschaffen. 14 Jahre lang hätten die Parteien des Marxismus und ihre Mitläufer Zeit gehabt, ihr Können zu beweisen. Das Ergebnis sei ein Trümmerfeld. Binnen vier Jahren müsse die Arbeitslosigkeit endgültig überwunden sein. Binnen vier Jahren müsse der deutsche Bauer der Verelendung entrissen sein. »Deutsches Volk, gib mir nur vier Jahre Zeit, und dann urteile und richte uns!«

Hitler schrie, tobte, drohte, schluchzte, flehte Gott den Allmächtigen um Gnade und Segen an. Das deutsche Volk wurde in seinen tiefsten Tiefen aufgewühlt. Der Bauer verlor seine Bedächtigkeit, sein Mißtrauen gegen die Marktschreierei, er hoffte gläubig auf Schuldenbefreiung und höhere Vieh-, Milch- und Getreidepreise. Der hitzige Mittelständler blähte sich in kriegerischem Mut und freute sich grimmig auf die angekündigte Vernichtung der Warenhäuser und Konsumvereinsläden, die ihm die Preise drückten und das Leben vergällten. Die Angestellten, die kleinen Beamten muckten auf und harrten hämisch und schadenfroh der nahen Gelegenheit, jede Unbill, jede Demütigung heimzuzahlen, die ihnen von überheblichen Vorgesetzten angetan war. Zehntausende junger Intellektueller, die seit Jahren vergebens ein Unterkommen in Staat, Gemeinde oder Privatwirtschaft suchten, gedachten »die alten Esel« von der Futterkrippe zu verjagen und ihre Plätze zu besetzen. Millionen von Arbeitslosen standen händereibend bereit, die »Marxisten« aus den Betrieben zu prügeln und die »vollgefressenen Bonzen« mit Wonne die Bitternisse der Wohlfahrtsunterstützung kosten zu lassen. Junker und Besitzbürger aber atmeten zum ersten Male seit 1918 wieder auf, sie raunten sich blinzelnd zu, daß Hitler ihr Mann, ihr Gefangener sei, daß er die verhaßten Gewerkschaften zerbrechen und die Arbeiter mit Gewalt ins »nationale« Lager zurückführen werde. Während sie mit wollüstigem Gruseln zuschauten, wie ihr Weizen blühte, sprachen sie starke Worte von nationalem Umbruch und nationaler Erneuerung aus. Deutschlands Erwachen? Die eine Hälfte des Volkes stand gegen die andere auf. Haß und Zwietracht wurden gesät wie nie zuvor, alle Andersdenkenden zu gemeinen Verbrechern gestempelt, der nationalen Einheit nie heilende Wunden geschlagen. Hunderttausende, die diese Ausbrüche der giftigsten Dünste, der niedrigsten Rachsucht, der abgrundtiefen Gemeinheit miterleben mußten, haben für immer den Glauben an Deutschland verloren.

Wir hielten den Haßwellen stand. Wir schrien gegen den braunen Terror, gegen die Sprengungen unserer Versammlungen, gegen die Überfälle auf unsere Zeitungsgebäude, Partei- und Gewerkschaftshäuser, gegen die Ermordung unserer Anhänger in Staßfurt, in Berlin, in Oberschlesien, in Köln, in Frankfurt a. O., in Halle, im Ruhrgebiet auf. Da griff die Regierung zur Gewalt. Gegen zahlreiche unserer Redner, Crispien, Künstler, Dr. Hilferding u. a., wurden Redeverbote verhängt. Unsere Zeitungen wurden verboten. Wohl hob das Reichsgericht die meisten dieser willkürlichen Verbote nachträglich auf. Aber neue wurden erlassen. Unsere Versammlungsfreiheit wurde durch Polizeischikanen eingeschränkt. Der preußische Staatskommissar Göring wies die ihm unterstellten Polizeiorgane an, zweierlei Recht zu üben: die Gegner der »nationalen« Regierung zu unterdrücken, die hinter ihr stehenden Rechtsverbände und Volkskreise aber ungeschoren zu lassen. Oberpräsidenten, Regierungs- und Polizeipräsidenten, Polizeioffiziere, die früher irgendeinmal pflichtgemäß gegen nationalsozialistische Ausschreitungen vorgegangen waren oder die jetzt Görings rechtswidrige Anweisungen nicht wörtlich befolgten, wurden abgesetzt. Mitte Februar 1933 gab es keinen sozialdemokratischen oder demokratischen Oberpräsidenten oder Polizeipräsidenten in Deutschland mehr. Nicht genug! Die Verbände der SS, SA und des »Stahlhelms« wurden zur staatlichen Hilfspolizei ernannt und gegen uns eingesetzt. Göring forderte die gesamte Polizei zu rücksichtslosem Waffengebrauch gegen Linksstehende auf. Am 14. Februar 1933 erklärte er auf einer Konferenz der preußischen Oberpräsidenten und Regierungspräsidenten zynisch, er wisse sehr wohl, daß viele seiner Anweisungen zu den geltenden Reichs- und Landesgesetzen in Widerspruch stünden. Er verbot der staatlichen Polizei sogar, SA-Heime und sonstige Unterkünfte der nationalen Verbände zu betreten und dort nach Waffen zu suchen. Diese Verbände, schon bisher heimlich bewaffnet, legten jetzt ungestört gewaltige Waffenlager an. Sie sprengten unsere Versammlungen mit Gewalt, sie schlugen unsere Aufzüge auseinander, sie drangen mit stürmender Hand in unsere Volksheime und Gewerkschaftshäuser ein.

Niemand schützte uns. Kein Beamter hatte den Mut mehr, sich gegen Göring und seine gewalttätigen Scharen auf die Gesetze zu berufen. Keiner weigerte sich, dem Unrecht zu dienen. Keiner schämte sich, das Verbrechen zu übersehen. Keiner warf, empört über den Mißbrauch, den man mit Recht und Gesetz trieb, den neuen Gewalthabern sein Amt vor die Füße. Furcht und Feigheit beherrschten das Feld.

Wir fanden nirgends mehr Recht, aber wir wichen nicht. Noch immer zählten wir, unerschüttert und unerschrocken, auf das Gerechtigkeitsgefühl des deutschen Volkes, auf die Freiheitsliebe der deutschen Arbeiterschaft. Noch immer waren unsere Versammlungen überfüllt. Ungebrochen war der Wille unserer Anhänger zum politischen Kampf. Die Redner, die den Mut hatten, schonungslos auszusprechen, was war, umwogte Begeisterung. Immer noch marschierten die jugendlich-kräftigen Gestalten des »Reichsbanners« in den Straßen der deutschen Städte auf, immer noch rauschte der Wald von roten Fahnen in unseren Versammlungssälen, immer noch drangen unsere Warnungen und Beschwörungen, unsere Aufrufe zum Kampf für Freiheit und Gerechtigkeit für alle ins Volk. Verbot uns die Regierung das Reden, so zeugten die Steine, die zahllosen Wohnviertel der Städte, die Stadien für Körperkultur, die Ausstellungshallen, die neuen Post- und Schulgebäude der Nachkriegsjahre in allen Teilen des Reiches für uns.

Auch die Katholiken lehnten sich gegen die »beispiellose Überhitzung« des politischen Kampfes auf. Der Erzbischof von Freiburg nahm öffentlich Stellung gegen die offenen und heimtückischen politischen Mordtaten, gegen die Kulturschande des Bürgerkriegs, gegen die Selbstentehrung des deutschen Volkes durch seine Abkehr vom christlichen Sittengesetz. Die katholischen Volksverbände erließen einen Aufruf gegen die Häufung von Gewalttaten, gegen die Beschimpfung ehrlicher Männer als Landesverräter, gegen die

Ächtung aller Andersdenkenden, gegen den Kampf auf Leben und Tod. Das rheinische Zentrum beschwerte sich gegen die Sprengung von Versammlungen seiner Wähler, gegen die feige Niederschlagung des früheren Zentrumsministers Stegerwald in Krefeld, gegen die Untätigkeit der Polizei gegenüber allen nationalsozialistischen Gewalttaten beim Reichspräsidenten Hindenburg. Es verlangte die Einsetzung aller staatlichen Machtmittel, diesem rüden Treiben ein Ende zu machen. In Süddeutschland wurden wieder Stimmen nach Abkapselung von dem norddeutschen Nationalbolschewismus laut. Der deutsche Schriftsteller Thomas Mann erneuerte öffentlich sein Bekenntnis zum demokratischen und sozialistischen Deutschland, zur Einheit, Freiheit und zum Frieden der Völker und erklärte sich feierlich gegen den roh-romantischen Dienst am Vergangenen, gegen die verabscheuungswürdige Mischung aus Revolution und Reaktion. Bis weit in die Kreise des rechtsstehenden Bürgertums hinein entsetzte man sich vor der barbarischen Wildheit der rauhen Kämpfer in Hitlers SA.

Aller Voraussicht nach hätten die verbündeten Nationalsozialisten und Deutschnationalen die Wahlschlacht verloren, hätte ihnen nicht der Reichstagsbrand den entscheidenden letzten Auftrieb gebracht. Mit ihm hatten sie, wie Dr. Goebbels in seinem Buche »Vom Kaiserhof zur Reichskanzlei« jubelt, die »hoffentlich letzte Panne glücklich überwunden«. Mit einem Schlage wurden jetzt unsere sämtlichen Zeitungen, unsere Wahlflugblätter verboten, Stadt und Land von amtlichen Stellen mit erfundenen Greuelmeldungen über geplante kommunistische Attentate überschwemmt. Das war der Schlag auf den Kopf, der deutsche Bürger und Bauer geriet in sinnlose Wut. Bolschewismus vor den Toren, das war zuviel! Nun fiel der übergroße Teil des deutschen Volkes willenlos der nationalsozialistischen Propaganda anheim. Die Verleumdung hatte freie Bahn. Selbst uns Sozialdemokraten hatte Göring wider besseres Wissen mit den Reichstagsbrandstiftern in Verbindung gebracht. Wir hatten keine Möglichkeit der Gegenwehr. Die Grundrechte der Verfassung: Meinungs-, Presse-, Versammlungs- und Vereinsfreiheit, wurden von der Reichsregierung am 28. Februar 1933 aufgehoben. Wir waren vogelfrei. Wo wir noch konnten, traten wir der amtlichen Lüge entgegen, aber wir selbst waren von der Ungeheuerlichkeit der Verleumdung und des Verbrechens betäubt. In dieser letzten Woche des Wahlkampfes fühlten wir, es gab keine Hoffnung und keine Rettung mehr. Die Wahl vom 5. März 1933 zeugte dann zum letzten Mal von der deutschen Treue unserer Anhänger, von der unverwüstlichen Lebenskraft der freien deutschen Arbeiterschaft. Wir verloren einen einzigen Reichstagssitz, in vielen Teilen des Reiches nahm die Zahl unserer Stimmen gegenüber der Wahl vom November des Vorjahres sogar zu. Das bewies aller Welt, die Organisationen der freien deutschen Arbeiterbewegung standen noch aufrecht da, die sozialistische Überzeugung war noch tief in Millionen Herzen verwurzelt, während schon die Gewerkschaftshäuser brannten und die schwarz-rot-goldene Fahne der demokratischen Republik und unsere sozialistische rote Fahne niedergingen. Unter einer entschlossenen Führung wären wir unüberwindlich gewesen.

Da sie aber vor letzten und schwersten Entschlüssen zurückschreckte, blieben wir zu politischer Ohnmacht verurteilt. Wir bekamen ihre Folgen zuerst im Reichstag zu spüren. Der Ausschuß zur Wahrung der Rechte der Volksvertretung, auch Überwachungsausschuß genannt, trat am 7. Februar 1933 in Berlin zusammen, um die Verhandlungen über den Osthilfeskandal weiterzuführen, deren Fortsetzung dem Haushaltsausschuß infolge der Auflösung des Reichstags unmöglich geworden war. Die Deutschnationalen, deren Kerntruppe, die ostelbischen Junker, in diesen Skandal verwickelt war, hatten allen Anlaß, den Eindruck weiterer Enthüllungen über die Verschleuderung öffentlicher Gelder auf die Wähler zu fürchten. Allein es gab kein gesetzliches Mittel, die Tagung des Ausschusses zu verhindern. Da kamen die Nationalsozialisten ihren neuen Bundesgenossen zu Hilfe mit der nackten Gewalt.

Kaum hatte der Vorsitzende des Ausschusses, der Sozialdemokrat Löbe, die Sitzung eröffnet, sprang der stellvertretende Vorsitzende, der nationalsozialistische Rechtsanwalt Frank II von München, auf und nahm ohne weiteres das Wort. Er schrie unserem Löbe mit überlauter Stimme zu, daß dieser die ungeheure Frechheit besessen habe, im Lippeschen Wahlkampf den nationalsozialistischen Führer einen slowakischen Hetzer zu nennen. Ein solcher Vorsitzender müsse sofort verschwinden, er sei untragbar für die nationalsozialistische Fraktion. Vergebens versuchte Löbe, die Anschuldigung zu bestreiten. Gegen den Lärm, den die nationalsozialistischen Abgeordneten vollführten, kam er mit Stimme und Glocke nicht auf. Unflätige Zurufe wie »Saukerl«, »Lump« und ähnliche Kraftausdrücke hagelten auf uns ein. Die uniformierten Nazis sprangen auf und machten Miene, über uns herzufallen. Mit sich überschlagender Stimme und unter dem Beifallsgebrüll seiner Horde rief uns Frank II zu, daß die Nationalsozialisten von jetzt ab jede Sitzung des Überwachungsausschusses mit Gewalt unmöglich machen würden. Löbe nahm einige schwächliche Anläufe, sich nochmals mit der Präsidentenglocke durchzusetzen, dann erklärte er die Sitzung für unterbrochen. Wir schickten uns an, den Raum zu verlassen. Die Nationalsozialisten drängten nach und begleiteten unseren Auszug mit einer Flut von Schimpfwörtern. »Judenschweine«, »Saujuden«, »Judenknechte« hörte man aus ihrem Getümmel immer wieder heraus. Man mußte an sich halten, die Schmähungen nicht mit der flachen Hand zu erwidern. Aber eine Rauferei schien für uns aussichtslos. Unsere Ausschußmitglieder waren meist ältere Männer, wie Dr. Breitscheid,

Stampfer, Vogel, Dr. Hertz, die sich wahrscheinlich seit ihrer Knabenzeit nicht mehr herumgebalgt hatten. Die Nationalsozialisten aber waren mit ihren besten Schlägern, dem langen, hysterisch schreienden Heines, dem tobenden Streicher, dem gefährlichen Himmler usw. vertreten. Sie dampften wie Stiere vor Wut, sie stampften den Boden mit schweren Stiefeln und fuchtelten mit den Händen an ihren Pistolentaschen herum. Ganz irrsinnig gebärdete sich zuletzt Julius Streicher, der Volksschullehrer aus Nürnberg, der hemmungslose Antisemit. »Ihr Judenschweine«, brüllte er in einem fort, »schaut doch eure Judenfratzen im Spiegel an! Pfui Teufel noch einmal, man sollte euch in die Judenfressen hauen.« Ich verließ als einer der letzten den Raum, blieb an der Tür ein paar Augenblicke vor Streicher stehen und sah ihm fest in das verzerrte Gesicht. Mühsam beherrschte ich mich, es zuckte mir in den Fingern. Dann sagte ich, indem ich ihn vom Kopf bis zu den Füßen maß: »Sie haben allen Anlaß, sich um Ihre eigene Rasse zu kümmern.«

In der Tat sah er mit seiner gelbbraunen Hautfarbe, dem Rest schwarzer Haare, der seine glänzende Glatze umsäumte, und mit den braunen, stechenden Augen wirklich nicht nach nordischer Rasse aus. Er sagte nichts darauf, ich wandte mich zum Ausgang und hörte gerade noch, wie Frank II eigenmächtig und unter Bruch der Geschäftsordnung die Sitzung des Ausschusses für geschlossen erklärte. Wir beschlossen hierauf, uns beim Reichstagspräsidenten Göring und beim Reichspräsidenten zu beschweren. Damals wurde Hindenburg noch »Hüter der Verfassung« genannt.

Am Abend wohnte ich im Lustgarten der gewaltigsten Kundgebung bei, die Berlin bis dahin erlebt hatte. Selbst die Versammlungen der Novembertage von 1918 reichten nicht an diesen letzten Aufmarsch der »Eisernen Front« heran. In unübersehbaren schwarzen Haufen strömten die Menschen aus allen Himmelsrichtungen herbei, und Tausende marschierten noch immer an, als die Kundgebung längst vorüber war. Fackeln lohten und blaugelbe Feuer brannten aus riesigen Becken, die zahllosen Spitzen der Fahnenstangen blitzten im Dunkel auf. Der Parteivorsitzende Otto Wels hielt eine seiner weithin hallenden Ansprachen, aber sie zündete nicht, die Menge blieb dumpf und stumm. Dann ereignete sich vorne bei der Versammlungsleitung ein Zwischenfall. Der Vorsitzende der kommunistischen Reichstagsfraktion, Ernst Torgler, verlangte das Wort. Einige Dutzend seiner Anhänger riefen laut seinen Namen. Aber eine kommunistische Rede war im Programm nicht vorgesehen, man lehnte ab. Der Versammlungsleiter teilte das der Menge mit der seltsamen Begründung mit, daß sonst ein weiterer sozialdemokratischer Redner die Ausführungen Torglers erst wieder berichtigen müßte.

Wahrscheinlich wollte man nicht den Anschein einer gemeinsamen sozialdemokratisch-kommunistischen Kundgebung erwecken. Gerüchte von einem bevorstehenden Verbot der Kommunistischen Partei gingen um. Da galt es wohl, den Trennungsstrich recht deutlich zu ziehen. Die beiden Arbeiterparteien, die noch immer über ein Drittel des deutschen Volkes vertraten, waren auch nicht einig geworden, als Hitler ans Ruder gekommen war. Man hatte kein Vertrauen zueinander. Vor ein paar Monaten, im Berliner Verkehrsarbeiterstreik vom November 1932, hatten die Kommunisten gegen die freien Gewerkschaften sogar mit den Nationalsozialisten zusammengespielt. Andererseits waren kommunistische Stadträte, die angesichts des drohenden Faschismus mit den Sozialdemokraten da und dort gemeinsame Sache gemacht hatten, von der kommunistischen Zentrale noch vor kurzem gemaßregelt worden. Während im Ruhrgebiet und anderwärts die SA bereits sozialdemokratische Zeitungsgebäude und Gewerkschaftshäuser stürmten, während es überall im Reich schon Straßenschlachten mit Toten und Verwundeten gab, ließ sich zwischen sozialdemokratischer und kommunistischer Führung nicht einmal eine Aussprache herbeiführen zur Beratung von Abwehrmaßnahmen gegen den gemeinsamen Feind. Die kommunistische Parteileitung glaubte seit Jahren, daß der Nationalsozialismus in Deutschland nicht aufzuhalten sei und daß er dann dem Kommunismus den Weg bereiten würde. Die Sozialdemokraten wußten, daß sie durch eine Politik der Annäherung an die Kommunisten das Bürgertum erst recht in die Arme Hitlers treiben müßten. Fatalismus und Furcht lähmten so die Führung der beiden deutschen Arbeiterparteien in den entscheidenden Wochen und machten es dem Gegner leicht, sie beide nacheinander zu vernichten.

Die ungeheure Volksmenge im Lustgarten nahm die Mitteilung über Torglers verhinderte Rede teilnahmslos auf. Sie gab überhaupt an diesem Abend kein Zeichen von Kampfesfreude oder Siegeszuversicht, sondern blieb ernst und stumm. Noch lange verharrte sie schweigend, als wartete sie auf irgend etwas. Dumpfer Trommelwirbel tönte aus Seitenstraßen über den riesigen Platz. Fackeln und Feuer erloschen. Es war, als verabschiedete sich die Berliner Arbeiterschaft von der sterbenden demokratischen Republik. Dann auf einmal lief alles ohne Lärm auseinander.

Die Vorstellungen aller Parteien beim Reichstagspräsidenten Göring wegen der Sprengung der Ausschußsitzung vom 7. Februar bewirkten, daß der Überwachungsausschuß am 14. Februar 1933 noch einmal zusammentrat. Göring hatte beruhigende Zusicherungen über das Verhalten seiner Parteigenossen gegeben. Aber diese Sitzung wurde noch kürzer, als die vorhergehende gewesen war. Kaum hatte der Vorsitzende Löbe eröffnet, erhoben die Naziabgeordneten ein schauerliches Gebrüll. Wie ein Rasender schlug Heines mit der Faust unaufhörlich auf den Tisch. Der stellvertretende Vorsitzende des Ausschusses aber, der nationalsozialistische Rechtsanwalt Frank II, trat auf Löbe zu, stieß ihn mit einem heftigen Ruck zur Seite, riß die Präsidentenglocke an sich und erklärte die Sitzung unter dem Beifallsgeschrei seiner Freunde für geschlossen. Später erfuhren wir, daß er sich auf seine Heldentat mit einem großen Glas Kognak vorbereitet hatte. Löbe machte keinen Versuch, sich zu wehren. Wiederum verließen wir unter dem Geschimpfe der Nationalsozialisten den Saal. Diesmal gingen auch die Vertreter der anderen Parteien, allein den Deutschnationalen Dr. Hergt ausgenommen, mit hinaus. Der Abgeordnete Morath von der Deutschen Volkspartei wurde dabei noch von einem Nazi ins Gesicht geschlagen und in den Rücken gepufft.

Die Empörung über das Verhalten der Nationalsozialisten war allgemein. Wir Sozialdemokraten gaben sofort eine Mitteilung in die Presse, daß diese gewaltsame Sprengung eines Reichstagsausschusses ein mit Zuchthaus bedrohtes Verbrechen und ein offener Verfassungsbruch sei. Aber kein Staatsanwalt konnte, selbst wenn er den Mut dazu aufgebracht hätte, eine Untersuchung einleiten, weil die Täter den Schutz der Abgeordnetenimmunität genossen. Der Reichstagspräsident Göring unternahm nichts. Der Reichspräsident schwieg. Auch Löbe verzichtete jetzt darauf, den Überwachungsausschuß noch einmal in Tätigkeit zu setzen. So endete eine Einrichtung, die einst geschaffen worden war, zwischen zwei Wahlperioden der Wahrung der Rechte der Volksvertretung gegenüber der Regierung zu dienen. Jetzt war die Mehrheit dieses Ausschusses nicht einmal mehr imstande, ihre Rechte gegen eine gewalttätige Minderheit zu verteidigen. So wenig gilt das Recht gegenüber der Macht.

Auch im Wahlkampf griffen die Nationalsozialisten seit Mitte Februar 1933 ganz offen zur Gewalt. In Eisleben wurde am 12. Februar 1933 von der SA ein kommunistisches Heim zerstört, die ganze Einrichtung zertrümmert.

Eine Anzahl Kommunisten, die sich den stürmenden Haufen entgegengeworfen hatten, wurden mit Spaten niedergeschlagen. Dann wurden Frauen und Kinder eines kommunistischen »Rotsportvereins« aus der Turnhalle herausgeprügelt. Ein wahrheitsgemäßer Bericht unseres »Vorwärts« über diesen Vorfall wurde von Göring mit dem Verbot unseres Zentralorgans beantwortet. Am Rhein hatte es die SA besonders auf Zentrumsversammlungen abgesehen. Der frühere Reichskanzler Brüning mußte in Kaiserslautern vor der Wut der Nationalsozialisten Hals über Kopf aus der Stadt gerettet werden, mehrere Mitglieder der katholischen Saalschutzorganisation »Pfalzwacht« wurden schwer verletzt. In Krefeld drang die SA in eine geschlossene Wahlversammlung der Zentrumspartei ein und schlug den früheren Reichsminister Stegerwald mit Kopfhieben nieder. Die Polizei sah untätig zu. In Hindenburg in Schlesien trieben die Nationalsozialisten eine Versammlung der »Eisernen Front« mit Stahlruten und Gummiknütteln auseinander, mehrere Frauen sprangen in der Aufregung aus den Saalfenstern, stürzten auf ein Glasdach und verletzten sich schwer. In Großbeeren wurde ein Reichsbannermann mitten in der Nacht durch Handgranaten der SA aus seiner Wohnung gejagt und im Freien niedergeschossen, das Haus in Brand gesteckt. Der Hagel von Protesttelegrammen an Hindenburg blieb wirkungslos. Um die Empörung der Öffentlichkeit über die Schandtaten abzulenken, behauptete Stabschef Röhm in einem Befehl an SA und SS, daß die Terrorakte von kommunistischen Lockspitzeln in SA-Uniform begangen würden!

Während so im Norden bereits alles drunter und drüber ging, waren die Blicke aller Deutschen, die Ordnung und Gesetz aufrechterhalten wünschten, auf Süddeutschland, besonders auf Bayern, gerichtet. In Baden, Württemberg und Bayern waren keine Nationalsozialisten und Deutschnationalen in den Landesregierungen. Diese wurden viel-

mehr vom politischen Katholizismus beherrscht. Die Innenminister der drei Länder hatten seit Jahren bei der Bekämpfung nationalsozialistischer Ausschreitungen zusam-
mengewirkt. Für den äußersten Fall eines nationalsozialistischen Aufruhrs hatten sie ein gemeinsames Vorgehen
vereinbart. Besprechungen jedoch, die Polizeikräfte durch
Mitglieder der katholischen und sozialdemokratischen Saal-
schutzorganisationen zu verstärken, waren nicht vorange-
kommen. Dafür war in Bayern die Königsfrage wieder in
den Vordergrund gerückt.

Ich war darüber von dem Abgeordneten der Bayerischen
Volkspartei, Dr. Emminger, dem früheren Reichsjustizminister, gegen Ende des Jahres 1932 in einer Unterredung
in München, zu der er mich gebeten hatte, unterrichtet worden. Er hatte mich damals ersucht, meine Partei für eine
Verständigung mit General Schleicher zu gewinnen, und
mich im Laufe des Gesprächs auf die Möglichkeit einer
Wiederherstellung der bayerischen Monarchie aufmerksam
gemacht. Ich hatte die sozialdemokratische Reichstagsfraktion – natürlich erfolglos – von der Besprechung in Kenntnis gesetzt und in einem Zeitungsaufsatz auf die Gefahr
einer Reichszerstörung als Folge der nationalsozialistischen
Diktaturgelüste, die zu einer Wiederbelebung des bayerischen Partikularismus führen müßten, ausdrücklich aufmerksam gemacht. Wir Sozialdemokraten hatten in den
Jahren 1918 und 1919 die Versuche des Gründers der
Bayerischen Volkspartei, Dr. Heim, Bayern »vorübergehend« vom Reich zu trennen, aufs Schärfste bekämpft.
Auch jetzt waren wir für die Wiederaufrichtung der Mainlinie nicht zu haben. Ebensowenig konnten wir zur Wie-
dereinführung der bayerischen Monarchie die Hand bieten,
obwohl sie viele von uns gegenüber dem Hitlerfaschismus
als das kleinere Übel betrachteten. Wäre sie ohne unser Zu-
tun gekommen, so hätte sich die bayerische Arbeiterschaft
wahrscheinlich in keinen Generalstreik gestürzt, sondern

sich mit der Monarchie abgefunden, und wir sozialdemokratischen Abgeordneten hätten im bayerischen Landtag wieder »Seiner Majestät loyale Opposition« spielen können wie in der Vorkriegszeit. Einer unserer Freunde, Erhard Auer nämlich, der während des Weltkriegs in freundschaftliche Beziehungen zum Königshaus getreten war, hätte wahrscheinlich wieder gehofft, am Ende seiner politischen Laufbahn doch noch königlich bayerischer Minister zu werden, woran ihn zu seinem großen Bedauern nur die Revolution von 1918 gehindert hatte. Die bayerischen Monarchisten mochten gemerkt haben, daß von unserer Seite kein ernsthafter Widerstand gegen ihre Pläne zu gewärtigen war. Sie entfalteten seit Beginn des Jahres 1933 eine außerordentlich lebhafte Tätigkeit.

Auch im Wahlkampf wurden jetzt kräftige monarchistische Töne laut. So erklärte Mitte Februar der Landesleiter der katholischen Wehrorganisation »Bayernwacht«, Ritter von Lex: »Wenn wir in letzter Stunde einen Mann brauchen, so holen wir unseren Stammesherzog aus eigenem tausendjährigem Geschlecht.«

Um die gleiche Zeit wurde im »Regensburger Anzeiger«, dem Blatte des katholischen bayerischen Ministerpräsidenten Dr. Held, geschrieben, daß ein bayerischer König die beste Gewähr für die Erhaltung des bayerischen Staates auch in der Zukunft sei. Wenn man in Berlin versuchen sollte, Bayern zu entrechten, so werde man in Bayern wissen, was man zu tun habe. Die bekannteren Politiker hielten sich in der Königsfrage noch zurück und legten das Hauptgewicht auf die Beibehaltung der bayerischen Staatlichkeit.

So erklärte Dr. Held auf einer Kundgebung der Bayerischen Volkspartei in München, daß man eines Tages vielleicht versuchen werde, Bayern mit Gewalt zu überrennen, daß Bayern aber auf eine solche Möglichkeit vorbereitet sei und daß sich daher das Schauspiel von 1923, der Hitler putsch, nicht wiederholen werde. Staatsrat Dr. Schäffer aber drohte am 24. Februar in Forchheim, daß die bayerischen Wehrverbände, einschließlich des »Stahlhelms«, einen von den Nationalsozialisten eingesetzten Reichskommissar an der bayerischen Grenze verhaften würden. Zwei Tage später teilte er in einer Wahlkundgebung des Zentrums in Frankfurt am Main mit, seit 48 Stunden habe er eine schriftliche Zusage des Reichspräsidenten in der Hand, daß gegen Bayern Gewaltakte nicht geplant seien, wenn es im Rahmen der Verfassung von den ihm zustehenden Rechten Gebrauch mache. Dr. Schäffer war damals Vorsitzender der Bayerischen Volkspartei, der maßgebende bayerische Politiker, der wahrscheinliche Nachfolger des alten Dr. Held als Ministerpräsident. Dieser eifrigste Vertreter bayerischer Belange aber klammerte sich an einen »Fetzen Papier« des Mannes, der seinen »treuesten Paladin« Dr. Brüning davongejagt, der sein Ehrenwort, den »böhmischen Gefreiten« niemals zum Reichskanzler zu machen, vergessen hatte. Er vertraute beileibe nicht allein auf die eigene bayerische Kraft.

Mir stiegen um dieselbe Zeit die ersten Zweifel an der staatlichen Allmacht der Bayerischen Volkspartei auf. Den Anlaß dazu gab ein kleiner nationalsozialistisch gesinnter Polizist. Ich hatte am Sonntag, den 26. Februar 1933, eine Wahlversammlung in dem oberbayerischen Städtchen Traunstein, das unweit des bayerischen Meeres, des Chiemsees, gelegen ist. In meiner Rede ging ich auch auf die vielverlästerte Weimarer Verfassung ein und erwähnte beiläufig, daß Hitler den Schöpfern dieser Verfassung eigentlich zu Dank verpflichtet sei, denn im Reiche Bismarcks hätte ein ehemaliger Anstreicher nie Reichskanzler werden können. An dieser Stelle unterbrach mich der städtische Polizeibeamte, der die Versammlung zu überwachen hatte, mit den Worten: »Das dürfen Sie nicht sagen.«

Im ersten Augenblick war ich maßlos erstaunt. Etwas

Ähnliches war mir noch nie untergekommen. Ich war als höherer Staatsbeamter, als früherer Staatsanwalt und jetziger Richter gewöhnt, sachlich zu sprechen und mich bei aller politischen Leidenschaft vor billiger Beschimpfung des Gegners zu hüten. So belehrte ich jetzt den kleinen Mann, der vor Aufregung blaß geworden war, daß für uns Sozialdemokraten der Hinweis auf die einfache Herkunft eines Politikers oder Großwürdenträgers keine Beleidigung, sondern ein Lobspruch sei. Bei uns brauche sich niemand einer ehrlichen Handarbeit oder einer Abstammung von kleinen Leuten zu schämen. Wir hätten den Grundsatz, daß der Tüchtige freie Bahn haben müsse, auch in die Weimarer Verfassung hineingebracht. Diese habe also jedenfalls Hitler nicht »ruiniert«, sondern ihm den Aufstieg zum höchsten Reichsamt ermöglicht. Meine Hörer klatschten wütend Beifall, der Polizeibeamte wagte keine Bemerkung mehr. Ich aber überlegte mir, daß sein Verhalten in einem so streng katholischen, von der Bayerischen Volkspartei beherrschten Orte bis vor kurzem undenkbar gewesen wäre.

Im Schnellzug nach München traf ich den bayerischen Ministerpräsidenten Dr. Held. Er hatte seine in einem Traunsteiner Erziehungsheim untergebrachten Töchter besucht. Wir kamen rasch ins politische Gespräch.

Dr. Held war damals gegen 65 Jahre alt und schwer zuckerkrank, aber geistig ungemein frisch und zum Ärger seiner jüngeren ehrgeizigen Freunde in der Bayerischen Volkspartei noch nicht gewillt, von seinem Platze zu weichen. Er war als kleiner Zentrumsjournalist von Hessen-Nassau nach Bayern gekommen, hatte in Regensburg die Tochter eines reichen katholischen Verlegers geheiratet und war in der Politik als »junger Mann« des alten Bauernführers Dr. Heim in die Höhe gestiegen. Seine Sporen hatte er sich in der Vorkriegszeit durch heftige Angriffe auf die bayerischen Liberalen verdient. Das war so weit gegangen, daß ihn die liberale Partei in »Verschiß« erklärte und von ihm nur noch als von dem »Abgeordneten von Burglengenfeld« sprach. Seine gerade beim bayerischen Zentrum als Makel empfundene preußische Abstammung suchte Dr. Held durch kräftige Verfechtung bayerischer Sonderinteressen zu verdecken. Im Herbst 1918 wurde er neben Dr. Heim als Befürworter eines bayerischen Sonderfriedens mit Frankreich genannt. Zusammen mit Dr. Heim gründete er im Dezember 1918 die Bayerische Volkspartei, die sich vom Reichszentrum lostrennte und im Gegensatz zu diesem mit den Deutschnationalen an demagogischem Nationalismus wetteiferte, mit ihnen eine Regierungskoalition einging, in Bayern einen scharfen Rechtskurs steuerte und in den Jahren 1920 bis 1923 ständige Konflikte mit der Reichsregierung heraufbeschwor. Als aber unter der Gnadensonne einer solchen Politik die in Bayern zentralistische, hauptsächlich von ehemaligen preußischen Offizieren, darunter Ludendorff, geführte Hitlerbewegung immer üppiger ins Kraut schoß, trat Dr. Held in Sorge um das Schicksal seiner Partei und Bayerns gegen die Nationalsozialisten auf. Von ihm stammte das berühmt gewordene Wort, daß in Bayern kein anständiger Mensch seines Lebens mehr sicher sei. So kam er nach dem Hitlerputsch und dem Sturze seines Parteifreundes Kahr im Jahre 1924 an die Spitze der bayerischen Regierung, in der freilich auch wieder die Deutschnationale Partei mit dem Justizminister Gürtner vertreten war. Als Gürtner durch die Ergebnisse eines Untersuchungsausschusses des bayerischen Landtags im Frühjahr 1928 als ziemlich bedenkenloser Helfer Hitlers bloßgestellt war und eine starke Gruppe der Bayerischen Volkspartei, darunter der Prälat Dr. Wohlmuth, der »ungekrönte König von Bayern«, nach den Landtagswahlen vom Mai 1928 die Verbindung mit den Deutschnationalen lösen wollte, schloß Dr. Held hinter dem Rükken seiner Partei in Steinach am Brenner ein neues Bündnis mit Gürtner ab. Im August 1930 stürzten wir Sozialdemokraten zusammen mit den Bauernbündlern, Nationalsozialisten und Kommunisten diese zweite Regierung Held. Sie blieb aber unter Verletzung der bayerischen Verfassung als Geschäftsregierung seelenruhig im Amt. Störrisch und verbissen wehrte sich Dr. Held gegen eine Koalition mit der von ihm als »gottlos« beschimpften Sozialdemokratie. Er hatte sich im kulturpolitischen Kampf gegen sie durch die Heftigkeit seiner Ausfälle verrannt und glaubte daher, daß er als Ministerpräsident einer schwarz-roten Koalition untragbar sei. Mit allen Fasern seines Herzens aber hing er an der Macht. Seine Partei hatte es diesem Manne, der ein glänzender Journalist, ein zungenfertiger, mit allen Wassern der Demagogie gewaschener Redner war, sehr schwer gemacht, in die Höhe zu kommen. Jetzt saß er fest. Ein Urteil des bayerischen Staatsgerichtshofs erklärte einige Bestimmungen des Wahlgesetzes, nach dem der Landtag von 1928 gewählt worden war, für ungültig und regte vorzeitige Neuwahlen an. Die Regierung Dr. Held aber blieb. Die Landtagswahlen von 1932 gingen vorüber – die Regierung Dr. Held wich nicht von ihrem Platz. Ihr deutschnationales Mitglied Gürtner wurde im Juni 1932 Reichsjustizminister und trat aus der bayerischen Regierung aus – die Regierung Dr. Held, die jetzt nur noch aus Angehörigen der Bayerischen Volkspartei bestand, ging nicht ab. Papen stürzte, Schleicher kam zu Fall, Hitler übernahm die Macht – Dr. Held trug noch immer die weißblaue bayerische Fahne voran. Er war, wie der alljährliche Salvatorausschank auf dem Nockerberg, wie das Münchner Oktoberfest und wie die alljährliche Denkschrift der bayerischen Regierung zur Verbesserung der Weimarer Verfassung, ein bayerischer Mythos geworden.

Ich hatte als Landtagsabgeordneter im Kampf gegen das bayerische Konkordat um die Wende 1924/25 mit Dr. Held zum erstenmal die Klinge gekreuzt. Da ich die katholischen Empfindungen geschont hatte, waren wir gut miteinander ausgekommen. Das war auch in der Folgezeit so geblieben, bis ins Jahr 1929, als Dr. Held im Landtag einmal bei der Besprechung des Youngplans ganz im Gegensatz zur Haltung seiner Parteifreunde in der Reichstagsfraktion mit chauvinistischen Schlagworten sogar die Nationalsozialisten übertrumpft hatte. Da war ich in der Empörung ausfällig gegen ihn geworden und hatte an seine politische Vergangenheit in der Vorkriegszeit erinnert. Er hatte mir das sehr übelgenommen, und seitdem waren unsere Beziehungen ziemlich gespannt.

Trotzdem schien er jetzt froh, sich mit mir über seine politischen Sorgen aussprechen zu können. Er führte bittere Klage über seinen früheren Freund Dr. Gürtner, der von der Regierung Hitler als Reichsjustizminister übernommen worden war. Bei einer Zusammenkunft hatte er ihm kürzlich seine Unterschrift unter dem Aufruf der Reichsregierung vorgehalten, in dem von »14 Jahren Schmach und Schande« die Rede war. Gürtner, der von 1921 ab bayerischer Justizminister gewesen sei, müsse doch das Gegenteil bezeugen. Der Reichsjustizminister aber hatte erwidert, daß der Aufruf eben nur »politisch« zu werten sei. Über soviel Machiavellismus war Dr. Held, wie er mir sagte, aus den Wolken gefallen.

Er schilderte mir dann die vielen Gefälligkeiten, die Gürtner dem Führer der Nationalsozialisten, angeblich unter Mißbrauch seines Amtes, erwiesen habe. Im Sommer 1924 habe die bayerische Regierung den wegen Hochverrats verurteilten Österreicher Adolf Hitler aus dem Reich ausweisen wollen. Auch Gürtner sei nach einigem Sträuben mit dieser Maßnahme einverstanden gewesen. Hitler sollte in sein Geburtsland Österreich überstellt werden. Auf einmal aber hätten die Österreicher von der Sache Wind bekommen und hohnlachend, da sie sich für Hitler bedankten, eine österreichische Verordnung aus dem Jahre 1852 hervorgezogen, nach der ein Österreicher, der bei einer fremden Macht Kriegsdienst leistet, seine Staatsangehörigkeit verliert. Nun hatte Hitler im Weltkrieg als bayerischer Soldat gekämpft. Damit sei die Sache verpfuscht gewesen, kein anderer Staat habe Hitler aufnehmen wollen. Sicher seien die Österreicher von der geplanten Ausweisung Hitlers von Gürtner vorzeitig in Kenntnis gesetzt worden.

Dann erzählte mir Dr. Held von der Rolle, die der vormalige bayerische Justizminister nach dem plötzlichen Selbstmord der Nichte Hitlers im Herbst 1931 gespielt habe. Hitler hatte mit seiner Nichte, einem sehr hübschen jungen Mädchen, das er in seine Münchener Wohnung aufgenommen hatte, einen erregten Streit gehabt und war dann im Zorn weggelaufen. Hernach fand man das Mädchen erschossen auf. »Das ist eine ganz schmutzige Geschichte gewesen«, erklärte Dr. Held, »aber Gürtner hat alles zugedeckt und die staatsanwaltschaftliche Untersuchung abgestoppt.« Er brach ab und sprang auf die Unterredung über, die er Hitler nach seiner Entlassung aus der Festungshaft in Landsberg im Herbst 1924 gewährt hatte. Volle drei Stunden habe Hitler damals auf ihn eingeredet, um einen Unterschlupf in der Bayerischen Volkspartei zu finden. Wenn man ihm aber einen beliebigen Einwand gemacht habe, sei er nicht fähig gewesen, darauf zu antworten.

Ich brachte das Gespräch auf die brennende Frage der bayerischen Monarchie. Dr. Held war sehr zurückhaltend. »Bevor ich einen König einsetze«, sagte er wörtlich, »muß ich zuerst wissen, welche Grundrechte ich ihm einräumen kann.« Keinesfalls würde er in dieser Frage etwas unternehmen, was zum Vorteil des Auslandes und mit seinem Ruf als nationalem Politiker nicht zu vereinbaren sei.

Diese Stellungnahme war für jeden Kenner der bayerischen Verhältnisse deutlich genug. Seit dem Kapp-Putsch von 1920 wurde Bayern fast unumschränkt von der Bayerischen Volkspartei beherrscht. Offenbar dachte diese Partei auch jetzt noch nicht daran, ihre Macht mit einem König zu teilen. In einer Erbmonarchie kann sich das Staatsoberhaupt nie ausschließlich auf eine einzige Partei stützen. Es muß danach trachten, über den Parteien zu stehen, und wenigstens den Schein einer unabhängigen, unparteiischen und gerechten Herrschaft wahren. Parteien sind vergängliche Gebilde, deshalb wollen Könige, die in Jahrhunderten denken, ihr und ihrer Nachkommen Schicksal nicht mit dem einer Partei auf Gedeih und Verderb verknüpfen. Die Bayerische Volkspartei aber wollte ein Schattenkönigtum, das ihr erlaubt hätte, besonders in der Personalpolitik die Gepflogenheiten der letzten dreizehn Jahre fortzusetzen. Dazu gab sich wohl der bayerische Kronprätendent nicht her, und aus diesem Grunde kamen die Verhandlungen über die Einführung der Monarchie nicht vom Fleck.

Daneben bestanden gewichtige außenpolitische Bedenken. Frankreich hatte 1918 und 1919 eine mehr föderalistische Gliederung des Deutschen Reichs gewünscht und bayerische Bestrebungen, die in dieser Richtung verliefen, gefördert. Ein Teil der Bayerischen Volkspartei unter Führung Dr. Heims hatte nach dem Zeugnis Bakers, des Pressechefs Wilsons, mit den Franzosen über eine Lockerung der Bindungen Bayerns an das Deutsche Reich verhandelt. Die Dinge waren später ruchbar geworden und hatten der Bayerischen Volkspartei den entehrenden Ruf des Separatismus eingetragen. Unter Führung Dr. Helds und des jungen strebsamen Dr. Schäffer war dann in der Bayerischen Volkspartei eine stark nationalistische schwarz-weiß-rote Richtung hochgekommen. Sie hatte den bayerischen Katholiken bei den Reichspräsidentenwahlen von 1925 die Wahl Hindenburgs statt des Zentrumskandidaten Marx empfohlen, bei den Verhandlungen über den Youngplan die schärfsten nationalistischen Töne angeschlagen und ihre unbedingte nationale Zuverlässigkeit bei jeder Gelegenheit betont. Diese Männer konnten keine bayerische Monarchie wollen, die zur Genugtuung Frankreichs um den Preis der deutschen Einheit erkauft worden wäre. Auch wir bayerischen Sozialdemokraten wären für eine solche Lösung nicht zu haben gewesen, und das gleiche muß von Rupprecht von Wittelsbach, dem bayerischen Kronprätendenten, angenommen werden. Es war ausgeschlossen, daß er ein Königreich Bayern als Geschenk des Auslandes angenommen hätte. Was deutsche und auch bayerische Fürsten zur Zeit Napoleons an nationaler Würdelosigkeit verbrochen hatten, war im Zeitalter des Nationalismus unmöglich geworden.

Ich hatte die monarchistische Bewegung in Bayern nie ernstgenommen. Sie lebte ausschließlich von politischen Erinnerungen, besonders von der wehmütigen Sehnsucht der älteren Münchner an die gemütliche, lebenslustige und nahrhafte Vorkriegszeit. Kämpferisch war sie nicht eingestellt. Der bayerische Kronprinz Rupprecht hatte einmal erklärt, er wolle, wenn er König werde, im ganzen Lande von weißgekleideten Jungfrauen empfangen werden. Aber im 20. Jahrhundert fielen Königreiche keinem Märchenprinzen mehr kampflos in den Schoß. Auch die weißgekleideten Jungfrauen waren aus der Mode gekommen.

Trotzdem war ich jetzt überrascht über den Widerspruch, der zwischen den lärmenden Erklärungen und Drohungen der Bayerischen Volkspartei und den geheimen Vorbehalten ihrer verantwortlichen Parteiführer in der Königsfrage bestand. Es war die alte Politik der Zwiespältigkeit, der Gegensatz zwischen Worten und Taten Dr. Helds, der nach unseren jahrelangen Erfahrungen jedem politischen Fortschritt in Bayern hindernd im Wege stand. Ich ließ daher den Gesprächsgegenstand fallen und fragte nach der Zuverlässigkeit der Polizei. Dr. Held war des Lobes voll und versicherte mir, daß der Innenminister Dr. Stützel die Offiziere und Mannschaften der Landespolizei auch bei nationalsozialistischen Unruhen fest in der Hand haben würde.

Solche Zuversicht wirkte ansteckend. Wir Sozialdemokraten hatten auch nie etwas Ungünstiges über die Haltung der Polizei gehört. Offenbar hatte die Bayerische Volkspartei die maßgebenden Kommandostellen mit zuverlässigen Anhängern besetzt. Ich verzichtete daher darauf, den Plan einer Verstärkung der Polizeikräfte durch Mitglieder des »Reichsbanners« und der »Bayernwacht« zur Sprache zu bringen. München kam, und wir verabschiedeten uns.

Am nächsten Abend, Montag, den 27. Februar 1933, war ich Redner in einer sozialdemokratischen Wahlversammlung in Magdeburg. Gut zwei Jahre vorher, beim Beginn unseres Kampfes gegen den Nationalsozialismus in Norddeutschland, hatte ich ebenfalls dort gesprochen. Der Unterschied fiel mir auf. Damals hatte ich den Eindruck gewonnen, daß Magdeburg eine Musterorganisation der Sozialdemokratischen Partei Deutschlands war. Die Parteifunktionäre, die dort wirkten, schienen mir erfüllt von sachlichem Stolz und ruhiger Kraft. Agitation, Aufmarsch, Versammlung wickelten sich damals wie am Schnürchen ab, jeder aufdringliche Lärm wurde vermieden. Ohne pomphafte Reklame war der Riesensaal überfüllt. Die Zuhörer tobten nicht im Rausch der Begeisterung. Sie spendeten überlegten Beifall, nicht zu wenig und nicht zu viel. Ich hatte mir damals auch die Arbeiterviertel, die neue Stadthalle mit den Anlagen, die Zeitungsdruckerei, den inneren Betrieb unserer Organisation angesehen und empfunden, hier war der Sozialismus kein lichtblauer Wunschtraum über den Wolken, sondern eine festumrissene, sehr irdische Aufgabe, die mit harter Arbeit in Angriff genommen wurde. Diese kargen, zähen, schweigsamen Menschen waren ebensoweit entfernt von der oft verletzenden Schnoddrigkeit der Berliner wie von der lebensfrohen Heiterkeit meiner Landsleute. Sie erschienen mir damals in ihrer bescheiden-stolzen Tüchtigkeit als das Beste, was auf deutschem Boden gewachsen war.

Als ich jetzt vor der Versammlung einige der führenden Magdeburger Genossen, wie den preußischen Landtagspräsidenten Wittmack, aufsuchte, wurde mir das Herz schwer. Die Genossen waren noch verschlossener, offensichtlich besorgt und bedrückt. Beinahe schien es, als hätten sie die Aussichtslosigkeit unserer Lage schon eingesehen, alle Illusionen abgetan und mit allem, was noch kommen konnte, sich bereits abgefunden. Nur eines, die Zerstörung der Rechtsordnung durch Staatsorgane selbst, ging ihnen bei ihrem ausgeprägten Sinn für Rechtlichkeit nicht ein. Sie sprachen mit größter Hochachtung von ihrem deutschnationalen Polizeipräsidenten, der gerade wegen seiner Unparteilichkeit und Gesetzestreue vom Reichskommissar Göring als unbrauchbar schon wieder abgesetzt worden war.

Die Versammlung war anständig besucht, aber nicht überfüllt. Die Zuhörer schienen zufrieden, daß man ihnen keinen blauen Dunst vormachte, sondern knapp und sachlich zu den Ereignissen Stellung nahm. Wahrscheinlich hätten sie einen Prahlhans, der ihnen Siegeszuversicht und Unüberwindlichkeit der Arbeiterklasse vorgegaukelt hätte, als Toren oder Schwindler verachtet. Zur Aussprache nahm niemand das Wort. Die Leute gingen stumm auseinander.

Wir saßen nachher noch bei einem Glas Bier beisammen. Das Gespräch schlich träge dahin. Dann kam im Radio die erste Nachricht vom Reichstagsbrand. Merkwürdigerweise regte sie uns nicht auf, wir wunderten uns über nichts mehr. Sachlich und ohne Empörung sprachen wir nur unsere Meinung aus, daß die Kommunisten als Täter nicht in Frage kommen konnten. Entweder waren es Lockspitzel, oder die Nazis hatten selbst den Brand gelegt. Darüber waren wir uns alle ohne Ausnahme einig. Als wir zu Bett gingen, merkten wir noch immer nicht oder ließen uns wenigstens voreinander nicht anmerken, daß eine große Entscheidung gefallen war.

Als ich am nächsten Mittag in Hamburg ankam, sahen

die Dinge schon anders aus. Eine unerträgliche Spannung lag über der Stadt. Auf dem sozialdemokratischen Parteisekretariat erfuhr ich, daß in Preußen die gesamte sozialdemokratische Presse verboten worden war. Man schmuggelte unser »Hamburger Echo« nach Altona hinüber, aber dann wurde die Grenze von preußischer Polizei und SA abgesperrt. Es hieß, daß Göring auch das Verbot des »Hamburger Echo« gefordert habe. Gerüchte von einem preußischen Ultimatum durchschwirrten die Luft. Die ungeheuerlichen Meldungen Görings über die angeblich geplanten und im letzten Augenblick verhinderten kommunistischen Terrorakte im ganzen Reich, über die angeblich beabsichtigten Brandstiftungen an Regierungsgebäuden, Museen und lebenswichtigen Betrieben betäubten auch uns. Vor der Größe der handgreiflichen Lüge über eine Verbindung des Täters van der Lubbe mit der Sozialdemokratischen Partei waren wir wie erschlagen. Über die Massenverhaftungen unschuldiger Menschen ergriff uns maßlose Erbitterung. Es war, als hätte man einen Riesenkäfig über uns gestülpt. Wir tobten, wir rissen an den eisernen Stäben, wir stießen uns die Köpfe daran blutig, aber das Eisen trotzte unserer ohnmächtigen Wut.

Der Hamburger Parteisekretär Meitmann, sonst ein rühriger, unermüdlicher Genosse, ein schneidiger Draufgänger, war anscheinend schon vor Tagen zusammengeklappt. Er hatte aus Verzweiflung, Überarbeitung oder infolge plötzlichen Kurzschlusses seiner gesunden fünf Sinne für meine Versammlung kein einziges Plakat anschlagen lassen. Das war mir in ganz Deutschland noch nie vorgekommen, aber ich hielt mich gar nicht mehr darüber auf, organisatorische Maßnahmen bedeuteten jetzt nichts.

Am Abend war trotzdem der riesige Doppelsaal bei Sagebiel überfüllt. Ich nahm mir kein Blatt vor den Mund und ging auch auf den Reichstagsbrand ein. Als Jurist, bemerkte ich, müsse ich bei jedem Verbrechen die Frage stellen, wem es von Nutzen sei. Hätten die Kommunisten den Brand gelegt, so wäre es von ihnen eine Riesendummheit, ja ihr politischer Selbstmord gewesen. Man sei von ihnen manches gewohnt, aber eine solche Trottelhaftigkeit könne ihnen ihr schlimmster Feind nicht zutrauen. Von größtem Nutzen dagegen sei der Reichstagsbrand für die Nationalsozialistische Partei ... Bei diesen Worten brach ein Beifallssturm los, wie ich ihn bei den nüchternen und allen Gefühlsäußerungen abgeneigten Hamburger Arbeitern noch nie erlebt hatte. Ich konnte kaum mehr weitersprechen. Immer wieder schrien die zehntausend Menschen auf, und von neuem erhoben sie sich von ihren Sitzen, als ich die dreiste Verleumdung der Sozialdemokratie durch Göring zurückwies und mit der Forderung nach Erhaltung des Rechts- und Verfassungsstaates schloß. Nach mir riß der Spitzenkandidat des Hamburger Wahlkreises, der vormalige Staatssekretär Staudinger, die versammelte Menge durch eine feurige Schlußansprache nochmals zu Beifallsstürmen hin. Die Versammlung bewies, daß in Hamburg die beste sozialdemokratische Parteiorganisation des Reiches noch immer unerschüttert stand. Sie hatte sich in allen Wahlen der letzten Jahre behauptet, weder Kommunisten noch Nationalsozialisten brachen in unsere Reihen ein. Im »Reichsbanner« waren viele Tausende junger, kräftiger Menschen, die Blüte der Hamburger Arbeiterschaft. Ich kannte diese schweren ernsten Männer von der Wasserkante und schätzte sie hoch. Sie schwankten nicht wie Schilfrohr im Winde, wer ihr anfängliches Mißtrauen überwunden, wer sie einmal zu Freunden gewonnen hatte, mit dem gingen sie durch dick und dünn. Wären ihnen Waffen zur Verteidigung der Demokratie gegeben worden, sie hätten gekämpft bis zum letzten Mann.

Um so furchtbarer war der Eindruck, den ich nach der Versammlung in einer Sitzung der Partei- und Gewerkschaftsvorstände Hamburgs bekam. Eben wurde im

Radio die berüchtigte Verordnung der Reichsregierung vom 28. Februar 1933 bekanntgegeben, durch die alle Grundrechte der Verfassung aufgehoben wurden und an die Stelle des Rechtes die Polizeiwillkür trat. Der Vorsitzende der Hamburger Gewerkschaften, Ehrenteit, schien über diese Verordnung den Kopf verloren zu haben. Er rannte händeringend umher und rief in einem fort, daß mit der Aufhebung des verfassungsmäßigen Schutzes des Eigentums das Vermögen der Gewerkschaften verloren sei. Immer wieder versuchte er, spät in der Nacht, telefonische Verbindung mit dem Hauptvorstand der Gewerkschaften in Berlin zu bekommen. Er erhielt keine Antwort und glaubte deshalb, das Berliner Büro sei schon von SA besetzt. »Ohne Berlin kann ich nichts machen«, stöhnte er einmal um das anderemal, »ich darf nicht handeln auf eigene Faust.« Das war echt deutsche bürokratische Art. Der Widerstand gegen verfassungswidrige Gewalt wurde zu einer Frage der Zuständigkeit. Ich hatte in der Sitzung nichts verloren und ging vorzeitig weg. Einige Tage später wunderte ich mich nicht darüber, daß Hamburg, das stolze, rote Hamburg, der Wahlkreis Ignaz Auers, zuerst dem wilden Ansturm der SA widerstandslos erlegen war.

Am nächsten Morgen fuhr ich nach München zurück. Die Eisenbahnbrücke über die Elbe war bereits von SA-Männern mit Karabinern bewacht. Ich war froh, als ich am Spätnachmittag über die bayerische Grenze kam. Bayern würde sich halten, das war meine feste Zuversicht.

Schon seit Mitte Februar waren bekannte norddeutsche Genossen, die persönlich gefährdet schienen, vorläufig nach München übergesiedelt. Den Anfang machten Dittmann und Crispien, denen als »Novemberverbrechern von 1918« von den Nationalsozialisten die Aburteilung durch ein Nationaltribunal in Aussicht gestellt worden war. Sie fuhren nach kurzem Aufenthalt in München auf Weisung des Parteivorstandes nach Salzburg weiter und wurden von dem

gastfreundlichen Nationalrat Witternigg ins Haus aufgenommen. Dort fand sich später auch Philipp Scheidemann
ein. Von Berlin nach München kamen ferner Dr. Breitscheid,
Dr. Hilferding, Otto Wels, Hans Vogel, vorübergehend
auch Löbe und noch einige andere. Sie erzählten, daß Friedrich Stampfer in frohgemuter Illegalität durch die Straßen
Berlins irre und jeder Mahnung, sich in Sicherheit zu bringen, unzugänglich sei. Stampfer und einige andere »Vorwärts«-Redakteure waren auch die einzigen Sozialdemokraten in Deutschland, die ernsthaft glaubten, daß der
Reichstagsbrand wirklich von Kommunisten gelegt sei. Mit
Mühe und Not wurde verhindert, daß Stampfer diese merkwürdige Auffassung der staunenden Mitwelt gedruckt vor-
setzte. Das also war unser parlamentarischer Mentor gewesen! Aber wir hatten nicht Zeit, uns an Berliner Streichen zu ergötzen. Der Parteivorstand setzte sich durch Mit-
telsmänner mit dem bayerischen Innenminister in Verbindung und traf mit seinem Einverständnis Vorbereitungen,
den Sitz der Partei von Berlin nach München zu verlegen.

Unser alter Erhard Auer, Vorsitzender des Bezirksparteivorstandes von Oberbayern-Schwaben und Chefredakteur der »Münchener Post«, stellte dem Parteivorstand
in einem Nachbarhaus neben unserem Zeitungsgebäude eine
Flucht von Räumen zur Verfügung. Noch vor wenigen
Jahren war Auer wegen des Rosenstraußes, den seine Tochter dem Mörder des bayerischen Ministerpräsidenten Kurt
Eisner überbracht hatte, in der Partei, besonders bei den
ehemaligen Unabhängigen Sozialdemokraten, verhaßt und
verachtet gewesen. Jetzt thronte er in dem Lehnsessel seiner
weitläufigen Redaktionsstube und stand den zahlreichen
ausländischen, besonders österreichischen, Genossen, die sich
in diesen Wochen besorgt nach dem Stande der Dinge er-
kundigten, Rede und Antwort. Unermüdlich strich er den
grauen Spitzbart mit den schmalen, fast frauenhaften Händen, lächelte listig und sah dabei seine Besucher mit treu-

herzigen blauen Augen an. Dann setzte er den ängstlichen Frager mit überlegener Zuversichtlichkeit in die günstige Entwicklung der politischen Lage außer Gefecht. Er begann immer mit geheimnisvollen Andeutungen innerer Schwierigkeiten bei den politischen Gegnern, wodurch nebenbei auch sein Wissen um die Vorgänge im feindlichen Lager ins hellste Licht gerückt wurde. Bald aber lenkte er den staunenden Besucher in die schöneren Zeiten der Vergangenheit ab. Meist gab er die Geschichte zum besten, wie er im Spätsommer 1918 von dem bayerischen König Ludwig III. beauftragt worden sei, ins Große Hauptquartier zu fahren und dem Kaiser Wilhelm II. Vernunft beizubringen. Je nach der politischen Einstellung des Besuchers erzählte er dann wohl auch, wie er in der bayerischen Revolutionsnacht im November 1918 mit Kurt Eisner zusammen durch die Straßen Münchens gelaufen sei und innerlich mit sich gerungen habe, ob er nicht den Kanaldeckel aufreißen und den unheilbringenden Kaffeehausliteraten in die Tiefe stoßen solle. Menschlichkeit und Parteidisziplin hätten ihn aber zurückgehalten. Die Erzählung brauchte nicht wörtlich genommen zu werden, aber sie machte den Sprecher interessant. Wenn dann der riesige breitschultrige Mann den massigen Bierbauch vorwölbte, sich zu seiner ganzen Größe erhob und zu einem Frühschoppen im benachbarten Bräustüberl einlud, wenn dann das Bier schäumte, die Weißwürste dampften, die Brezeln zwischen den Zähnen krachten und Erhard Auer mit zufriedenem Feldherrnblick die Runde seiner immer fröhlichen Zechkumpane musterte, dann war der galligste Besucher davon überzeugt, daß in der bayerischen Politik alles zum Besten bestellt sei, und mancher schämte sich insgeheim der Zweifel und Ängste die ihn nach München getrieben hatten.

Dieser unverwüstliche Arbeiterführer, der Vater Auer, wie er von Schmeichlern genannt wurde, war wie geschaffen dazu, der sterbenden deutschen Sozialdemokratie die letzten rosigen Hoffnungen vorzugaukeln und ihr dadurch das Sterben zu erleichtern. Er war als Sohn einer Schwester des wegen seines scharfen Verstandes und seiner großen Rechtlichkeit hochangesehenen Sozialistenführers Ignaz Auer in einem niederbayerischen Dorf bei Passau aufgewachsen und nach der Volksschule zu Bauern als Dienstbub verdingt worden. Als er, noch nicht 17 Jahre alt, zur Verbesserung der Kost eine Gesindegewerkschaft gründen wollte, sperrte ihn die Behörde kurzerhand ein. Seine Militärzeit machte er beim Leibregiment in München und brachte sich dort dann als Kofferträger, Ausgeher und Handlungsgehilfe durch. Der glänzende Name seines Oheims öffnete ihm den Weg in die Politik. Die Sozialdemokratische Partei schickte ihn früh in den bayerischen Landtag, und auch auf Parteitagen trat er als Anhänger der gemäßigten Richtung Vollmar hervor. Während des Weltkriegs weilte Auer vorübergehend als Landsturmmann in Belgien und zeichnete sich bei der Organisierung von deutschen Wechselstuben, die der Bevölkerung Goldstücke gegen Zahlungsanweisungen abnahmen, besonders aus. Nach seiner Rückkehr nach München galt er als hoffähig und bei den Vorbereitungen zur Bildung einer parlamentarischen Regierung in Bayern als sozialdemokratischer Ministerkandidat. Nach dem Zeugnis des unbestechlichen Gewerkschaftsführers und Parlamentariers Johannes Timm wollte er in der Revolutionsnacht des 7. November 1918 die Erhebung Eisners mit 500 Soldaten niederschlagen, trat aber dann in die Regierung als Innenminister ein. Er ließ sofort den Bau des Walchenseekraftwerkes in Angriff nehmen, organisierte die Lebensmittelversorgung der ausgehungerten Städte und machte alle Anstrengungen, die Revolution einzudämmen und die öffentliche Ordnung wiederherzustellen. Zu diesem Zwecke knüpfte er auch Verbindungen mit dem Bürgertum und früheren Offizieren an. Dadurch wurde er bei den Unabhängigen Sozialdemokraten, die in ihrer Mehrzahl die Revolution weitertreiben wollten, verhaßt und kam auch bei den eigenen Leuten, den Mehrheitssozialdemokraten, in ein schiefes Licht. Nach der Erschießung Eisners durch den Grafen Arco am 21. Februar 1919 wurde auch Auer von einem linksradikalen Gegner im Landtag niedergeschossen. Obwohl die Lunge schwer verletzt war, hielt seine kräftige Natur einer Anzahl von Operationen stand. Erst im Herbst 1920 konnte er wieder in die Politik zurück und wurde in der Folgezeit im bayerischen Landtag wiederholt Vizepräsident.

Er war der geborene »Mann aus dem Volke«, mit allen Vorzügen und Schwächen des bayerischen Stammes ausgestattet und bis weit in die Kreise des Bürgertums hinein beliebt. Schon sein behagliches Äußere flößte Vertrauen ein. Täglich saß er im Wirtshaus, am liebsten inmitten einer Schar von Trabanten, die er verschwenderisch freihielt und deren Humor er breitlebig genoß. Er war schöpferisch begabt, reich an politischen Einfällen, rastlos in der Arbeit, wenn es sein mußte, aber auch trinkfroh und dann großsprecherisch, reizbar und zu Ausschreitungen geneigt. Urwüchsiges Kraftgefühl und frohe Bierlaune verleiteten ihn oft zu einer allzu hoffnungsvollen Betrachtung der Dinge und zu Versprechungen, die er nachher nicht halten konnte. Dadurch verlor er mit der Zeit seinen politischen Kredit. Seine Sucht, mit politischen Geheimnissen zu prunken, brachte ihn mit käuflichen Spitzeln in Verbindung, denen er dann nicht selten zum Opfer fiel. Seine Menschenkenntnis war gering, aber mit Frauen und Freunden hatte er Glück. Wie die meisten Emporkömmlinge überschätzte er die Macht des Geldes, machte sich politische Gegner durch Gefälligkeiten und Dienste geneigt und wurde dadurch zum Menschenverächter. Er lebte nur der Politik, Privatleben gab es kaum für ihn. Aber er war ein Politiker und Diplomat nach der landläufigen Vorstellung. Unter Politik verstand er die Kunst, die eigenen Anhänger aufzupeitschen, ihnen aber jede unangenehme Wahrheit zu ersparen, den Gegner zu täuschen und hereinzulegen. Dadurch stieß er zuletzt überall auf Mißtrauen und war trotz seiner glänzenden Begabung zu politischer Unfruchtbarkeit verurteilt, weil politisches Wirken ohne eine Vorschuß von Vertrauen nicht möglich ist. Bewundernswert war sein persönlicher Mut. Ich war selbst dabei, als am 25. Oktober 1921 vor Mitternacht, wie wir uns nach einer Parteivorstandssitzung auf dem Heimweg befanden, aus dem Südlichen Friedhof in München heraus auf ihn geschossen wurde. Während wir erstarrt stehenblieben, sprang er hinter einen Betonpfeiler in Deckung und knallte auf die Mordbuben los, bis sie die Flucht ergriffen.

Ich war durch die Zusammenarbeit im Münchner Parteivorstand mit ihm gut Freund geworden und schätzte als Bayer und Intellektueller dazu seine Urwüchsigkeit. Er förderte mich in meiner politischen Laufbahn, solange ich ihm ein ergebener, zu jedem Freundschaftsdienst bereiter Helfer schien. Als ich aber Sachlichkeit und Gerechtigkeit höherstellte als Kameraderie, mich an seiner Tafelrunde selten machte und seinen eifersüchtig gepflegten Ruhm durch meinen politischen Aufstieg zu verdunkeln begann, fing er an, mich zu beargwöhnen. Seit meiner Wahl in den Reichstag, die er vergebens zu verhindern gesucht hatte, verband er sich mit anderen Neidern gegen mich und suchte mir heimlich Abbruch zu tun. Ich nahm es mit der bitteren Einsicht in die Zwangsläufigkeit des Gegensatzes zwischen jüngerem und älterem Politiker hin. Die große Masse der Parteianhänger wurde mit den unerfreulichen Erscheinungen solcher persönlichen Spannungen nicht behelligt. Sie braucht das Vertrauen in die Einigkeit und freundschaftliche Zusammenarbeit der Männer, die sie zur politischen Führung an ihre Spitze stellt.

In der letzten Wahlwoche hatte ich kaum Zeit, mich um die neuen Berliner Gäste zu kümmern. Ich hielt die letzten

Wahlversammlungen ab. Ihr Verlauf und die stille Bedrücktheit unserer Parteifunktionäre auf dem Lande erlaubten keine Siegeszuversicht. In dem schwäbischen Städtchen Weißenhorn hätten mir die nationalsozialistischen Gegner bald übel mitgespielt. Der Bürgermeister, Mitglied der Bayerischen Volkspartei und früherer Landtagsabgeordneter, hatte sein Erscheinen in meiner Versammlung angekündigt und dadurch die Nationalsozialisten in Massen angelockt. Er blieb aus, und ich stand vor einem tobenden Haufen wilder SA-Leute mutterseelenallein. Reichsbannerschutz war nicht gestellt, unsere Anhänger saßen kleinlaut in einer Ecke des Saales und rührten sich nicht. Als ich die Bemerkung machte, daß in Bayern die Nationalsozialisten nie zur Alleinherrschaft kommen würden, deckte mich ein Hohngelächter zu. Die Nazis wurden immer erregter, sie gingen angriffslustig gegen die Rednertribüne an. Die paar Polizeibeamten hatten alle Mühe, die vordringenden SA-Leute zurückzuhalten und zu beschwichtigen. Sie taten aber fest und klug ihre Pflicht, so daß es zu keinen Tätlichkeiten kam. Mir aber war nun völlig klargeworden, daß die Bayerische Volkspartei sogar in ihren alten Hochburgen nicht mehr die unumschränkte Macht von früher besaß.

Am Wahlsonntag sollte ich die Genossen Dr. Breitscheid, seine Frau und Grzesinski über die österreichische Grenze bringen. Breitscheid zog es im letzten Augenblick vor, noch in München zu bleiben. So fuhr ich, nachdem wir gewählt hatten, mit Grzesinski, der nur noch einen kleinen Koffer mit den nötigsten Wäschestücken besaß, im Kraftwagen allein gegen Osten. An einem Grenzort übergab ich Grzesinski einigen jungen Mädchen, Töchtern von Parteigenossen, die einen harmlosen Ausflug ins Österreichische vortäuschten und so den früheren preußischen Innenminister ohne Zwischenfall über die Grenze schmuggelten. Ich war inzwischen mit seinem Koffer nach Salzburg und weiter gefahren und holte die ganze Gesellschaft am vereinbarten

Treffpunkt in den Salzachauen ab. Nach einer kurzen Unterhaltung mit unserem österreichischen Freund Witternigg und seinen deutschen Gästen kehrte ich nach München zurück.

Erst in den Abendstunden langte ich im sozialdemokratischen Hauptquartier an und begab mich sogleich in unser Parteisekretariat. An Wahltagen wurden dorthin immer die Wahlergebnisse aus den einzelnen Münchner Stimmbezirken durch Boten gemeldet, von auswärts telefonisch mitgeteilt. Im streng abgesperrten Allerheiligsten saßen gewöhnlich einige Mitglieder des Parteivorstandes, rechneten Wahlergebnisse zusammen und diktierten sie einem Genossen, der an einer Rechenmaschine saß. Erhard Auer pflegte Bier, Brot und Würste zu spenden und im Gespräch die Linien für den Leitartikel über das Wahlergebnis festzustellen. Die Wahlziffern wurden dann von Zeit zu Zeit in den großen Saal des Gewerkschaftshauses weitergegeben und den dichtgedrängten Scharen der Parteimitglieder verkündet.

Als ich ins Allerheiligste trat, lagen bereits die ersten Wahlziffern vor. Ich sah sie an. Dem erfahrenen Politiker war es ein Leichtes, aus wenigen typischen Ergebnissen ungefähr den Ausgang der Wahl zu berechnen. Ich wurde ernst und schüttelte den anwesenden Parteifreunden stumm die Hand. Die nächsten Stunden verrannen in einsilbigem Gespräch. Erhard Auer hatte den Zwicker aufgesetzt, netzte unaufhörlich den Bleistift an den Lippen, rechnete und rechnete und tat aus dem Bierkrug zuweilen einen kräftigen Zug. Seine in Falten gezogene Stirn erhellte sich nicht. Gegen zehn Uhr stand das Münchner Wahlergebnis fest. Wir hatten gegenüber der Novemberwahl um rund 8000 Stimmen zugenommen und beinahe wieder die Hunderttausend erreicht. Die Bayerische Volkspartei hatte sich auf etwas über hunderttausend Stimmen gehalten, für die Nationalsozialisten aber waren 160 000 Stimmen, fast ein

Viertel mehr als bei den Novemberwahlen, abgegeben worden. Noch viel günstiger für sie stand es nach den eingelaufenen Radiomeldungen in der bayerischen Provinz und im übrigen Reich.

Als Spitzenkandidat der Sozialdemokratischen Partei für den Wahlkreis Oberbayern-Schwaben hatte ich zum Abschluß des Abends an unsere Anhänger im Hauptquartier eine kleine Ansprache zu halten. Nie war sie mir so schwergefallen wie jetzt. Von den treuen Anhängern wurde ich mit vielleicht noch herzlicherem Beifall empfangen als sonst. Viele erwarteten von mir ein Wort des Trostes, der Hoffnung, des Selbstvertrauens zu hören. Ich aber pflegte die Masse nie in Sicherheit zu wiegen, sondern ihr immer die Wahrheit zu sagen und sie dadurch für den äußersten Einsatz, wenn es notwendig und die letzte Rettung war, bereit und fähig zu machen. So mußte ich sie heute enttäuschen.

Ich gedachte zuerst anerkennend der pflichtgetreuen Kämpfer der Partei, die sich auch in diesem schlimmsten aller bisherigen Wahlkämpfe bewährt und der alten ruhmvollen Sozialdemokratie einen Achtungserfolg verschafft hatten. Dann sprach ich als meine Überzeugung aus, daß wir nun alle miteinander schweren Zeiten entgegengingen und für unsere Weltanschauung noch höhere und bitterere Opfer bringen müßten als unter dem Sozialistengesetz. Zuletzt hatte ich eine seltsame Gedankenverbindung. Ich sah plötzlich die Höhenfeuer der Nationalsozialisten vor mir, die am Abend vor dem Wahltag auf Anordnung der nationalsozialistischen Propagandaleitung im ganzen Reich entzündet worden waren. Gleichzeitig kam mir eine berühmte Stelle aus der Iliade Homers in den Sinn. So legte ich diese Freudenfeuer der Nationalsozialisten als Totenfeuer der deutschen Freiheit aus und sagte, es könne uns gehen wie den Griechen vor Troja, als unter ihnen die Pest ausbrach: »Vom Olymp herab stieg grollend der Gott

Apollo, finster wie die Nacht, und legte aus silbernem Köcher den scharfen Pfeil auf den Bogen. Er schoß, und in einem fort loderten auf die Totenfeuer der Achäer.«

Die Menge zu meinen Füßen war totenstill geworden. Dann schluchzten wohl einige Frauen auf. Ich aber grüßte meine Wähler mit dem unsterblichen Freiheitsruf und ging durch die Reihen mit hocherhobener Faust aus dem Saal. Es war meine letzte öffentliche Ansprache in Deutschland gewesen.

3. Geächtet und vogelfrei

Sonst waren auf einen Wahlkampf, der immer die Kräfte der Vertrauensmänner einer Parteiorganisation im Übermaß in Anspruch nahm und von den Rednern das Letzte herausholte, einige Wochen der Ruhe gefolgt. Die ausgepumpten Leiber forderten ihr Recht. Der bis zum Zerreißen angespannte Wille mußte wie die überzogene Saite einer Geige nachgelassen werden. Der seit Wochen gewaltsam verkürzte mißhandelte Schlaf strömte wie eine sanfte Flut über die Augen, und wohliges Vergessen breitete sich aus. Man aß und las und schlief wieder wie ein anderer Mensch und ging am Sonntag mit Frau und Kindern ins Grüne. Die heisere Stimme erholte sich, die Gedanken wurden milder, die Überreiztheit verschwand, und wie eine weißflockige Wolke, die über hohe Berge herüberschaut, tauchte irgendwo in der weiten Ferne eine Jugenderinnerung, süße Sehnsucht nach vergangener Liebe auf. Meist rief einen dann nach 14 Tagen eine telegraphische Einladung zu einer Sitzung der neugewählten Fraktion in die rauhe Wirklichkeit zurück.

Diesmal hatte ich nur zwei Tage Rast. Am Mittwoch wurde ich beauftragt, den Parteivorsitzenden Otto Wels, der vorübergehend nach Salzburg übersiedelt war, mit dem Kraftwagen nach München zurückzuholen. Die Berliner Parteifunktionäre hatten die Mitglieder des Parteivorstandes, die zum Teil schon ins Ausland geflüchtet waren, zum Erscheinen aufgefordert. Sie glaubten wohl, daß die größte Gefahr vorüber sei. Manche mochten auch der Meinung sein, der »Bonze«, der in guten Zeiten die Ehre habe, an erster Stelle zu stehen, müsse auch beim Marsch ins Konzentrationslager an der Spitze sein. Der Wunsch der Berliner erinnerte an das Verhalten der alemannischen Heerhaufen vor der Schlacht bei Straßburg im Jahre 357 n. Chr., die ihre Herzöge gezwungen hatten, vom Streitroß zu steigen, damit sie das gleiche Schlachtenlos hätten wie der gemeine Mann.

Ich kam glücklich nach Salzburg, fuhr mit Otto Wels nordwärts bis zu einem günstigen Grenzübergang und sandte den Kraftwagen mit einem vertrauten Genossen nach Bayern zurück. Dort sollte er an einem vereinbarten Treffpunkt auf uns warten. Wir beide stapften einige Stunden durch feuchte, kotige Auen den Grenzfluß entlang. An einer Stelle, die ich für sicher vor neugierigen Grenzwächtern hielt, setzten wir über. Wieder ging es durch Flußauen auf kleinen verschlungenen Wegen. Niemand begegnete uns. Dann traten wir aus den Niederungen ins Freie. Grüngelbe Bodenwellen, noch mit Schneestreifen gesäumt, tauchten auf. Der weiße Sattelturm einer Kirche leuchtete in der Ferne, Hunde bellten von einsamen Bauernhöfen her, und an einer Feldstraße wartete bereits der Kraftwagen. Ich fuhr Otto Wels mit Hundert-Kilometer-Geschwindigkeit nach München zurück. Solche kleinen Unternehmungen an der Grenze machten mir damals Spaß. Der Stich ins Abenteuerliche und die kleine Gefahr, die mit der Sache verbunden waren, reizten, und man brauchte auch ein wenig Schlauheit und Mut. Ich war an Wald und Fluß aufgewachsen und hatte dadurch den Großstädtern einiges voraus. Übrigens waren derlei Fahrten in Bayern damals noch ziemlich harmlos. Sie erinnerten mehr an Räuber- oder Indianerspiele halbwüchsiger Knaben. Mir schienen sie eine Art Rückkehr in die Natur.

In diesen Tagen nach der Reichstagswahl vom 5. März 1933 bemächtigten sich die Nationalsozialisten mit Hilfe der Reichsregierung in den meisten Ländern der öffentlichen Gewalt. Ihre Taktik war dabei überall dieselbe: In der

Hauptstadt des Landes marschierten bewaffnete SA-Kolonnen auf und rückten vor die öffentlichen Gebäude. Die rechtmäßige Landesregierung alarmierte ihre Polizei, ein blutiger Zusammenstoß drohte. Darauf übertrug der nationalsozialistische Reichsinnenminister Dr. Frick auf Grund der Verordnung vom 28. Februar 1933 einem Funktionär der Nationalsozialistischen Partei telegraphisch die Ausübung der höchsten Polizeigewalt. Der nationalsozialistische Reichskommissär schickte sofort die Polizei nach Hause, zwang die Landesregierung zum Rücktritt und setzte »provisorisch« eine neue nationalsozialistische Regierung ein. Widerstand gegen die Anordnungen des Nazibeauftragten war strafbar als Aufruhr gegen die Staatsgewalt.

Auf diese Weise fielen Hamburg und Bremen den Nationalsozialisten schon am 6. März 1933 kampflos in die Hand. Hitler wollte offenbar die Reihenfolge der Novemberrevolution von 1918 einhalten, die ebenfalls an der Wasserkante ausgebrochen war. Danach mußte jetzt Bayern darankommen. Ich hatte am Donnerstag, den 9. März 1933 früh, angesichts der gewaltsamen Besetzung von Gewerkschaftshäusern durch wilde SA-Haufen in verschiedenen Städten Deutschlands, für unseren Reichsbannergau noch eine Anweisung ausgearbeitet, in der in Übereinstimmung mit den geltenden Gesetzen der Widerstand gegen nationalsozialistische Angriffe auf das Eigentum von Arbeiterorganisationen für rechtlich erlaubt und daher straffrei bezeichnet war. Nach Pressemeldungen hatte auch die Reichsregierung die wilden Aktionen der SA aufs Schärfste verurteilt. Meine Anweisung wurde von Auer, dem Gauvorsitzenden des »Reichsbanners«, gebilligt und weiterverbreitet. Erst später erfuhr ich, daß er am gleichen Morgen mit dem Vorsitzenden des Gewerkschaftskartells vereinbart hatte, im Falle eines Angriffs der SA auf das Gewerkschaftshaus solle von der Reichsbannerbesatzung kein Widerstand geleistet, sondern nur die Hilfe der staatlichen Polizei erbeten werden. Der bayerische Innenminister hatte sie bereits zugesagt.

Als ich um die Mittagszeit mit Auer und Wels zufällig am Ministerium des Äußern vorbeikam, sah ich eine Anzahl mir vom Landtag her bekannter Journalisten abseits in einer Gruppe beisammenstehen. Ich ging zu ihnen hin und erfuhr, daß eben die nationalsozialistischen Landtagsabgeordneten Wagner, Dr. Buttmann und Esser beim Ministerpräsidenten Dr. Held gewesen waren und die Übertragung der gesamten Staatsgewalt auf die nationalsozialistische Partei gefordert hatten. Dr. Held habe sofort einen Ministerrat einberufen, der das Verlangen der Nationalsozialisten jedenfalls ablehnen werde. Ich teilte die Neuigkeit meinen Freunden mit. Auer schmunzelte und erklärte, er wisse aus sicherer Quelle, daß die bayerische Polizei den Nationalsozialisten, wenn sie zur Gewalt greifen sollten, einen warmen Empfang bereiten würde. Wels war weniger zuversichtlich und äußerte Zweifel, ob er am Abend den Schnellzug nach Berlin benützen könne, wie es seine Absicht war.

Am Nachmittag war ich mit Auer auf der Redaktion unserer »Münchener Post«. Aus verschiedenen Bezirken trafen Radfahrer des »Reichsbanners« ein und teilten mit, daß sich SA-Abteilungen in ihren Alarmquartieren sammelten und da und dort ganz offen Militärwaffen trügen. Auer gab die Berichte ans Innenministerium weiter. Gleichzeitig ordnete er für das Münchner »Reichsbanner« höchste Bereitschaft an. Später hieß es, daß sich im Innern der Stadt, besonders am Marienplatz, größere nationalsozialistische Haufen bildeten. Wir beschlossen sofort, uns die Sache anzusehen, und gingen zum nahen Marienplatz hinüber. Das Bild glich genau dem bei der Novemberrevolution. Überall standen größere Truppen von Menschen beisammen, und man redete und fuchtelte aufgeregt hin und her. Weit und breit ließ sich kein Schutzmann blicken, kein Polizeiaufgebot.

Wir schlenderten zum Landtag in die Prannerstraße, die noch still und friedlich war. Im Landtagsgebäude trafen wir den einflußreichen Abgeordneten der Bayerischen Volkspartei, Dr. Stang. Der schon ältere Mann war bleich und zerfahren und fragte mich aufgeregt, was meiner Meinung nach gegen eine gewaltsame Erhebung der Nationalsozialisten zu geschehen habe. Ich entgegnete, daß die Regierung früher oder später die staatlichen Machtmittel einsetzen müsse, das bleibe ihr, wenn sie nicht freiwillig abdanken wolle, auf keinen Fall erspart. Er atmetete auf und sagte, das sei auch die Meinung des Prälaten Dr. Wohlmuth, des Vorsitzenden ihrer Landtagsfraktion. In diesem Sinne habe Dr. Wohlmuth auf Befragen auch der bayerischen Regierung Bescheid gesagt, er sitze übrigens in einem Kaffeehaus in der Nähe beim Kartenspiel.

Der Sekretär unserer Landtagsfraktion, Fritz Endres, den wir dann aufsuchten, berichtete von Mitteilungen, nach denen die Nationalsozialisten das Landtagsgebäude besetzen wollten. Wir beschlossen sofort, beim Landtagspräsidenten den Schutz des Gebäudes durch eine Abteilung Landespolizei anzuregen. Das geschah, und in kürzester Zeit rückte ein Polizeileutnant mit zehn Mann an und stellte Wachen auf.

Es war inzwischen dunkel geworden. Auer und ich machten uns auf den Weg zu dem Treffpunkt, den wir mit Otto Wels und einigen anderen Parteifunktionären vereinbart hatten. Auf der Straße erfuhren wir von einer nationalsozialistischen Ansammlung vor dem Gewerkschaftshaus. Ich erbot mich, die Lage auszukundschaften und Bericht zu erstatten. Aber ich fand die Zugangsstraßen zum Gewerkschaftshaus bereits durch kleine Trupps Landespolizei abgeriegelt und mußte zurück.

Als ich über den Bahnhofsplatz kam, sah ich bewaffnete

Abteilungen der SA und des »Stahlhelms« im Viereck aufgestellt. Es waren blutjunge Burschen, fast Knaben, nur die Befehlshaber schienen ehemalige Offiziere zu sein. Ich dachte mit Schrecken an die Möglichkeit eines Zusammenstoßes zwischen diesen halben Kindern und der bewaffneten Macht. Am 9. November 1923 hatte ich ebensolche Halbwüchsige mit Munitionskisten in der Hand und angstverzerrten Zügen in den Anlagen am Sendlinger Tor herumirren sehen... Auf einmal schrie die versammelte Menge »Hurra«, und Lieder flatterten auf. An dem Flaggenmast auf dem Dach des Bahnhofsgebäudes ging die schwarz-rotgoldene Fahne des Reiches nieder, und eine schwarz-weißrote sowie ein Hakenkreuzbanner wurden hochgezogen. Ich war erstarrt. Wo blieb die bayerische Regierung? Weit und breit war keine Polizei zu sehen. Das Hakenkreuzabzeichen am Rockaufschlag beherrschte die Straße. Hatte Dr. Held auf Widerstand verzichtet? War schon alles vorbei?

Mit gemischten Gefühlen begab ich mich zu unserem Treffpunkt, einer nur im Sommer stark besuchten Gaststätte mitten in der Stadt. Der große Saal war menschenleer. Ich fand die Parteifreunde in einer Nische, die vom Saal durch dicke Vorhänge abgeschlossen war. Von der Nische hatte man einen Ausgang in einen stillen Hof und von da auf eine wenig belebte Straße. Die Türen zu Hof und Straße konnten abgeschlossen werden. Hier hielten wir in der Folge bis Ende Juni 1933 unsere Zusammenkünfte ab. Nie kamen wir in unmittelbare Gefahr. Die Wirtsleute hielten zu uns, und die Kellnerinnen gewann unser Freund Auer durch große Zechen und entsprechende Trinkgelder.

An diesem Abend des 9. März 1933 hatten sich um Otto Wels, Hilferding und einige andere Berliner Genossen die wichtigsten Münchner Parteifunktionäre versammelt. Ich fand gerade noch Platz. Es ging ziemlich lebhaft zu. Von Zeit zu Zeit kamen Meldegänger des »Reichsbanners« mit neuen Nachrichten. Ich erfuhr, daß SA-Abteilungen mit Maschinengewehren unser Gewerkschaftshaus belagerten und sich zum Sturm anschickten. Auer hatte noch telefonische Verbindung mit dem Befehlshaber der Reichsbannerbesatzung und rief einmal ums anderemal das bayerische Innenministerium an, den versprochenen polizeilichen Schutz endlich zu schicken. Die Auskünfte, die er erhielt und uns bekanntgab, wurden immer sonderbarer. Zuerst hieß es: »Sofort geht eine Abteilung des Überfallkommandos ab.« Später: »Das Überfallkommando wird mit einigen Lastwagen anrücken und die Straßen vor dem Gewerkschaftshaus räumen.« Dann: »Das Überfallkommando ist längst abgefahren.« Weiter: »Das Überfallkommando müßte längst an Ort und Stelle sein.« Endlich: »Das Überfallkommando hat sich in der Nähe des Gebäudes aufgestellt.« Inzwischen kamen aus dem Gewerkschaftshaus immer dringendere Hilferufe, daß unsere unbewaffneten Reichsbannerleute das Gebäude gegen die von rückwärts aus dem Südlichen Friedhof vorrückenden Nationalsozialisten kaum noch halten könnten. Hierauf meldete die Telefonwache im Gewerkschaftshaus, unsere Leute verteidigten sich mit Fahrradpumpen, Gummischläuchen und Wasserstrahlen. Dann hörte man im Telefon Schüsse knallen, und plötzlich war alles still. Auer bemühte sich verzweifelt, fernmündliche Verbindung mit dem Innenministerium zu bekommen. Es ging nicht mehr.

Wir saßen einige Minuten still und bleich um den Tisch. Keiner sagte etwas. Einer begann seine Uhr aufzuziehen. Ein anderer machte es nach. Plötzlich dröhnte draußen auf der Straße der Schritt marschierender Truppen, dann trampelte Laufschritt, als führte man Soldaten zum Sturm. Wir alle sprangen auf. Auer hielt uns vom Fenster zurück. Seine listigen Augen leuchteten, sein Mund wurde breit. »Gleich kracht's«, sagte er triumphierend, »ich habe es ja immer gesagt, auf den Stützel ist Verlaß.«

Einige Augenblicke vergingen. Wir lauschten, wir hielten den Atem an. Es krachte nicht. Draußen auf der Straße trat unheimliche Stille ein. Wir sahen uns betreten an. Dann fuhr Otto Wels mit schneidender, überlauter Stimme dazwischen: »Kinder, ick fahre nach Berlin. Da wird es bestimmt sicherer als jetzt bei euch in München sein.«

Auer widersprach. Es müsse ein Irrtum vorliegen. Er wolle noch einmal mit dem Innenminister Dr. Stützel sprechen. Aber er kam vom Telefon bald wieder mit der Mitteilung zurück, es sei keine Verbindung mehr mit dem Innenministerium zu erreichen. Otto Wels hatte bereits gezahlt und seinen Mantel angezogen. Er verabschiedete sich kurz. Einige begleiteten ihn zum Bahnhof. Wir blieben.

Nachher traf eine Hiobsbotschaft nach der andern ein. Auf dem Rathaus war die Hakenkreuzfahne gehißt. Vor dem Landtagsgebäude war berittene Polizei gegen die andrängenden Nazihaufen angesetzt worden, aber nach einem schwächlichen Versuch, die Straße zu räumen, wieder zurückgewichen. Hierauf hatte SA den Landtag besetzt. An der Feldherrnhalle hielt der nationalsozialistische Reichstagsabgeordnete General von Epp eine Versammlung unter freiem Himmel ab. Er teilte mit, daß die »nationale Reichsregierung« ihn soeben zum Reichskommissar in Bayern eingesetzt habe, weil die Aufrechterhaltung der öffentlichen Sicherheit und Ordnung in Bayern nicht mehr gewährleistet sei. Bei dieser Meldung konnten einige von uns nicht mehr an sich halten und schrien hohnlachend auf. Die öffentliche Sicherheit und Ordnung wurde doch gerade von den Parteifreunden des Generals, von der schwerbewaffneten SA, gefährdet und gestört! Jetzt konnte die Bayerische Volkspartei das schriftliche Versprechen Hindenburgs, daß in Bayern kein Reichskommissar eingesetzt würde, einrahmen lassen! Später erfuhren wir, daß das bayerische Gesamtministerium den Kommandeur der 7. Reichswehrdivision in München auf Grund des geltenden Rechts ersucht hatte, gegen den nationalsozialistischen Aufstand mit der bewaffneten Macht einzuschreiten. Aber der General hatte das Ansinnen abgelehnt. Damit war die Sache entschieden. Unser Parteifreund Roßhaupter, der sich im Jahre 1919 als bayerischer Kriegsminister aufs Heftigste gegen die Verreichlichung der bayerischen Wehrmacht gesträubt hatte, war spät, allzu spät, gerechtfertigt worden.

Dann kamen einige Reichsbannerleute aus dem Gewerkschaftshaus. Sie bebten vor Wut. Als polizeiliche Hilfe ausgeblieben war, hatte die Reichsbannerbesatzung mit dem Naziführer unterhandelt und freien Abzug mit militärischen Ehren vereinbart. Das Versprechen wurde nicht ganz gehalten. Als unsere Leute aus dem Hause kamen und durch die Reihen der SA abmarschierten, wurden sie mit höhnischen Zurufen bedacht. Einigen wurden die Mützen heruntergeschlagen. An der Absperrung vor der Müllerstraße hatte sich die Landespolizei aufgestellt, die vom Innenminister zum Schutze des Gewerkschaftshauses geschickt worden war. Ihr Anführer, ein blutjunger Offizier, schrie unseren Leuten zu: »Hände hoch!« Als die meisten zögerten, halfen Kolbenstöße nach. Das war die Landespolizei, die beim Hitlerputsch am 9. November 1923 auf die Nationalsozialisten geschossen hatte und dann von der Bevölkerung Münchens wochenlang als »grüne Schmach« beschimpft worden war! Offenbar wollte sie jetzt den Flecken ausputzen und bei den neuen Machthabern gut angeschrieben sein.

Die Reichsbannerleute aus dem Gewerkschaftshaus überschütteten Auer mit Vorwürfen, daß man ihnen keine Waffen ausgehändigt, sondern ihnen immer befohlen habe, erbeutete nationalsozialistische Maschinengewehre bei der Polizei abzuliefern. Einige riefen erbittert, nie im Weltkrieg hätten sie solche Schande gesehen und erlebt. Es waren Männer mit den höchsten Kriegsauszeichnungen, der Stolz der Reichsbannerorganisation, den vielen Heimkrie-

gern in der SA sonst in Wort und Bild entgegengestellt.
Auer erwiderte gereizt, daß man ihn für die Feigheit der
Polizei nicht verantwortlich machen könne. Es war nicht
die Stunde, sich über die verhängnisvolle Politik der letzten
Jahre auseinanderzusetzen. Meldungen kamen über die Besetzung unserer Zeitung, der »Münchener Post«. Auer behauptete, das könnten nur unmaßgebliche Gerüchte sein.

Ich erbot mich, als Kundschafter hinüberzugehen und zuverlässigen Bescheid zu bringen. Als ich in die Herzog-
spitalstraße kam, sah ich, wie die SA vor der Redaktion der
hitlerfeindlichen katholischen Zeitung Dr. Gerlichs, »Der
gerade Weg«, Bündel von Zeitungen auf Lastwagen lud.
Weiter unten, am Altheimer Eck, war die Straße von einer
dünnen Kette SA abgesperrt. Einige Dutzend Zivilisten
standen dort. Ich ging zu ihnen hin. Im Gebäude der »Münchener Post« waren alle Beleuchtungskörper aufgedreht,
die Fenster weit aufgerissen. Aus allen Öffnungen des Hauses wurden Möbelstücke, Bücher, Zeitungen, Schreibmaschi-
nen, Tintenfässer auf die Straße geschleudert. Sogar aus der
im vierten Stock gelegenen Wohnung des Geschäftsführers
flogen Stühle, Tische und Kästen, aufgeschlitzte Betten und
Decken herab. Die Schatten der Täter huschten in den Zimmern eilig hin und her. Aber die Zuschauer neben mir gaben
keinen Laut von sich. Sie schienen erstarrt. Man hörte nur
das dumpfe Krachen der Gegenstände, die auf die Straße
fielen. Es war wieder genauso wie beim Hitlerputsch von
1923, als die Nationalsozialisten ebenfalls unser Zeitungsgebäude erstürmt und die Einrichtung zerstört hatten. Damals hatte sie die Landespolizei an der Zertrümmerung der
Druckereimaschinen gehindert. Diesmal würden sie wohl
aufs Ganze gehen.

Ich verließ den Schauplatz dieses schändlichen Treibens
in ohnmächtigem Grimm. An der Eisenmannstraße stieß
ich auf einen einsamen Schutzmann, der traumverloren in
die Ferne blickte. Ich schrie ihn an: »Sehen Sie denn nicht,

daß dort fremdes Eigentum geplündert und zerstört wird? Duldet denn das die Polizei?«

Der Mann ließ sich nicht aus der Ruhe bringen: »Das gehört nicht in mein Revier«, sagte er ohne eine Spur von Aufregung, »da mische ich mich nicht hinein.«

Ich war fassungslos. Schon wollte ich mich als Abgeordneter vorstellen und den Beamten ersuchen, wenigstens Meldung zu machen. Gerade noch rechtzeitig fiel mir ein, daß ich von heute ab ohne politischen Einfluß war. Nach einigen Wochen stellte sich übrigens in einem Verfahren wegen der Schadensersatzansprüche unseres Freundes Auer heraus, daß die Zerstörung der »Münchener Post« von dem neuen Reichskommissar General Epp, also »legal«, angeordnet worden war. Die Verfassungsbestimmung über den Schutz des Privateigentums war ja durch die Verordnung der Reichsregierung vom 28. Februar 1933 außer Wirksamkeit gesetzt. Der Reichskommissar, der sozialdemokratische Gebäude seiner SA zur Plünderung und Zerstörung überließ, befand sich also im »Recht«.

Ich ging über den Domplatz zurück. Er war dunkel und menschenleer. Die Türme der Frauenkirche starrten zum nächtlichen Himmel auf, und an der Eingangspforte blies wie immer ein leichter Wind. Er sollte nach der Volkssage vom Teufel dort angebunden worden sein. Ich streifte an den verwitterten Grabdenkmälern mittelalterlicher Prälaten und Ritter entlang. Dann schleppte ich mich näher und preßte meine Stirn an den kühlen Marmor. Ich wünschte mir, tot zu sein wie die verstaubten Herren darunter und wie sie nichts mehr zu wissen. Wie oft hatte ich in diesen Jahren Kants Worte wiederholt, daß es sich nicht mehr lohnte zu leben, wenn es keine Gerechtigkeit mehr auf Erden gab. Was losgelassener Pöbel dort drüben in tierisch-dumpfer Wut an einem Tage zerstörte, war in Jahrzehnten durch Opfer der Ärmsten mühselig aufgebaut. Warum riß ich nicht einem der dummen Buben der SA den

Karabiner aus der Faust und schoß in den schwitzenden Haufen der Plünderer hinein? Das war der Tod, gewiß, aber was hatte jetzt das Leben noch für einen Sinn? Natürlich war ich zu vernünftig dazu. Vernunft! Sie hatte alle Macht über uns bekommen, wir waren ihr hörig und untertan. Sie sog uns Blut und Willen aus dem Herzen und das Mark aus den Knochen, sie hatte sich in unserem Hirn festgesetzt und gab von dort ihre kalten Befehle an uns aus. Wir gehorchten. Sie rechnete uns hohnlachend vor, daß es gegen eine bis an die Zähne bewaffnete Staatsmacht keinen Widerstand gab. Sie blies mit grausamem Hohn die luftigen Barrikaden um, die wir uns im Geiste gebaut hatten, die strahlenden grünen Reihen unseres »Reichsbanners« und der »Eisernen Front«, die blaublusigen Züge unserer Arbeiterjugend mit ihren flatternden roten Halsbinden und ihren geschwungenen roten Fahnen. Wie hatten die Zehntausende dieser frischen wagemutigen Jungen und Mädchen noch in den Tag geleuchtet beim Aufmarsch an unserem letzten Parteitag in Leipzig, diese stolzen Garanten einer helleren Zukunft, die schaffen sollten, was uns versagt geblieben war. Verweht und verklungen, verschollen und vergessen wie ein Traum!

In den Vorstädten, in Schwabing und Sendling, in Giesing und Neuhausen saßen jetzt unsere Reichsbannerleute in höchster Bereitschaft – am Biertisch, mit heißen Köpfen, schrien nach Waffen, verwünschten die feige, unfähige Führung und preßten wie ich ihre Fäuste an die altbayerischen Dickköpfe in ohnmächtiger Wut und Scham. Die Kriegsteilnehmer unter ihnen schwiegen vielleicht und dachten an die hunderttausend toten Bayern vor Arras und vor Verdun, an die elfhundert erschossenen Arbeiter im Ostfriedhof nach der Niederwerfung der Münchener Räterepublik. Sie hatten genug, sie wollten nicht mehr. Mochten die Arbeiterführer selbst ihre »Kohlrabi« hinhalten, dem Arbeiter ging es gleich schlecht, ob der Reichskanzler nun Wirth oder

Brüning oder Hitler hieß. Ja, das würden jetzt viele denken, ihr Bier austrinken, nach Hause gehen und sich ins Bett zu ihren Frauen legen ... Aber die Jungen, die hätten begeistert gekämpft, sie wären jauchzend in den Tod gegangen, wie es deutsche Jugend in den Jahrtausenden unserer Geschichte immer wieder getan hat. Allein, durfte man sie nach dem Reichstagsbrand noch ins sichere Verderben hineinhetzen? Handelte man dann nicht gewissenlos?

Aus der Ferne drang schrilles Geschrei und traf mich wie ein Peitschenhieb. Ich begab mich zu meinen Freunden zurück und erstattete Bericht. Auer aber bemerkte, noch sei Polen nicht verloren. Er hatte schon wieder einen neuen Plan. »Morgen rufen wir eine Betriebsversammlung der Drucker und Angestellten der ›Münchener Post‹ ein«, erklärte er, »da wollen wir dann sehen, ob die Nazis die Zunahme der Arbeitslosigkeit wegen der Zerstörung unserer Zeitung ertragen können. Tag für Tag schicken wir ihnen die Leute, die sie erwerbslos gemacht haben, auf den Hals. Ich möchte alsdann nicht in ihrer Haut stecken.«

Wir andern aber waren alle weniger hoffnungsfreudig gestimmt. Beim Aufbruch spät in der Nacht redeten wir Auer zu, auf Grund der Erfahrungen des Hitlerputsches von 1923 nicht in seiner Wohnung zu schlafen. Damals waren seine Angehörigen von eindringender SA beschimpft und mißhandelt worden. Ein wenig bekannter und daher unverdächtiger Genosse nahm ihn jetzt mit sich. Ausnahmsweise machte er keine Einwendungen.

Ich ging zu Fuß heim. Die Straßen waren still. Meine Frau hatte die Radiomeldungen angehört und war aus Sorge um mich wachgeblieben. Todmüde und gleichgültig gegen jede Gefahr fiel ich ins Bett. In dieser Nacht hätte mich die SA holen können. Sie war, wie ich später erfuhr, tatsächlich hinter mir her, fand mich aber nicht, weil ich vor einem halben Jahr umgezogen war und meine neue Wohnung noch nicht im Adreßbuch stand. Wie im Jahre 1923 nahm die SA auch in dieser Nacht ihre Verhaftungen nach dem Adreßbuch vor.

Am andern Morgen trafen sich die Mitglieder des Münchner Parteivorstandes vereinbarungsgemäß im Nebenzimmer eines großen Bräus in der Mitte der Stadt. Unser Vorsitzender, der brave, ehrliche Thomas Wimmer, war nicht da. Er war in aller Frühe, noch aus dem Bett heraus, von Polizeibeamten verhaftet worden. Auch einige Reichsbannerführer fehlten. Sie sollten ebenfalls verhaftet oder geflüchtet sein. Auer kam etwas verspätet und erzählte sogleich ausführlich, was sich in seiner Wohnung zugetragen hatte. Die SA war um 2 Uhr früh dort gewesen, hatte aber nur mehr das Dienstmädchen vorgefunden. Da es sich weigerte, den Aufenthalt ihrer Dienstherrschaft anzugeben, wurde es als Geisel ins Braune Haus verschleppt. Die SA hatte die ganze Wohnung durchstöbert, Wäsche und Bücher durcheinander auf große Haufen geworfen und einen schweren Kassenschrank mit Akten weggeschafft. Auch eine Büste Auers hatten sie mitgenommen, sonst war nicht viel zerstört. Hier fiel der alte Geschäftsführer der »Münchener Post« ein und jammerte, daß von der SA seine ganze Wohnungseinrichtung auf die Straße geschleudert worden war. Auer unterbrach das Klagelied mit der Versicherung, daß die Firma selbstverständlich eine neue beschaffen werde. Dann berichtete er von der Betriebsversammlung, die einmütig beschlossen hatte, bei den Naziministern wegen Wiedereröffnung der Druckerei und der weiteren Herausgabe der Zeitung vorstellig zu werden. Plötzlich sei SA erschienen und habe die Versammlung aufgelöst. Uns wurde nicht ganz klar, ob Auer dabeigewesen war oder nur einen Bericht wiedergab.

Einige Vorstandsmitglieder brachten bittere Beschwerden vor gegen den Münchener Reichsbannersekretär, der sich noch gestern nachmittag geweigert hatte, die Kartei seiner Mitglieder wegzuschaffen, weil er keine Lust habe, sie ein paar Tage später wieder einzuräumen. Man fürchtete, daß auf Grund dieser Kartei, die jetzt den Nationalsozialisten bei der Besetzung des Gewerkschaftshauses in die Hände gefallen war, verschiedene Unterführer des »Reichsbanners« verhaftet werden könnten. Der anwesende Sekretär der Organisation verteidigte sich grob und ungeschickt.

Dann aber wurden wir durch einen eingehenden Bericht unserer Verbindungsstelle mit der früheren Regierung über andere empörende Vorgänge der letzten Nacht abgelenkt. Die SS war nach Mitternacht in die Privatwohnung des Innenministers Dr. Stützel eingedrungen und hatte ihn mit vorgehaltenen Pistolen gezwungen, barfuß und im Nachthemd in einen bereitstehenden Kraftwagen zu steigen. In diesem Zustand wurde der Minister ins Braune Haus gebracht und dort mißhandelt und beschimpft. Die SS sollte sich besonders über seine ungewaschenen Füße lustiggemacht haben. Tatsächlich bestätigte später das nach drei Tagen freigelassene Dienstmädchen Auers, daß dem Minister im Braunen Haus der Arm umgedreht worden war und daß er vor Schmerz aufgeschrien hatte. Auch Staatsrat Dr. Schäffer, der Vorsitzende der Bayerischen Volkspartei, war von SS-Leuten aus dem Bett geholt und ins Braune Haus gebracht worden. Er und Dr. Stützel wurden dann vom neuen bayerischen Justizkommissar, dem Rechtsanwalt Frank II, aus ihrer gefährlichen Lage befreit.

Während wir noch unserer Empörung Luft machten, wurden wir von einem Angestellten des Hauses gewarnt, daß Gefahr drohe. Ein in der Bierstube sitzender SA-Mann hatte beobachtet, wie wir einzeln durch die Küche gingen, und dann telefoniert. Wir verließen das Haus durch einen anderen Ausgang und wollten uns am Nachmittag in einem bekannten Versammlungsraum der Partei in der Altstadt treffen.

Als ich mittags nach Hause kam, erzählte mir meine Frau

eine merkwürdige Geschichte von einem Bürstenhausierer, der mich am Vormittag unbedingt hatte sprechen wollen. Er hatte ihr schließlich ein angebliches Erlebnis anvertraut und sie dringend gebeten, mir den Vorfall auszurichten: Er sei vor dem Braunen Hause hinter einigen National- sozialisten hergegangen und habe erlauscht, daß mich die SS in der nächsten Nacht ausheben wolle.

In dieser Form war die Geschichte sicher nicht wahr. Möglicherweise handelte es sich um einen früheren Sozial- demokraten, der jetzt bei den Nazis stand und mir aus alter Anhänglichkeit eine Warnung zukommen ließ. Ich hatte für die folgende Nacht ohnehin eine Heimsuchung erwartet. Die damit verbundenen Aufregungen aber wollte ich meinen Angehörigen ersparen. Deshalb ordnete ich an, unser Dienstmädchen solle am Abend zu ihrem Oheim gehen, bei dem es bis auf weiteres Wohnung nehmen konnte. Für uns mietete ich in einem benachbarten Frem- denheim ein großes Zimmer für die Nacht. Meine Frau sollte mit den Kindern unsere Wohnung vor Einbruch der Dunkelheit verlassen, dem Hausmeister mitteilen, daß wir auf einige Zeit verreisten, und das Fremdenheim aufsuchen, in dem ich mich in den späteren Abendstunden ebenfalls einfinden würde.

Als ich am Nachmittag den vereinbarten Treffpunkt aufsuchte, wurde ich von einem Reichsbannermann auf der Straße unauffällig angehalten und verständigt, daß die Zu- sammenkunft wegen Spitzelgefahr verlegt sei, und von ihm anderswohin geschickt. Aber ich blieb stundenlang vom Mißgeschick verfolgt. Wo ich hinkam, waren meine Freunde eben weg. Schließlich fuhr ich, um den Vorsprung einzuholen, eine größere Strecke mit der Straßenbahn. Aber im »Tal« wäre ich beinahe das Opfer meiner Unvor- sichtigkeit geworden. Mir gegenüber setzte sich eine dicke Geschäftsfrau, die am gewaltigen Busen ein funkelnagel- neues Hakenkreuz trug. Ich konnte mich nicht beherrschen und blickte die schwabbelige Walküre und ihr Kampfzeichen spöttisch und herausfordernd an. Sie erriet, was freilich keine Kunst war, nach einiger Zeit meine Gedanken und wandte sich plötzlich mit schallender Stimme an ihre Nachbarin: »An die Hakenkreuzer werden sich die Leut' jetzt gewöhnen müssen, net wahr, Frau Nachbar?« Dabei schleuderte sie auf mich einen vernichtenden Blick. Die Angeredete, eine spindeldürre Alte mit einem abgenützten Korb auf den Knien, wackelte mit dem Kopf, sagte aber nichts. Die anderen Fahrgäste im Wagen verstummten und sahen neugierig auf mich. Ich tat, als ob mich die Geschichte nichts anginge, und schaute mit möglichst harmloser Miene zum Fenster hinaus. Aber die Hitlerike war gereizt, schnaufte heftig und drohte laut, an der nächsten Haltestelle einen SA-Posten auf den »feinen Herrn« aufmerksam zu machen. Damit war wieder ich gemeint.

»Der Hitler zeigt es jetzt den Kommunisten, die wo unser Geld haben möchten«, verkündete meine Gegnerin schmalzig und sah kampflustig im Kreise umher. Aber niemand gab ihr an, und ich hielt es jetzt für geraten, bei der erstbesten Gelegenheit den Wagen zu verlassen. Draußen sah ich noch durch die Scheiben, wie sie mir einen bösen Blick nachsandte. Ihr Busen wogte vor Aufregung wie stürmische See.

Endlich stieß ich in einem Kaffeehaus, in das mich einer unserer Posten gewiesen hatte, auf eine Anzahl Gewerkschaftsführer. Sie saßen in Gruppen von zwei und drei Mann an den Tischchen und taten, als kennten sie sich nicht. Mir gaben sie gleich einen Wink, mich ebenso zu verhalten. Es war ein richtiges Affentheater. Man las Zeitungen, bat den guten Freund in der Ecke mit stummer Verbeugung um die seine, wagte nicht zu flüstern, um nicht Verdacht zu erregen, und schlug die Zeit tot. Ich war den ganzen Tag noch nicht dazu gekommen, die Presse zu verfolgen, und erfuhr jetzt, daß der bayerische Ministerpräsident Dr. Held dem

Reichskommissar General von Epp in aller Form die Regierungsgeschäfte übergeben hatte. Die nationalsozialistischen Parteigrößen Ludwig Siebert, Bürgermeister von Lindau, dann der Bergwerksbesitzer Adolf Wagner, der Rechtsanwalt Frank II, der Stadtrat Hermann Esser und der Stabschef der SA Ernst Röhm hatten eine kommissarische bayerische Regierung gebildet. Heinrich Himmler, der Anführer der SS, war zum kommissarischen Polizeipräsidenten von München ernannt. Bayern hatte also widerstandslos kapituliert. Die Sieger tobten sich in Verdächtigungen und Verwünschungen ihrer politischen Gegner aus. Sie brüsteten sich und legten mit kindlich anmutender Eitelkeit den größten Wert darauf, eine wirkliche, waschechte Revolution gemacht zu haben. Eine Revolution mit den Mitteln der Staatsgewalt! Ich verließ das gespenstische Kaffeehaus und ging an die frische Luft.

Gegen Abend traf ich Auer und einige andere Parteifunktionäre in der verborgenen Gaststätte an. Wir hatten sie »Meerpalast« getauft. Die Stimmung war gedrückt. Erste »Greuelmeldungen« gingen von Mund zu Mund. Jüdische Wohnungen waren geplündert, die Inhaber von SA-Leuten schwer mißhandelt worden. Den Rabbiner hatten die Nazis in der Nacht angeblich auf den Exerzierplatz Oberwiesenfeld geführt und an einen Kieshaufen gestellt. Die Kerle trafen Vorbereitungen wie zu seiner Erschießung und weideten sich an seiner Todesangst. Dann schoß ein Kommando wirklich, aber über ihn hinweg. Der Mann brach zusammen und soll hernach noch fürchterlich verprügelt worden sein. Damals machten solche Vorkommnisse noch einen lähmenden Eindruck auf uns. Wir waren alle in einem Rechtsstaat aufgewachsen und standen solchen Ausschreitungen, die an den Schwedentrunk des Dreißigjährigen Krieges und ähnliche Scheußlichkeiten jener Zeit erinnerten, fassungslos gegenüber. Es ging uns nicht ein, daß eine deutsche Staatsgewalt die rohen Mißhandlungen wehrloser Menschen, die Befriedigung aller grausamen und sadistischen Triebe vertierter Kerle an unschuldigen Opfern zuließ, ja zu begünstigen schien. Mit der Zeit aber lernten wir das Wesen der neuen Gewalthaber begreifen, die Sinne stumpften durch die Ungeheuerlichkeiten der Eindrücke ab, die Empörung verwandelte sich in bittere Ergebung in das unabänderliche Schicksal, und zuletzt wunderte man sich über nichts mehr. Höchstens daß man zuweilen noch in seinem Hirn die Frage wälzte, warum anständige Leute wie ehrengeachtete Deutschnationale oder Offiziere der Reichswehr diese Schändung einer ganzen Nation gelassen hinnahmen und mit ihren Begriffen von Rechtlichkeit und Ehre vereinbaren konnten.

Ich erfuhr Einzelheiten über die Verhaftung zahlreicher Bezirksführer des Reichsbanners. Unser Parteivorsitzender Thomas Wimmer sollte bereits nach Landsberg am Lech überführt worden sein. Dort hatte Hitler im Jahre 1924 seine Strafe wegen Hochverrats verbüßt. Der junge Waldemar von Knoeringen, der sich in den letzten Wahlversammlungen für Jungwähler einen Namen gemacht hatte, war von seinem Gönner Erhard Auer zur Flucht nach Tirol veranlaßt worden. Wir andern aber beschlossen, im Lande zu bleiben. Soweit wir Parlamentarier waren, vertrauten wir vorläufig noch auf den verfassungsrechtlichen Schutz der Immunität. Keinem von uns kam auch nur der Gedanke, Waffen oder Truppen gegen die siegreichen Nationalsozialisten zu sammeln. Nach dem unerwarteten und völligen Zusammenbruch der Bayerischen Volkspartei wäre das auch Wahnsinn gewesen. So drängten wir uns noch eine Zeitlang zusammen wie Schafe bei einem Gewitter, und jeder wartete darauf, daß der nächste Blitz ihn treffen würde.

Nach Einbruch der Dunkelheit ging ich vom »Meerpalast« weg und wollte mich überzeugen, ob meine Frau mit den Kindern in Sicherheit war. In Schwabing fragte ich in der Wohnung eines befreundeten Journalisten, an der ich gerade vorüberkam, wegen politischer Neuigkeiten nach. Mein Freund war nicht zu Hause, rief aber seine Frau in dem Augenblick, als ich sie herausklingelte, von der Innenstadt aus an. Er ließ mich ans Telefon kommen und sagte mir, eben habe er mich in meiner Wohnung angeläutet, da habe sich die SS, Sturm 13, gemeldet. Die Heimsuchung war also da.

Ich stürzte auf die Straße, eilte zum Hohenzollernplatz und ging in einiger Entfernung unauffällig an meiner Wohnung vorüber. Sämtliche Fenster waren hell erleuchtet, alle Lampen mußten angezündet sein. Vor der Haustüre standen SS-Posten, den Karabiner schußbereit in der Hand. Ein kleiner Lastwagen mit einer Polizeinummer war bereits bereitgestellt. Die Straße war menschenleer, meine Schritte hallten, es mochte gegen halb neun Uhr sein. Ich bog in eine Seitenstraße ein, machte dann kehrt und ging den gleichen Weg zurück. Es kam mir vor, als ob meine Wohnung nicht mehr mein eigen und ich ein gänzlich unbeteiligter Zuschauer sei. Dann aber rief ich von einer öffentlichen Telefonzelle aus doch das Überfallkommando der Polizei an, nannte meinen Namen, machte von dem Überfall durch die SS-Truppe Meldung und verlangte sofortigen polizeilichen Schutz. Der Beamte am Telefon ließ sich meinen Namen wiederholen, dann wartete er eine Weile und fragte plötzlich scharf, wo ich mich eben befinde. Da war mir klar, was er wollte, und ich hängte schleunigst ein. Ich wußte bereits, daß in der vorigen Nacht das Überfallkommando auf Hilferufe wegen Heimsuchungen der SS und SA nicht ausgerückt war. Den nationalsozialistischen Sturmtruppen war also die Nacht der langen Messer, die Hitler schon im August 1932 von Hindenburg verlangt hatte, jetzt zugestanden worden. Die Polizei ging gegen nationalsozialistische Ausschreitungen nicht vor. Es sprach nicht für das Ehrgefühl der Polizeioffiziere, daß in der vergangenen Nacht sich kein einziger gefunden hatte, um seinen noch recht-

mäßigen Vorgesetzten und Minister Dr. Stützel vor Mißhandlungen zu schützen. Aber auch im November 1918
war ja niemand an den Stufen des bayerischen Thrones für
seinen König gestorben.

Ich suchte nun das Fremdenheim auf und fand Frau und
Kinder noch wach, aber schon in den Betten vor. Ich erzählte einige Neuigkeiten, von dem Überfall auf unsere
Wohnung aber sagte ich nichts. Meine Frau hatte genug
Sorgen und Ängste in diesen Tagen, ich wollte ihr das Herz
nicht noch schwerer machen. Während die Meinen friedlich
einschlummerten, lag ich wach und hing meinen trüben Gedanken nach. Zuletzt war mir zumute wie dem Schreiner-
meister in Hebbels »Maria Magdalena«, der die Welt nicht
mehr versteht. Schon vor Tag stand ich wieder auf.

Als die Kinder zur Schule fort waren, schlug ich meiner
Frau vor, in unsere Wohnung hinüberzuschauen. Unterwegs
klärte ich sie über das Vorgefallene auf. Sie benahm sich
bewundernswert und fürchtete nur für meine Sicherheit.
Dann sahen wir uns die Bescherung an. Unsere Wohnungstür war mit Gewehrkolben eingeschlagen, eben machte der
Hausmeister ein Vorhängeschloß fest. In den Zimmern sah
es schauerlich aus. Betten und Decken waren auf dem Boden
zerstreut, Bücher, Akten und Wäsche aus allen Fächern gerissen. In einer Kammer waren aufgestapelte Polster und
Federkissen mit Messern oder Bajonetten aufgeschlitzt. Wir
stellten, so gut es ging, den Schaden fest. Alle Ledersachen
wie Koffer und Mappen waren weg. Selbstverständlich
fand sich auch von »politischen« Gegenständen wie schwarz-
rot-goldenen Fahnen, Reichsbannermütze, Mitgliedskarten
aller möglichen Vereine usw. keine Spur mehr vor. Gestoh-
len waren alle Schmucksachen und eine Sammlung von Sil-
bermünzen. Sogar unserem Dienstmädchen hatten die Kerle
das Bargeld entwendet und die leere Börse auf ein Tischchen gelegt. Meine sämtlichen Familienurkunden, Schul-
zeugnisse, wissenschaftlichen Arbeiten, Landtagsakten und

Briefe waren verschwunden. Unser Radio war ebenfalls nicht mehr da. Meiner Tochter fehlte das Reißzeug für die Schule, meinem Jungen die Mundharmonika. Meiner Frau hatten sie nagelneue Taschentücher, das Verbandszeug für ihre offenen Füße und den Uhrwecker fortgenommen, mir die Pistole, die im Nachtkästchen lag. Ich schrieb alles auf und reichte später eine ordnungsgemäße Anzeige bei der Staatsanwaltschaft ein. Der arme Kollege, der die Sache zur Behandlung erhielt, muß Blut geschwitzt haben. Er legte das Schriftstück nach der alten Beamtenerfahrung, daß sich mit der Zeit alle Akten von selbst erledigen, beiseite und konnte mir dann nach einigen Monaten mitteilen, daß das Verfahren gegen die Täter auf Grund einer Amnestie eingestellt sei.

Der Hausmeister teilte uns Einzelheiten über die Heimsuchung mit: Bei Einbruch der Dunkelheit war ein halb Dutzend SS-Leute gegen das Haus angestürmt und die Treppe hinaufgerast. Im Augenblick war an unserer Wohnung die Türfüllung herausgeschlagen, die Tür aufgesprengt. Da sahen sie innen vor die Tür einen großen Wandschrank geschoben, stutzten und drückten sich an die Wand. Sie fürchteten, ich stünde hinter dem Schrank und könnte sie mit Schüssen empfangen. Darauf schrien sie wild meinen Namen und »Heraus«! Als sich nichts rührte, hielten sie Kriegsrat, stellten Wachen aus und eilten um Verstärkung fort.

Inzwischen kam ein vermeintlicher Kriminalkommissär vor die Wohnungstür. Wenigstens wurde er von meinem Nachbarn, einem pensionierten Amtsgerichtsrat aus dem Fichtelgebirge, als solcher begrüßt. Dieser Herr, ein deutschnationaler Parteigänger, den ich persönlich gar nicht kannte, stand während der ganzen Zeit mit Frau und Tochter freudestrahlend im Treppenhaus und tauschte mit dem Hausmeister und dessen halberwachsenen Söhnen politische Bemerkungen aus. Der Wachtposten, der schlotternd dastand und sich an seinen Karabiner zu klammern schien, fragte den »Polizeikommissar«, wen er hier suche. »Denselben wie Sie!« antwortete der Gefragte kurz. Der Amtsgerichtsrat wollte den »Kommissär« in ein Gespräch verwickeln und meinte, ich hätte doch eigentlich zu Hause bleiben und den SS-Leuten über meine politischen Ansichten und Taten offen Rede und Antwort stehen müssen. Der gute Mann stellte sich offenbar einen nationalsozialistischen Überfall so ähnlich wie eine Gerichtsverhandlung vor und hatte mir die Rolle des Angeklagten zugedacht. Aber der »Kommissär« hatte nur gebrummt, die Sache sei in Ordnung, und war mit einem kurzen Gruß wieder die Treppe hinuntergegangen. Später erfuhr ich, daß dieser vermeintliche Kriminalkommissar mein Reichstagskollege Hans Unterleitner gewesen war. Er hatte mich den ganzen Tag vergeblich gesucht und war gerade zur Zeit des Überfalls vor meine Wohnung gekommen.

Kurz nach seinem Weggang erschienen an die 40 SS-Leute, umstellten das ganze Haus, verboten den Bewohnern unter Drohungen mit dem Schießeisen, die Fenster zu öffnen, forderten allen, die das Haus betraten und verließen, einen Ausweis ab und drangen in meine Wohnung ein. Stundenlang wurde jedes Zimmer durchsucht, Bücher und Akten auf dem mitgebrachten kleinen Lastwagen verstaut. Der Hausmeister hatte sie mit Mühe abgehalten, die Schranktüren mit den Gewehrkolben einzuschlagen. Zum Glück hatten überall die Schlüssel gesteckt. Die Burschen zündeten alle Lichter an und ließen sogar den Staubsauger laufen, damit ich, wie sie sagten, eine recht hohe Lichtrechnung bekäme. Wegen der Verteilung der Wertsachen war unter ihnen ein richtiger Streit entbrannt. Über drei Stunden hausten sie in der Wohnung, schlugen mörderisch auf unser Klavier ein und machten sich zuletzt in der Küche, da sie nirgends Alkohol fanden, aus vielen Zitronen in Einmachgläsern Limonade zurecht. Nach ihren Gesprächen hätten sie meiner Frau und den Kindern nichts zuleide getan, mich aber, wenn ich ihnen in die Hände gefallen wäre, »in Fetzen gerissen«.

Ich dachte nicht daran, ihnen diese Freude zu machen. Aber auch für meine Angehörigen schien es mir besser, wenn man sie eine Zeitlang nicht in der Wohnung sah. Nach kurzer Überlegung beschlossen wir, meine Frau solle sich mit den Kindern unverzüglich zu einer Jugendfreundin, einer Lehrerin, auf das Land begeben. Sie nahm die nötigste Wäsche mit und machte sich auf, die Kinder von den Schulen abzumelden. Ich wollte mich mit meinen Freunden in Verbindung setzen und so bald wie möglich von mir hören lassen. Auf der Straße verabschiedeten wir uns.

Tags vorher hatte ich von einer Besprechung der Gewerkschaftsfunktionäre gehört, die für diesen Vormittag in eine kleine Wirtschaft im Stadtinnern einberufen war. Ich ging hin, fand aber Auer und Unterleitner, die ich suchte, nicht vor. Auer sollte gerade in seiner Wohnung sein. Ich traf ihn dort auch an, wie er sich von seinem Friseur eben seinen schönen Spitzbart abnehmen ließ. Unwillkürlich mußte ich lachen, er sah jetzt wie ein niederbayerischer Gastwirt aus. Seine Angehörigen hatten ihn überredet, für einige Zeit außer Landes zu gehen. Er wollte nach Salzburg, wo sich ein Teil der Mitglieder des Berliner Parteivorstandes befand. Ich schloß mich nach kurzem Besinnen an. Ein Kraftwagen war bereits bestellt, wir fuhren unverzüglich los. In Giesing wollten wir noch unseren Freund Unterleitner mitnehmen. Zu unserem Leidwesen war er nicht zu Hause, und seine Frau wußte auch seinen augenblicklichen Aufenthalt nicht. So hinterließen wir, er möge unverzüglich nachkommen, Wege und Stege waren ihm bekannt.

In Aibling, einem guten Stützpunkt unserer Partei, aßen wir zu Mittag. Aber niemand erkannte uns, die bartlose Tracht Auers tat offenbar ihre Schuldigkeit. Am Grenzfluß stiegen wir aus und schickten den Kraftwagenführer auf Umwegen in das gegenüberliegende österreichische Dorf. Auers Reisepaß war bei der Heimsuchung in die Hände der Nationalsozialisten gefallen. Er mußte sich daher auf der bayerischen Seite für alle Fälle einen Grenzschein besorgen. Der Dorfbürgermeister war uns bekannt, ein zuverlässiges Mitglied der Bayerischen Volkspartei. Er stellte uns nicht nur den Ausweis aus, sondern begleitete uns auch. An einer einsamen Stelle in den Auen setzten wir über den Grenzfluß auf österreichisches Gebiet. Wir waren kaum einige Schritte gelaufen, da trat uns ein österreichischer Grenzer in den Weg. Ich zückte schon meinen Reisepaß, der Bürgermeister aber sprach den Beamten mit seinem Namen an und sagte, daß wir nur in das benachbarte Dorf zu einem Schoppen Wein gehen wollten. Da strahlte der Österreicher und verzichtete auf weitere Förmlichkeiten.

In Salzburg quartierten wir uns in einem Hotel ein und suchten unseren gemeinsamen Freund Witternigg auf. Wir trafen bei ihm noch Crispien, Dittmann und Scheidemann an. Grzesinski war bereits weiter nach Westen gereist. Im Kaffeehaus stießen wir auf bayerische Genossen, die sich schon am Tage nach der Wahl in Sicherheit gebracht hatten. Da waren ein Münchener Stadtrat mit seiner sehr jungen Frau, ein Rechtsanwalt, der häufig an Auers Stammtisch gesessen war und deshalb die Rache der Nationalsozialisten fürchtete, obwohl er sofort die Partei verlassen hatte, einige »Schlachtenbummler«, die sich die Entwicklung der Dinge in Bayern von dem ungefährlichen Salzburg aus ansehen wollten. Übrigens gärte und brodelte es in diesen Tagen auch in Österreich. Das Parlament war durch einen unwürdigen Kniff der Regierung Dollfuß ausgeschaltet worden, und der sozialdemokratische »Schutzbund« stand in höchster Bereitschaft. Unsere österreichischen Freunde waren Feuer und Flamme für ein Losschlagen gegen die Verfassungsbrecher und schwelgten schon im voraus in Siegeszuversicht. Auer und ich gingen am Sonntag auf dem Mönchsberg spazieren. Unterleitner war nicht nachgekommen. Wir hielten es nicht aus, untätig in Salzburg zu sitzen, Zeitungen zu lesen und Kaffeehausgespräche zu führen, während Deutschland in Flammen stand. So kehrten wir am Montag früh mit dem ersten Schnellzug nach München zurück.

Am Münchner Hauptbahnhof standen einige Kriminalbeamte und lächelten uns zu. Sie hatten Auer an seiner ungeschlachten Gestalt erkannt, die er nicht umbauen konnte und die uns in der Folgezeit noch öfter verriet. Noch am gleichen Tage besuchte ich meine Frau auf dem Dorf. Sie war in einem ländlichen Gasthaus glänzend untergebracht. Der Wirt, ein kerniger Altbayer, hatte sich, als er unser Schicksal erfuhr, zu ihrem persönlichen Schutz zur Verfügung gestellt.

»Die Nazis sollen nur kommen«, sagte er ingrimmig und krempelte seine Hemdärmel auf, »ich und meine drei Buben heizen ihnen ein, daß sie die Feuerwehr anrufen müssen«.

Trotzdem wollte ich es lieber auf eine Kraftprobe mit den Nationalsozialisten nicht ankommen lassen, sondern holte Ende der Woche meine Angehörigen in unsere Münchener Wohnung zurück. Als aber die Kinder wieder zur Schule kamen, gab es Schwierigkeiten. Vor meine Tochter, die das Mädchengymnasium besuchte, stellte sich eine kaum vierzehnjährige Mitschülerin, Kind eines hohen Polizeioffiziers, und sagte frech: »Für deinen Vater ist es gar nicht schade, wenn er totgeschlagen wird.« Meine Tochter soll erwidert haben: »Die Welt ist rund und dreht sich, was heute unten ist, kann morgen wieder oben sein.«

Ich wollte die Sache auf sich beruhen lassen, aber meine Frau war außer sich und beschwerte sich beim Rektor der Anstalt. Der war deutschnational eingestellt, aber ein anständiger Mann. Er ging in die Mädchenklasse, brachte den

Vorfall zur Sprache und erklärte, er kenne mich als ehrenwerten Mann und Politiker, ich hätte für das Vaterland bestimmt auch nur das Beste gewollt. Damit war unter den jungen Mädchen die Ruhe wieder hergestellt.

Stärker wurde mein Sohn, damals Schüler der ersten Volksschulklasse, von dem neuen Geist beeinflußt, der mit der Hitlerverehrung in die Schulen eingezogen war. Er kam eines Tages nach Hause und erzählte, Hitler sei ein tapferer Mann. Meine Frau belehrte das Kind, daß ihr Bruder und mein Bruder, die, kaum zwanzig und siebzehn Jahre alt, im Weltkrieg gefallen waren, auch tapfer gewesen seien. Der Junge wurde nachdenklich, und nach einigen Tagen erklärte er beim Mittagessen, er habe sich jetzt die Sache überlegt und bleibe doch ein »Dreipfeiler«. Das hat er auch gehalten.

In dieser Zeit schlief ich nicht mehr zu Hause, sondern unter anderem Namen in verschiedenen Hotels in der Nähe des Hauptbahnhofs. Meine politischen Freunde machten es ebenso. Zuweilen traf man sich dann unerwartet beim Frühstückskaffee und lächelte sich verständnisinnig zu. Untertags war ich daheim, soweit ich nicht durch Sitzungen in Anspruch genommen wurde, die Auer unbekümmert wieder in seiner Wohnung hielt. In der meinigen, in der mich früher stets zahlreiche Bittsteller aufgesucht hatten, zeigte sich lange kein Mensch. Der erste, der nach 14 Tagen wieder auftauchte, war ein alter Sektionsführer der Partei, ein Verfolgter unter Bismarcks Sozialistengesetz.

Noch war es keinen Monat her, daß mir in den Versammlungen Tausende zugejubelt und geschworen hatten, für die Freiheit zu sterben. Jetzt fürchtete jeder für seine Haut. Die Berührung mit der Volksmasse, der seelische Rückhalt unserer Tätigkeit im öffentlichen Leben, hörte zu wirken auf. Die Pyramide der Organisation, deren Spitze wir bildeten, zerfloß unter uns wie Brei. Wir hingen auf einmal in der Luft und zappelten verzweifelt mit Armen und Beinen, um den Sturz in den Abgrund zu mildern. Lange wollten wir nicht glauben, daß er tödlich war. Wie die Geister der Erschlagenen in der Schlacht auf den Kata- launischen Feldern, erhoben wir uns noch lange jeden Tag zu neuem Streit, ließen die verrosteten Waffen klirren, schrien mit dünner werdenden Stimmen das alte Feldge- schrei, machten mechanisch die eingelernten taktischen Schwenkungen und rannten noch eine Weile gegen die eisenstarrenden feindlichen Reihen an. Allmählich wurden wir immer weniger, und eines Tages erfuhren wir, daß man uns längst totgesagt hatte und nur noch für lächerliche Gespenster hielt.

4. Strick und Galgen:
Das Ermächtigungsgesetz

Während Hitler und Göring drohten, die Marxisten bis in ihre letzten Schlupfwinkel zu verfolgen, ihnen die Faust in den Nacken zu setzen, bis sie vernichtet seien, lebten wir sozialdemokratischen Abgeordneten im Vertrauen auf die Verfassung unser gewohntes parlamentarisches Leben weiter. Der Reichstag war auf den 21. März 1933 einberufen worden. Zu der auf den Tag vorher anberaumten Fraktionssitzung wollten wir Südbayern schon am Sonntag mittag nach Berlin fahren. An der Bahnsperre in München aber hielt uns ein Reichstagskollege auf, der wegen der Verfolgungen durch die Nazis kürzlich von Schwaben in die Nähe Münchens übersiedelt war. Er berichtete, daß der Fernschnellzug voll Nazis stecke, und meinte, wir sollten uns keinen Unannehmlichkeiten aussetzen. Aus der Presse wußten wir, daß in verschiedenen Teilen des Reiches sozialdemokratische Abgeordnete in Schutzhaft genommen worden waren. So entschlossen wir uns rasch, den Umweg über Stuttgart und Frankfurt zu wählen, der allerdings wieder mit einer Übernachtung auf den Polstern des Abteils verbunden war.

Die Fraktionssitzung fand im Reichstagsgebäude statt. Wir sahen uns zum erstenmal die sorgfältig eingehegten Stellen des Reichstagsbrandes an und wunderten uns über die verhältnismäßig geringfügigen Beschädigungen. Während wir uns unterhielten, trat ein als Nationalsozialist bekannter Reichstagsdiener zu uns heran und fragte uns frech, wie uns die neue politische Lage gefalle. Wir ließen ihn stehen. Unser Fraktionszimmer war unversehrt. Gegen etwa eingebaute Mikrophone hatte der Fraktionssekretär die Luftschächte mit schalldichten Wolldecken verstopft.

Die Fraktion war nicht vollzählig. Die badischen Abgeordneten Dr. Marum und Stefan Meier, ferner Frau Agnes aus Düsseldorf, Fleissner-Dresden, Seger-Dessau, Soldmann-Franken, Finke und Kuhnert waren in Schutzhaft, obwohl einige, wie Seger, als Mitglieder des Überwachungsausschusses verfassungsrechtlich durch die Immunität geschützt waren. Anträge auf ihre Freilassung zu den Reichstagsverhandlungen waren bereits eingereicht. Nicht erschienen war auch der frühere Reichsinnenminister Sollmann, den die Nationalsozialisten in seiner Wohnung in Köln überfallen und schauerlich mißhandelt hatten. Er lag wohl in einem Krankenhaus.

Wir erfuhren, daß der Reichstagspräsident Göring den 81 kommunistischen Abgeordneten unter Bruch der Verfassung keine Freifahrtkarten ausgestellt hatte. Jeder Abgeordnete der Kommunistischen Partei, dessen man habhaft werden konnte, wurde verhaftet. Aus diesem Grunde konnte kein einziger von ihnen im Reichstag erscheinen. Die Reichsregierung hatte ursprünglich beabsichtigt, die Kommunistische Partei noch vor den Wahlen vom 5. März 1933 zu verbieten und kommunistische Kandidatenlisten für ungültig zu erklären. Aber da sie annahm, daß dann ein großer Teil der kommunistischen Wähler ihre Stimme den sozialdemokratischen Kandidaten geben würde, war sie davon wieder abgekommen. Dafür schaltete sie jetzt die Kommunisten unter Verfassungsbruch aus. Ein Vorschlag unseres Fraktionsvorstandes, im Reichstag auf diese Angelegenheit einzugehen, wurde von der großen Mehrheit der Fraktion abgelehnt. Man wollte keinen Anlaß geben, die von Göring wider besseres Wissen behauptete Verbindung zwischen Kommunisten und Sozialdemokraten beim Reichstagsbrand nachträglich doch als möglich erscheinen zu lassen. Das war bei Gott nicht mutig und folgerichtig, aber viele von uns machten die unsinnige Politik der Kommunisten für alles Unheil verantwortlich. Die allgemeine Unsicherheit und Aufregung aber begünstigte rein gefühlsmäßige Entscheidungen. So hätten wir Sozialdemokraten wohl viel richtiger gehandelt, den Verhandlungen eines Reichstags, der unter dem Eindruck des Reichstagsbrandverbrechens gewählt war, fernzubleiben und die begangenen Verbrechen und Verfassungsverletzungen öffentlich an den Pranger zu stellen. Damals aber wäre ein solcher Vorschlag als Feigheit ausgelegt worden. Jeder von uns fürchtete sich, für furchtsam gehalten zu werden.

Für die Teilnahme der Sozialdemokratie an den Staatsfeierlichkeiten von Potsdam wurde keine Stimme laut. Keiner von uns war so tief gesunken, daß er die Siegesfeier der Nationalsozialisten als geschlagener Gegner freiwillig mitgemacht hätte. Die Zentrumspartei, die das Gegenteil tat und sich damals in Erklärungen ihrer nationalen Zuverlässigkeit überschlug, hat schlußendlich von ihrer Politik der Unterwürfigkeit auch keine guten Früchte geerntet. Es ist immer einer der verhängnisvollsten Fehler gewesen, sich die Gunst eines machiavellistischen Gegners erschmeicheln zu wollen oder sich auf irgendeine seiner Erklärungen und Beteuerungen zu verlassen. Er wird immer ohne jede Rücksicht auf das Verhalten des andern oder auf heilige Schwüre die günstige Gelegenheit seines Vorteils ergreifen und um Vorwände und Rechtfertigungen seiner Handlungsweise nie verlegen sein. Durch Verträge kann man nur einen binden, der gewillt ist, vertragstreu zu sein. Vom Machiavellisten muß man nicht Versprechungen, sondern Pfänder verlangen.

In den Vormittagsstunden des 21. März 1933 ging ich mit Hans Unterleitner und einigen anderen bayerischen Freunden durch die Arbeiterviertel im Norden Berlins. Hier waren einst die kommunistischen Hochburgen gewesen. Jetzt sahen wir alle Häuser mit Hakenkreuzfahnen beflaggt. Wir hörten auf der Straße Arbeiterfrauen, die sich laut und anerkennend über den »Führer« unterhielten. Da sahen wir uns verwundert an. So unaufhaltsam hatten wir uns den Abmarsch der Masse zu Hitler doch nicht vorgestellt. Hitler hatte in seinem Buch »Mein Kampf« die Masse als nicht denkfähig, träg und unbegnadet bezeichnet. Wir Sozialdemokraten hatten uns jahrzehntelang bemüht, die einfachen Arbeiter zum Bewußtsein ihrer Klassenlage zu bringen, sie wirtschaftlich und politisch zu schulen, sie zu verantwortlichen Staatsbürgern zu machen und sie in die Lage zu versetzen, über die öffentlichen Angelegenheiten und ihr eigenes Schicksal nach Einsicht und Verstand zu bestimmen. Jetzt liefen sie den Leuten zu, die sie verachteten und beschimpften, die sie mit Brot und Spielen abspeisen und durch Männer überlegener Rasse beherrschen lassen wollten. Die gleiche Erscheinung hatte sich bei den Frauen gezeigt. Die Nationalsozialisten verwiesen sie an den häuslichen Herd, sprachen ihnen alle politischen Fähigkeiten ab, wählten grundsätzlich kein weibliches Wesen in ein Parlament. Gerade ihnen aber flogen die Herzen der Frauen zu. In unserer politischen Rechnung mußte also ein Fehler sein. Wir wußten oder glaubten damals nicht, daß die Masse als Ganzes mehr weibische als männliche Charakterzüge aufweist. Wie die Frau, ist sie mehr gefühls- als verstandesmäßig bestimmt. Sie lechzt nach Seelentränken, erquickt sich an schmetternden Trompeten, fliegenden Fahnen, rauschenden Festen und Reden, an dem dunklen Gestammel der Orakel und den feurigen Verheißungen tobender wilder Propheten. Das hebt sie über den Alltag hinaus, macht sie ihre Nichtigkeit und ihr Elend vergessen. Die Jesuiten der Gegenreformation hatten diese Seite der menschlichen Seele erkannt. Wir aufgeklärten Rationalisten des Zwanzigsten Jahrhunderts besaßen zu wenig Phantasie, wir wollten überzeugen, mit Gründen belegen, wir hielten die Menschen am Boden, am Alltag, an den nie aufgehenden Haushaltsrechnungen fest, statt ihre Herzen zum Himmel, in blaue, unergründliche Fernen und sanft verhüllende Wolken zu führen. Damals hielten wir alles für einen bösen Traum und glaubten, das deutsche Volk würde daraus in Kürze erwachen. Aber politische Träume können auf ein Volk wie Rauschgifte wirken. Es will nicht mehr davon lassen, es ekelt sich vor der schalen, nüchternen Wirklichkeit.

Der nächste Tag belehrte uns darüber, daß unsere Lage im neuen Reichstag nicht beneidenswert war. Schon bei der Besetzung der Ausschüsse ereignete sich ein Zwischenfall. Uns Sozialdemokraten stand der Vorsitz im Ausschuß für die Geschäftsordnung zu. Als wir nun für dieses Amt in der konstituierenden Ausschußsitzung den früheren Reichstagspräsidenten Löbe vorschlugen, lehnte der nationalsozialistische Rechtsanwalt Frank II für seine Fraktion unseren Vorschlag wegen der angeblichen Äußerung Löbes über Hitler im Lippeschen Wahlkampf mit schneidender Schärfe ab. Seine Parteifreunde benützten die Gelegenheit zu einem Entrüstungssturm. Um des lieben Friedens willen verzichteten wir auf Löbe, und unser Fraktionssekretär nannte meinen Namen. Frank II besann sich einen Augenblick und ließ dann ein »Na!« hören. Das sollte wohl Billigung bedeuten, wenigstens wurde Widerspruch nicht mehr laut. So wurde ich zum letzten sozialdemokratischen Vorsitzenden eines Reichstagsausschusses gewählt. Die Dornen dieser Würde verspürte ich bald.

In der ersten Sitzung des Ausschusses, die ich leitete, wurde ein nationalsozialistischer Antrag auf Abänderung der Geschäftsordnung behandelt. In der Aussprache trug ich unter Berufung auf den Kommentar des Staatsrechtslehrers Anschütz einige verfassungsrechtliche Bedenken gegen den Antrag vor. Das brachte den anscheinend allmächtigen Nationalsozialisten Frank II gegen mich auf. Er gab eine geharnischte Erklärung ab, daß mit den liberalistischen

Professoren jetzt Schluß gemacht werde und künftighin in Deutschland nur noch Recht sei, was die Nationalsozialisten als Recht bestimmten. Gewisse Leute möchten sich das in ihrem eigenen Interesse merken. Die letzten Worte waren offenbar auf meine Stellung als Beamter gemünzt. Ich erwiderte, wenn die Dinge so lagen, hätte es für uns überhaupt keinen Wert mehr, in diesem Hause das Wort zu ergreifen. So kläglich scheiterte der erste Versuch, dem politischen Willen der siegestrunkenen Nationalsozialisten Recht und Verfassung entgegenzusetzen.

Unmittelbar vor der Reichstagssitzung vom 23. März wurde uns in der Fraktion von einer wichtigen Meldung Mitteilung gemacht. Befreundete Zentrumspolitiker ließen uns warnen, an den Reichstagsverhandlungen teilzunehmen. Von den Nationalsozialisten sei ein blutiges Gemetzel unter uns geplant, wir hätten Glück, wenn die Hälfte unserer Leute mit dem Leben davonkäme. Nach Auffassung der Fraktionsleitung handelte es sich um mehr als um ein bloßes Gerücht. In der Tat hatte Hitler in einer Besprechung mit dem früheren Reichskanzler Brüning auf dessen Frage es ausdrücklich abgelehnt, den sozialdemokratischen Reichstagsabgeordneten die verfassungsrechtlichen Garantien des Rechtsstaates zuzubilligen. Wir waren also von ihm für vogelfrei erklärt.

Die Zeit drängte. Wir mußten uns sofort darüber schlüssig werden, ob wir unter solchen Umständen an der Reichstagssitzung in der Krolloper teilnehmen sollten. Der Reichsbannerführer Höltermann schlug vor, nicht in die aufgestellte Falle zu gehen. Ein anderer, Ritzel-Hessen, schloß sich dieser Meinung an. Aber sie wurden leidenschaftlich niedergeschrien. Wir andern lehnten es mit aller Schärfe ab, uns aus Angst vor dem Tode zu entmannen. Die deutschen Arbeiter hatten uns zur Vertretung ihrer Wünsche und Beschwerden in den Reichstag gewählt. Wir hatten kein Recht, uns ihrem Auftrag zu entziehen. Gleichviel was kam, wir hatten unsere Pflicht zu erfüllen. Das war vor allem auch die Meinung der Frauen in der Fraktion. Ihre Haltung war sicherlich nicht durch die Hoffnung bestimmt, daß sich die Nationalsozialisten an Frauen nicht vergreifen würden. Ritterlichkeit gegenüber dem weiblichen Geschlecht war den Spießgesellen Röhms unbekannt. Unsere weiblichen Abgeordneten wollten vielmehr um keinen Preis der Welt, daß die deutsche Sozialdemokratie in dieser Lage den Anschein der Feigheit erwecke. Rasend vor Wut, glichen sie den Frauen der Kimbern und Teutonen, die den fliehenden Gatten und Söhnen mit der Axt in der Hand entgegengetreten waren und sie in die Schlacht zurückgejagt hatten. Als feige Drückebergerei hatten sie nämlich Höltermanns rein militärisch gemeinten Rat aufgefaßt. Es kam zu peinlichen Szenen. Unsere hochverehrte Genossin Bohm-Schuch, die sich durch sozialpolitisches Wissen und die Wärme ihres Gemütes vor allen anderen auszeichnete, eine einfache Proletarierfrau, war nicht wiederzuerkennen. Mit funkelnden Augen und erhobenen Fäusten trat sie vor Höltermann und schrie ihm ins Gesicht: »Wenn die deutschen Arbeiterfrauen wüßten, was Sie uns hier vorgeschlagen haben, so würden sie ausspucken vor Ihnen.« Man mußte sie wegführen, sie weinte vor zorniger Scham. Die Fraktion beschloß, in die Reichstagssitzung zu gehen und Fraktionszwang für diesen Beschluß festzusetzen.

Als wir uns darauf in kleinen Gruppen zur Krolloper begaben, fanden wir den weiten Platz davor, die Moltkestraße und Zeltenallee mit schwarzen Menschenhaufen bedeckt. Wilde Sprechchöre empfingen und begleiteten uns: »Wir wollen das Ermächtigungsgesetz, sonst gibt es Feuer!«

Junge Burschen, Hakenkreuzabzeichen an der Brust, musterten uns frech, versperrten uns schier den Weg und riefen uns Schimpfworte wie »Zentrumsschwein!« oder »Marxistensau!« zu. Es war ein richtiges Spießrutenlaufen. Im Gedränge sah ich dann den deutschnationalen Landgerichtsdirektor und Reichstagskollegen Dr. Hahnemann vor mir. Ich sagte laut, daß er es hören mußte: »Die nationale Regierung hätte auch für freien Zutritt der Volksvertreter zur Reichstagssitzung sorgen können.« Er wurde rot, antwortete aber nicht, die Sache war ihm sichtlich unangenehm.

In der Krolloper wimmelte es von SA und SS. Wir erfuhren in der Garderobe, daß Severing beim Eintritt in das Gebäude verhaftet worden war. Im Laufe der Sitzung wurde er denn allerdings wieder freigelassen. Der Sitzungssaal war mit riesigen Hakenkreuzfahnen und ähnlichem Zierat ausgeschmückt. Diplomatenlogen und Zuhörerränge waren überfüllt. Unsere Plätze befanden sich, da kommunistische Abgeordnete nicht anwesend waren, auf der äußersten Linken. Als wir sie eingenommen hatten, stellten sich SA- und SS-Leute an den Eingängen und Wänden hinter uns im Halbkreis auf. Ihre Mienen ließen nichts Gutes erwarten.

Nach Beginn der Sitzung wurde zunächst unser Antrag auf Freilassung der in Schutzhaft genommenen Fraktionskollegen behandelt. Alter Übung gemäß pflegte der Reichstag solchen Anträgen ohne weiteres stattzugeben. Verhaftete Nationalsozialisten und Kommunisten waren auf diese Weise all die Jahre her freigekommen. Unser Antrag wurde von dem früheren Zentrumsminister Dr. Bell begründet. Er tat bei aller Zurückhaltung sein möglichstes, seine Fraktion aber hatte ihn angewiesen, nur die Freilassung der aus polizeilichen Gründen, nicht der wegen angeblicher krimineller Vergehen verhafteten Abgeordneten zu verlangen. Bisher waren solche Unterschiede nicht gemacht worden. Wir wußten, daß keines unserer Mitglieder ein Verbrechen begangen hatte. Aber es war unmöglich gewesen, festzustellen, aus welchen Gründen der einzelne Kollege verhaftet worden war. Übrigens gehörte es zu den gewöhnlichen Kampfmitteln der Nationalsozialisten, ihre politischen Gegner einer entehrenden Handlung, einer Schiebung oder sonstigen Gaunerei zu verdächtigen. So wurde wenige Wochen nach dieser Reichstagssitzung gegen den langjährigen Vizepräsidenten des Reichstags, den Zentrumsabgeordneten Thomas Esser, der Vorwurf der Korruption erhoben und ein Strafverfahren gegen ihn durchgeführt, das mit seiner Verurteilung ausging. Aber am 23. März 1933 enthielt sich die Zentrumspartei bei der Abstimmung über unseren Antrag der Stimme, weil wir nicht in der Lage waren, unsere politischen Gefangenen in Schafe und Böcke zu sondern.

Von den Nationalsozialisten wurde unser Antrag natürlich niedergestimmt. Besonders aufreizend benahm sich ihr Abgeordneter Stöhr, der schon einmal Vizepräsident des Reichstags gewesen war. Er höhnte, es wäre unzweckmäßig, die verhafteten Herren des Schutzes zu berauben, der ihnen durch Verhängung der Haft zuteil geworden sei.

Nach Erledigung dieses Punktes der Tagesordnung las der neue Reichskanzler Adolf Hitler seine Regierungserklärung vor dem Parlament, das er früher unzähligemal als Schwatzbude geschmäht hatte, mit überraschend ruhiger Stimme vor. Nur an wenigen Stellen steigerte er sie zu fanatischer Wildheit: Als er die öffentliche Hinrichtung des Reichstagsbrandstifters van der Lubbe verlangte und als er am Schluß seiner Rede dunkle Drohungen gegen den Reichstag ausstieß, wenn er ihm das geforderte Ermächtigungsgesetz nicht bewillige. So war in der kaiserlichen Zeit zu den Vertretern des deutschen Volkes nie gesprochen worden. Aber niemand hegte den leisesten Zweifel, daß die kaum verhüllten Drohungen dieses Mannes blutig ernst gemeint waren. Ich hatte ihn lange Zeit nicht gesehen. Er war nach Gestalt und Aussehen, Tonfall und Bewegungen fehl an einem Platze, der geistige Überlegenheit und Würde zu fordern schien. In nichts glich er dem Heldenideal der herrschenden Klasse in der kaiserlichen Zeit. Man erblickte keinen hochgewachsenen Recken, sondern einen schmächtigen Mann in eher nachlässiger Haltung, und statt der blonden Locke hing eine wilde schwarze Strähne in das Gesicht. Die Stimme nahm nicht durch Wohllaut ein, wie er Backfische entzückt, sie quoll dumpf, in gurgelnden Lauten aus der Kehle hervor, sie hallte nicht mit feierlichem Klang, sondern schien zuweilen Ausdruck einer echt österreichischen Wurstigkeit zu sein. Nur wenn sie leidenschaftlich drohend wurde, konnte man vor der wilden Entschlossenheit erschrecken, die dieser von dunklen Mächten und Trieben geschüttelte Mann in sich barg.

Nach der Regierungserklärung wurde eine Pause eingelegt. Aber es gab nichts mehr zu überlegen, die Fraktionen hatten sich bereits entschieden. Ein vormals bedeutender Zentrumsführer kam zu uns her und äußerte verbittert, für seine Fraktion habe es sich nur noch darum gehandelt, ob sie Hitler auch noch den Strick liefern wolle, an dem sie hernach todsicher gehenkt würde. Die Mehrheit der Zentrumsfraktion hatte beschlossen, Strick und Galgen in Hitlers Hände zu geben. Gegen Dr. Brüning und Dr. Wirth, die gegen die Erteilung der Ermächtigung waren, hatte sich der Prälat Dr. Kaas mit großer Mehrheit durchgesetzt. Diese fürchtete, wenn Hitler das Gesetz nicht erhielte, käme es zur nationalsozialistischen Revolution und blutigen Anarchie. Offenbar glaubte sie nicht mehr, daß der alte Reichspräsident noch imstande sei, eine solche Revolution zu verhindern.

Unsere Antwort auf die Regierungserklärung erteilte der Vorsitzende des sozialdemokratischen Parteivorstandes, Otto Wels. Seine Rede war nach Form und Inhalt ein Meisterwerk, ein letzter Gruß an das verblichene Zeitalter der Menschlichkeit und des Menschenrechts. Die Vorwürfe und Verleumdungen der Nationalsozialisten gegenüber der Sozialdemokratie wurden in würdiger Form zurückgewiesen. Insbesondere wurde die Anklage, als habe die deutsche Sozialdemokratie in der Innen- oder Außenpolitik gegen die nationalen Interessen gehandelt, durch Tatsachen widerlegt. Otto Wels erklärte, daß er selbst der unwahren Behauptung von der Schuld Deutschlands am Weltkrieg als erster Deutscher auf der Berner Sozialistenkonferenz am 3. Februar 1919 entgegengetreten sei. Unter Hinweis auf die unseligen Folgen des Versailler Diktats von 1919 hob er hervor, daß auch in der Innenpolitik die Theorie von ewigen Siegern und Besiegten zum Unheil ausschlagen müsse. Eine wirkliche Volksgemeinschaft lasse sich nicht auf Gewalt gründen, ihre erste Voraussetzung sei gleiches Recht.

Dann legte Wels die Gründe dar, die uns veranlaßten, gegen das Ermächtigungsgesetz zu stimmen. Niemals zuvor sei die Kontrolle des Volkes und seiner gewählten Vertreter über die öffentlichen Angelegenheiten in dem Maße, wie es das Gesetz vorsehe, ausgeschaltet worden. Aber auch die Presse habe keine Bewegungsfreiheit mehr. Rechtssicherheit für alle Staatsbürger werde verweigert. Indes sei auch das Rechtsbewußtsein des Volkes eine politische Macht. Wir würden nicht aufhören, an dieses Rechtsbewußtsein zu appellieren. Zum Schluß rechtfertigte Wels die bisherige Politik der deutschen Sozialdemokratie und bekannte sich zu ihr. Unsere Leistungen für den Wiederaufbau von Staat und Wirtschaft nach dem Weltkrieg und für die Befreiung der besetzten Gebiete von fremder Militärherrschaft würden vor der Geschichte bestehen. Wir hätten gleiches Recht für alle, ein soziales Arbeitsrecht geschaffen. Wir hätten mitgeholfen, ein Deutschland zu gründen, in dem nicht nur Fürsten und Baronen, sondern auch Männern aus der Arbeiterklasse der Weg zur Staatsführung offenstehe. Dafür sei die Kanzlerschaft Hitlers ein Beweis. »Wir Sozialdemokraten stehen zu den Grundsätzen des Rechtsstaates, der Gleichberechtigung und des gleichen Rechts. Wir bekennen uns in dieser geschichtlichen Stunde feierlich zu den Grundsätzen der Menschlichkeit und Gerechtigkeit, der Freiheit und des Sozialismus. Kein Ermächtigungsgesetz hat die Macht, ewige und unzerstörbare Ideen zu vernichten.« Zuletzt richtete Otto Wels mit halberstickter Stimme unseren Gruß an die Verfolgten und Bedrängten draußen im Lande. Das waren die Männer und Frauen, die schuldlos, nur um ihres politischen Bekenntnisses willen, bereits die Gefängnisse und Konzentrationslager füllten.

Der Eindruck dieser Rede auf uns alle war furchtbar. Wir kannten die grauenhafte Wahrheit, die hinter den Andeutungen stand. Erst vor einigen Stunden hatten wir erfahren, wie die 45jährige Sozialdemokratin Maria Jankowska, Wohlfahrtspflegerin in Köpenick bei Berlin, mißhandelt worden war. Am Morgen des 21. März hatten sie SA-Leute aus ihrer Wohnung in eine nationalsozialistische Kaserne verschleppt, sie splitternackt ausgezogen, auf einen Tisch geschnallt und ihren Leib mit Lederpeitschen geschändet. Man hatte sie hernach ins Spital schaffen müssen. An diesen Fall und an zahllose seiner Art dachten die weiblichen Abgeordneten unserer Fraktion bei den Ausführungen unseres Redners, die hellen Tränen tropften über ihre Wangen, und einige schluchzten fassungslos. Müde, schleppend ging Otto Wels auf seinen Platz zurück. Er war ein Berliner Kind, und selten verließ ihn sonst in einer Lage der angeborene Mutterwitz. Sein starker Wille war bekannt, und man sagte ihm nicht ganz mit Unrecht diktatorische Anwandlungen nach. Aber heute war seine starke Stimme gepreßt, sein Wille gebrochen, sein breiter Rücken gebeugt. Und doch hatte er, der einfache Arbeiter, in dieser schweren Stunde die Würde und den Stolz der Geschlagenen gleich einem König der Vorzeit bewahrt. Aber Sieger haben selten Sinn für Ritterlichkeit. Napoleon ließ den Herzog von Enghien erschießen, und Karl von Anjou schickte den letzten Hohenstaufen aufs Schafott.

Auch Hitler verspürte keinen Hauch der Tragik, die in der Rede des Führers der Überwundenen lag. Er sprang lebhaft auf und ließ eine leidenschaftliche Erwiderung gegen uns los: Vogelfrei seien die Nationalsozialisten gewesen, solange die Sozialdemokraten die Macht in der Hand gehabt hätten. Man habe den Nationalsozialisten jahrelang die braunen Hemden heruntergerissen, weil uns die Farbe nicht paßte. Braun, Severing und Grzesinski hätten ihm jahrelang vorgeworfen, daß er doch nur ein Anstreichergeselle sei. Wer eine Internationale anbete, könne die Nationalsozialisten nicht kritisieren. Wenn die Nationalsozialisten nicht das Gefühl für Recht besäßen, dann wären wir Sozialdemokraten nicht hier. Allein die Nationalsozialisten beherrschten sich, gegen die sich zu wenden, die sie 14 Jahre lang gequält und gepeinigt hätten. »Sie sind wehleidig, meine Herren, wenn Sie schon jetzt von Verfolgungen sprechen. Den Mut, sich anders mit den Sozialdemokraten auseinanderzusetzen, hätten die Nationalsozialisten bei Gott gehabt ... Sie, meine Herren, sind nicht mehr benötigt. Ich will auch gar nicht, daß Sie für das Ermächtigungsgesetz stimmen. Deutschland soll frei werden, aber nicht durch Sie.«

Das klatschte und schnalzte wie Peitschenhiebe auf unsere Köpfe, das fiel wie fressendes Feuer auf uns herab. Wer nicht die Wahrheit kannte oder wer uns Sozialdemokraten abgrundtief haßte, dem mußte das Herz lachen ob der Züchtigung, die uns zuteil geworden war. »Der Tag der Abrechnung ist gekommen.« Mit diesen Worten hatte der greise Tiger Clemenceau in Versailles die Stunde der Rache eingeleitet, in der Deutschland das Friedensprotokoll von 1919 unterschrieb. Aus der gleichen Siegesstimmung heraus trat uns jetzt Hitler in den Staub als der Mann, der trotz aller Hindernisse, aller gesetzlichen und polizeilichen Fesseln, die man seiner Bewegung angelegt hatte, zuletzt doch noch zur Macht gekommen war.

Wie, waren die Nationalsozialisten in der demokratischen Republik 14 Jahre lang vogelfrei gewesen? Nun, die

Hitlerpartei bestand kaum zwölf Jahre, und die ersten polizeilichen Maßnahmen gegen sie wurden erst im Jahre 1923 ergriffen, und zwar nicht von uns, sondern von der Bayerischen Volkspartei. Vorher waren die Nationalsozialisten, wie der jetzige Reichsinnenminister Dr. Frick als Angeklagter im Hitlerprozeß von 1924 zugegeben hatte, von der Münchner Polizei offen begünstigt worden, weil Hitler als der einzige Mann erschien, der geeignet wäre, »die Arbeiter ins nationale Lager zu führen«. Hitler und sein Anhang hatten am 1. Mai 1923 in München Militärwaffen aus den Reichswehrkasernen herausgeholt und verteilt, um nach einem festgelegten strategischen Plan die Festzüge der Arbeiter mit leichten und schweren Waffen auseinanderzusprengen und die Festteilnehmer nach dem Berichte des damaligen Münchener Polizeipräsidenten »in den Straßen Münchens wie tolle Hunde niederzuschießen«. Der damalige bayerische Justizminister Dr. Gürtner aber hatte die aus diesem Anlaß eingeleitete Strafuntersuchung verschleppt und schließlich einstellen lassen. Das sah wahrlich nicht nach Verfolgung der Nationalsozialisten aus! Die Teilnehmer am Hitlerputsch vom 8./9. November 1923, darunter Hitler selbst, waren vor Gericht mit den Mindeststrafen für Hochverrat davongekommen, Hitler war gegen den Wortlaut des Gesetzes, also unter Rechtsbruch, nicht aus dem Deutschen Reich ausgewiesen, sondern nach wenigen Monaten Strafverbüßung auf der Festung Landsberg begnadigt worden. Die republikanischen Behörden hatten sich nach diesem Putsch allerdings etwas vorsichtiger gegenüber der Hitlerbewegung verhalten. Die Polizei war, besonders in Preußen, gegen einzelne ihrer Redner mit Redeverboten vorgegangen, man hatte Uniformverbote gegen sie erlassen, im Jahre 1932 sogar einmal auf einige Wochen die SA aufgelöst. Alles das war aber nur geschehen, weil die Nationalsozialisten unter Mißbrauch der Freiheitsrechte der Verfassung gegen die demokratische Republik, ihre Einrichtungen und führenden Männer die verlogensten und unerhörtesten Angriffe gerichtet, jahrelang zum gewaltsamen Umsturz gehetzt hatten und mit ihren bewaffneten Banden eine Landplage geworden waren. Die gesetzlichen Bestimmungen waren von Polizei und Justiz ungleich schärfer gegenüber den kommunistischen Organisationen angewandt worden. Jetzt aber, seit der Machtergreifung Hitlers am 30. Januar 1933, richtete sich der Terror der Nationalsozialisten gegen wehrlose Menschen, die den neuen Beherrschern Deutschlands wegen ihrer Rasse oder wegen ihres politischen Bekenntnisses verhaßt waren, die aber gegen keine gesetzlichen Vorschriften verstoßen hatten. Jetzt wurden unbewaffnete unschuldige Männer und Frauen von halbmilitärischen Verbänden, von Hitlers SA und SS, in Kasernen und Konzentrationslager verschleppt, verprügelt und viehisch mißhandelt, auf der Flucht erschossen und zu Tode gequält. Wann hatte je das »Reichsbanner« einen Nationalsozialisten so behandelt, einen Menschen ohne Richterspruch der Freiheit beraubt? Es gab keinen solchen Fall. Unbegreiflich, daß Hitler in seinem Haß solche Unterschiede nicht sah!

Unsere Anhänger sollten ihm zum Vorwurf gemacht haben, daß er in seiner Jugend einmal Anstreicher gewesen war? Mitglieder einer Arbeiterpartei hätten sich dadurch selbst ins Gesicht geschlagen, sich selbst verächtlich gemacht. Wenn sie auf Hitlers früheren Beruf anspielten, so geschah das doch nur deshalb, weil im Kaiserreich kein früherer Maler hätte Reichskanzler werden können, Hitler also diesen angeblichen »14 Jahren Schmach und Schande«, von denen er immer sprach, doch irgendwie zu Dank verpflichtet war. Verletzt konnte sich nur fühlen, wer den ehrsamen Beruf eines Malers für etwas Erniedrigendes, Minderwertiges hielt.

Wir Sozialdemokraten kannten die Schiefheiten und Verzerrungen in Hitlers leidenschaftlicher Darstellung und suchten ihn mit Zwischenrufen wie »Nein!«, »Irrtum!«, »Unrichtig!« und dergleichen zu berichtigen. Da kamen wir aber schön an. Unsere Wächter aus der SA und SS, die uns an der Saalwand halbkreisförmig umschlossen, mischten sich ein. Die paar Stahlhelmleute, die zwischen sie gestellt waren und die uns die ganze Zeit her hochmütig, mit unsäglicher Verachtung maßen, begnügten sich, halblaut »Ruhe!« zu rufen. Die nationalsozialistischen Bewaffneten an unserer Seite aber schimpften und murrten: »Maul halten!«, »Landesverräter!«, »Ihr werdet heute noch aufgehängt.«

Da wurden in unseren Reihen die Zwischenrufe seltener und hörten schließlich ganz auf. Die Abgeordneten auf den äußersten Sitzplätzen rückten unwillkürlich aus der gefährlichen Nähe der braunen Wächter weg, der Mitte zu. Eine beklemmende Stille entstand. Gerade in diesem Augenblick wurde ich von einem Reichstagsdiener an den Fernsprecher außerhalb des Sitzungssaales gerufen. Die Bewaffneten an der Tür gaben mir den Weg frei. Ich stürzte zum Telefon. Meine Frau rief mich aus München an, politische Polizei sei im Hause gewesen, habe mich verhaften wollen und wieder politische Bücher und Zeitschriften beschlagnahmt. Ich solle, wenn irgend möglich, zunächst nicht nach München zurückkehren. Ich sagte ihr einige beruhigende Worte, da hängte sie rasch ab.

Als ich aus der Telefonkabine heraustrat, sah ich Gang und Treppen menschenleer. Weit und breit zeigte sich keine Uniform. Nur die Garderobefrauen unten saßen schläfrig auf ihren Stühlen. Von der offenen Glastür her leuchtete und lockte der helle Tag. Blitzschnell schoß ein Gedanke durch meinen Kopf. Ich konnte in aller Gemütsruhe Hut und Mantel holen, das Haus verlassen und so durch einen glücklichen Zufall dem Schicksal entrinnen, das uns Sozialdemokraten nach der Warnung des Zentrums zugedacht war. Aber es war nicht einmal eine Versuchung, nur ein flüchtiges, sofort zerflatterndes Gedankenspiel. Mein Fuß stockte keinen Augenblick, ich ging ohne Zaudern in den Saal zurück. Wortlos ließen mich unsere Wärter wieder durch ihre Sperre. Schwieriger war es, auf meinen alten Platz zu kommen. Die Platznachbarn waren inzwischen nachgerückt, am äußersten Rande war jetzt der Sitz frei. Ich mußte aber den mir zugewiesenen Platz haben, weil sich dort meine mit dem Namensaufdruck versehenen Abstimmungskarten befanden. So drängte ich mich, nicht ohne sanfte Gewalt, zur Mitte durch. Erschrockene Augen einiger Fraktionskolleginnen sahen mich an.

Eben verlas Dr. Kaas die Zustimmungserklärung der Zentrumsfraktion zum Ermächtigungsgesetz. Ich hörte den Satz, daß gegenüber manchem tagespolitisch bedingten Urteil der Gegenwart über die Arbeit der vom Zentrum bisher unterstützten Regierungen das Urteil der Geschichte ausgeglichener sein werde. Man wagte also mit vollendeter Diplomatie nicht einmal von einem gerechteren Urteil der Geschichte zu sprechen. Das war der zaghafte Dank, die flüchtige Erinnerung des deutschen politischen Katholizismus an die demokratische Weimarer Republik, in der er gleichberechtigt, einflußreich und oft ausschlaggebend wie nie mehr seit der Reformationszeit gewesen war.

Dann kam der Sprecher der Bayerischen Volkspartei, der junge Ritter von Lex, mit seiner Zustimmungserklärung und legte die Verantwortung für die Durchführung des Ermächtigungsgesetzes im einzelnen vor Gott, dem deutschen Volke und der deutschen Geschichte in die Hände der Reichsregierung. Schwer wie Blei fielen diese Worte in den Grund. Bedrücktes Schweigen folgte ihnen. Wie aber zur Tragödie bei den Griechen nie das Satyrspiel fehlte, so trat jetzt auch der Demokrat Dr. Maier aus Württemberg auf und gab für seine Fraktion von einem halb Dutzend Männlein, die durch Listenverbindung mit der Sozialdemokratie gewählt waren, ebenfalls die Zustimmung zum Ermächtigungsgesetz bekannt. Laut lachten die Nationalsozialisten über diese letzte verächtliche Geste der letzten Vertreter eines aussterbenden freiheitlichen Bürgertums. Die Barrikadenkämpfer von 1848 hatten andere Enkel verdient.

So blieben wir Sozialdemokraten mit unserem Widerspruch gegen das Ermächtigungsgesetz allein. Es wurde mit 444 gegen unsere 94 Stimmen angenommen. Damit schloß diese Sitzung eines Reichstags, der aus Furcht vor dem Tode Selbstmord beging und der Reichsregierung eine Macht einräumte, wie sie nie zuvor ein Heerkönig in germanischen Landen besaß. Wir waren »nicht mehr benötigt«, wir konnten gehen.

In diesem Augenblick teilte uns Löbe mit, Göring habe ihm geraten, die sozialdemokratische Fraktion nach der Sitzung noch im Saale zurückzuhalten, weil sich draußen vor dem Gebäude erbitterte Volksmassen angesammelt hätten, die uns unangenehm werden könnten. Unsere Leute zögerten. Da überlegte ich mir blitzschnell, ob das nicht eine Falle sei. Ich sagte zu den umstehenden Kollegen, das Volk draußen würde uns aus den ebenfalls nicht uniformierten Zentrumsleuten und Deutschnationalen nicht herauskennen. Wir kämen dort also ungerupft durch. Hier im Sitzungssaal hätten uns die Nationalsozialisten unter den Augen der ausländischen Diplomaten und der anderen Zuhörer nicht anzurühren gewagt. Jetzt, nach der Räumung der Tribünen, könnten sie uns, wenn sie uns dann allein im Saal schön beisammen hätten, bequem in Schutzhaft abführen. Meine hastig hingeworfenen Worte leuchteten den Freunden ein. Sie gaben die Losung zum Verlassen des Gebäudes aus. Wir holten unsere Garderobe und gingen weg. Es war dunkel geworden. Vor dem Haus empfing uns mißtönendes Geschrei. Andrängende Volkshaufen wurden von braunen Uniformierten mit Mühe zurückgehalten. Zwischen ihnen und uns war eine Wagenburg von Automobilen, die sich in einer Länge von einigen hundert Metern fast bis zum Gebäude des Generalstabs erstreckte. In ihrem Schutz gelangten wir auf menschenfreie Plätze zwischen den Bäumen und begaben uns in kleinen Gruppen in ein Bierlokal in der Friedrichstadt.

Ich unterrichtete meine Münchner Reichstagskollegen von dem Anruf meiner Frau. Wir beschlossen, zunächst einmal München zu meiden und nach Hannover zu fahren, wo man nach der Auskunft der dortigen Freunde noch ungeschoren war. Sie hatten nicht geflunkert. Wir fanden das Gewerkschaftshaus in Hannover mit Stacheldrahtverhauen gesichert und die Eingänge von Reichsbannerleuten in Uniform bewacht. Da ging uns das Herz auf, der schwere Druck unserer Berliner Erlebnisse wich, die Zuversicht der Hannoveraner Genossen und ihr Vertrauen auf die ungebrochene Kraft der freien Arbeiterbewegung steckte uns an. Am andern Vormittag besahen wir uns die Stadt. Alles war friedlich und ging seinen Geschäften nach. Nur wenige schwarz-weiß-rote Fahnen flatterten auf den Häusern, und Hakenkreuzflaggen waren noch weniger da. Fast kamen wir aus dem Staunen nicht heraus, daß es mitten in Deutschland noch eine vom Nationalsozialismus schier unberührte Großstadt gab. Gern wären wir länger geblieben, aber wir mußten unseren Münchner Parteiorganisationen, den paar Vertretern, die noch auf freiem Fuße waren, über die Reichstagsverhandlungen berichten.

So fuhren wir nach herzlichem Abschied von unseren Freunden in Hannover wieder dem Süden zu. Als wir am Spätnachmittag im Würzburger Bahnhofsrestaurant auf den Fernschnellzug nach München warteten, gewahrte ich plötzlich eine schimmernde Glatze im Saal. Das konnte nur Fritz Endres, der Sekretär unserer bayerischen Landtagsfraktion, sein. Ich holte ihn zu uns her. Der lebhafte Mann, der den Spitznamen »Maschinengewehr« führte, war noch aufgeregter als sonst. Hastig erzählte er uns den Streich, den ihm die Nationalsozialisten heute gespielt hatten. Er war in der

Frühe mit dem Schnellzug von München in seinen Wahlkreis Würzburg gefahren. Im Zug hatte ihn der nationalsozialistische Landtagsabgeordnete Dr. Hellmuth, Zahnarzt aus einem unterfränkischen Städtchen, entdeckt. Der hatte ihn nicht mehr aus den Augen gelassen und auf dem Bahnsteig in Würzburg einfach von der Polizei verhaften lassen. Zum Glück war Endres als ehemaliger bayerischer Innenminister bei der Würzburger Polizei sehr bekannt und beliebt. Man hatte ihm gestattet, sich mit dem jetzigen bayerischen Innenminister, dem Nationalsozialisten Wagner, telefonisch in Verbindung zu setzen. Der hatte nach einigem Hin und Her die Freilassung des Gefangenen angeordnet. Endres zitterte noch an allen Gliedern vor Empörung und Wut. Wir beruhigten ihn und erzählten ihm von unserer Hannoveraner Fahrt.

Immerhin hatte einer unserer Freunde jetzt Bedenken bekommen, mit dem Schnellzug und der Abgeordnetenkarte in die Höhle des Löwen zu fahren. Er wollte in Würzburg über Nacht bleiben und am andern Tag mit einem Personenzug nachkommen. Ich und ein anderer Freund, der seine Frau bereits telegraphisch an den Münchner Hauptbahnhof bestellt hatte, fuhren mit dem Fernschnellzug weg und kamen unbehelligt zu Hause an. In diesen Tagen war es reiner Zufall, ob man nicht von einer Stunde auf die andere auf der Flucht erschossen wurde oder im Konzentrationslager saß. Man mußte Glück haben, darauf kam alles an. Ich hatte Glück bis zuletzt, während von meinen Freunden einer nach dem andern trotz größter Vorsicht in die Hände der politischen Polizei, der SS Himmlers, fiel.

5. Die Pharaonen

Das Ermächtigungsgesetz räumte der Reichsregierung die Befugnis ein, von der Reichsverfassung beliebig abweichende Gesetze zu erlassen, soweit sie nicht die Einrichtung des Reichstags und des Reichsrats »als solche« oder die Rechte des Reichspräsidenten, die unberührt bleiben sollten, betrafen. Diese beinahe unbeschränkte Machtbefugnis wurde von den Nationalsozialisten sofort und rücksichtslos zur Festigung ihrer Macht in Reich, Ländern und Gemeinden benutzt. Sie erkannten, daß eine straffe Diktatur nur durch schärfsten Zentralismus, durch Beseitigung jeder Selbstverwaltung möglich ist. Das italienische Vorbild, dem sie nicht erst jetzt, sondern schon seit einem Jahrzehnt nachstrebten, hatte es ihnen deutlich gezeigt. So erließ denn die Reichsregierung bereits am 31. März 1933 ein »vorläufiges Gesetz zur Gleichschaltung der Länder mit dem Reich«. Darin wurden auch die Landtage der deutschen Länder und die gewählten Vertretungen des Volkes in den Gemeinden, Gemeindeverbänden usw. für aufgelöst erklärt. Sie sollten unter Zugrundelegung der Stimmzahlen der Reichstagswahl vom 5. März 1933 neu zusammengesetzt werden. Das sollte geschehen nach Wahlvorschlägen, die von den verschiedenen Wählergruppen bis spätestens 13. April 1933 einzureichen waren. Wahlvorschläge der Kommunistischen Partei jedoch wurden nicht zugelassen, Sitze in öffentlichen Körperschaften durften ihr nicht zugeteilt werden.

Bei der technischen Vorbereitung dieser »Wahlen« sahen wir Sozialdemokraten uns in der denkbar ungünstigsten Lage. Unsere Parteisekretariate waren überall von SA besetzt, unsere Funktionäre in Schutzhaft oder auf der Flucht.

Setzten wir uns irgendwo im Nebenzimmer einer Gastwirtschaft oder in einer Privatwohnung zusammen, um über die Wahlvorschläge zu beraten, so liefen wir Gefahr, von der Polizei oder SA ausgehoben zu werden. In München war nur noch das Sekretariat unserer Landtagsfraktion ungeschoren. Der bewährte Genosse Fritz Endres waltete dort seines Amtes und konnte sogar mit den neuen nationalsozialistischen Ministern gewissermaßen dienstlich verkehren, solange es diesen nicht einfiel, ihn eines schönen Tages ins Konzentrationslager abführen zu lassen.

An und für sich waren es diese »Wahlen« nicht wert, daß wir die Freiheit eines einzigen Genossen gefährdeten. Die ausschließlich aus Nationalsozialisten bestehenden Landesregierungen waren durch das erste Gleichschaltungsgesetz ermächtigt worden, ohne Fühlungnahme mit dem Parlament von sich aus Landesgesetze zu erlassen und dabei sogar von den Landesverfassungen abzuweichen. Das nach der Lehre von der Teilung der Gewalten der Volksvertretung vorbehaltene Gesetzgebungsrecht war also in vollem Umfang auf die Regierung, die Inhaberin der Vollzugsgewalt, übergegangen. Durch das zweite Gleichschaltungsgesetz vom 7. April 1933 wurden dann sogar Mißtrauensanträge der Landtage gegen die Landesminister für unzulässig erklärt. Ferner wurden durch dieses Gesetz in den deutschen Ländern, allein Preußen ausgenommen, wo Ministerpräsident Göring einen eigenen Machtbereich gegründet hatte, auf Vorschlag des Reichskanzlers besondere Reichsstatthalter eingesetzt. Diese neumodischen Satrapen bekamen die Aufgabe, für die Beachtung der vom Reichskanzler aufgestellten Richtlinien der Politik zu sorgen, die Ministerpräsidenten der Länder zu ernennen, die Landesgesetze zu verkünden, die Landtage aufzulösen, die Staatsbeamten zu ernennen und zu entlassen. Damit waren die Landesparlamente zur völligen Bedeutungslosigkeit herabgedrückt.

Trotzdem hielten wir Sozialdemokraten uns an den alten politischen Grundsatz, »wenigstens mit dabei zu sein«. Bei den Wahlen vom 5. März 1933 waren wir immer noch im Reich die zweitstärkste, in Bayern die drittstärkste Partei geblieben. Die freien Gewerkschaften und der Kern unserer Parteiorganisation schienen noch unversehrt. Keiner unserer bekannteren Funktionäre war fahnenflüchtig geworden. Unsere Überzeugung, daß die kapitalistischen Wirtschaftsführer am Ende ihrer Weisheit seien und demnächst abdanken müßten, war noch nicht gebrochen. Auch die Nationalsozialisten würden unter dem eisernen Zwang der Wirtschaftsgesetze stehen. Es würde ihnen unmöglich sein, in der fortdauernden Weltwirtschaftskrise die maßlosen Versprechungen auf wirtschaftliche Besserstellung, die sie allen Volksschichten gemacht hatten, zu erfüllen. Dann würden sie eben von einer Riesenwelle der Enttäuschung und Empörung wieder weggespült werden.

Wollten sie dieses Schicksal vermeiden, dann blieb ihnen nichts anderes übrig, als eine andere Wirtschaftsordnung einzuführen. Gut, mochten sie dann den Sozialismus bringen, das gelobte Land betreten, das uns verschlossen geblieben war! Wir hatten nicht mehr den Ehrgeiz, selbst die Heilbringer zu sein, uns kam es wahrlich nur mehr auf die Sache an. Vorläufig konnten wir nur auf der Stelle treten, geduldig warten, Unrecht schweigend ertragen. Die alte Form der parlamentarischen Opposition, an der die demokratische Republik zugrundegegangen war, wurde von den Nationalsozialisten nicht mehr erlaubt. Unsere Mitarbeit hatte sich Hitler verbeten. So blieb uns nichts übrig, als die Hände in die Taschen zu stecken und müßig zuzuschauen, wenn die Nationalsozialisten schweißtriefend Felsen auf steile Berge zu wälzen versuchten. Vielleicht würde man uns wieder holen, wenn es nicht mehr weiterging. Unsere Leute waren den blutjungen, tapsigen Nationalsozialisten an Fachwissen und Erfahrung weit überlegen. Hatte man nicht schon einmal, im Oktober 1918, nach dem Zusammenbruch des kaiserlichen Heeres, die freien Gewerkschaften und die Sozialdemokratische Partei herangeholt, den Zerfall des Reiches, den wirtschaftlichen Untergang zu verhindern? Wir hatten uns damals nicht versagt, wir hatten das deutsche Volk über unsere Partei gestellt. Freilich, das war uns nachher mit der Dolchstoßlüge vergolten worden. Aber Pflichterfüllung für Volk und Reich verlangt keinen Dank. Wenn nur Hitler aufgehört hätte, sich aus Rache für seine lange Wartezeit zur Macht an unschuldigen wehrlosen Menschen zu vergreifen! Aber das mußte doch auch einmal zu Ende sein.

Das war unsere Stimmung in jenen Wochen, wir waren niedergeschlagen, erdrückt von der Wucht der Niederlage und dem Gefühl der eigenen Ohnmacht, ergeben in unser Schicksal, mehr traurig als empört über die Ausschreitungen der Gegner, hilflos wie eine Herde, die sich in einer kalten Regennacht frierend unter Bäumen zusammendrängt. Wir wurden gleichgültig gegen jede Gefahr. Tag für Tag kamen wir Mitglieder des Bezirksparteivorstandes zur Vorbereitung der »Wahlen« mehrmals zusammen. Am Vormittag war unser Treffpunkt zumeist das Nebenzimmer eines Wirtshauses in einer Vorstadt, am Nachmittag etwa ein Wirtsgarten im Freien und am Abend der »Meerpalast«. Immer hatten wir Glück. Die gebotene Vorsicht lernten wir aber erst mit der Zeit.

Einmal hatten wir uns für eine Abendsitzung im Häuschen eines Parteigenossen vor der Stadt zusammenbestellt, aber leider nicht bedacht, daß die Tage schon länger geworden waren. So wurde unser Erhard Auer, der überall bekannt war und überdies noch durch seine hohe Gestalt auffiel, von irgendeinem Nazi gesehen, als er sich von der Straßenbahn zu unserer Versammlung begab. Wir saßen dann kaum eine halbe Stunde beisammen, als die ausgestellten Wachen mit der Meldung ins Zimmer stürmten, daß

SA im Anzuge sei. Augenblicklich stürzte alles nach den Mänteln im Vorraum und Hals über Kopf ins Freie, nach allen Windrichtungen davon. Ich befand mich schon auf der Straße, da merkte ich, daß Auer nicht mitgekommen war, und holte ihn als letzten heraus. Er war ein schwerfälliger alter Mann und konnte nicht laufen. Ich wollte deshalb mit ihm rasch ins nächste Gehölz. Das lehnte er heftig ab, weil dort SA im Hinterhalt liegen und uns bequem abschießen könnte. So gingen wir durch die kotigen Äcker weg. In einiger Entfernung hörten wir Motoren rattern und heiseres Geschrei. Scheinwerfer blitzten auf. Die SA hatte offenbar das Häuschen, in dem wir gewesen waren, nicht entdeckt und suchte nun blindlings auf den Straßen herum. Wir machten einen großen Bogen und gelangten auf Umwegen in die Stadt zurück. Während wir uns an den Grasbüscheln die Schuhe reinigten, sprach Auer mit Erbitterung davon, wie im Augenblicke der Gefahr jeder von unseren Freunden nur an sich gedacht und sich mit Drängen und Stoßen den schnellsten Ausgang ins Freie verschafft hatte. So sei der Mensch, ein selbstsüchtiges grausames Tier, das seine Natur nie ändern und jeden Versuch trotzen würde, es höher zu heben. Ich suchte die Freunde mit der mangelnden Erfahrung und den überreizten Nerven zu entschuldigen, hatte aber damit kein Glück. Auer schien überdies zu glauben, daß ich nur aus Berechnung, aus welcher, konnte ich mir freilich nicht vorstellen, wieder zu ihm zurück ins Haus gegangen war. Er wurde in diesen Monaten noch mißtrauischer als bisher, noch mehr Menschenverächter. Langsam löste er sich von der Politik los, die sein einziger Lebensinhalt gewesen war, und begann unter dem Einfluß seiner Angehörigen mehr an seine persönliche Sicherheit und seine wirtschaftliche Zukunft zu denken. Das ging nicht ohne schwere innere Kämpfe ab. Lange suchte er sich noch im allgemeinen Zusammenbruch als einziger Fels, als letzte Seele der Bewegung hinzustellen und dadurch den

Einfluß, den er die letzten Jahre verloren hatte, wiederzugewinnen. Er kam schließlich so weit, seine nächsten Freunde zu beschuldigen, sie hätten ihn während dieser Wochen verhindert, die richtige Politik zu machen. Welche Politik er im Auge hatte, war allerdings nicht zu erfahren.

Hans Unterleitner, ich und andere Parteigenossen fanden uns ziemlich häufig in seiner Wohnung zu Besprechungen ein. Die politische Polizei hatte ihn seit einiger Zeit unbehelligt gelassen. Er entfaltete daheim eine eifrige Tätigkeit, nahm alle möglichen Meldungen von Beobachtern entgegen und gab eine Art Mitteilungsblatt an unsere Parteisektionen heraus. Der Inhalt war meist recht harmlos, väterliche Ermahnungen an die Parteimitglieder zum Zusammenhalten in der schweren Zeit, zur Treue gegenüber der Bewegung, insbesonders zur Weiterzahlung der Parteibeiträge und dergleichen mehr. Dabei fröhnte Auer seiner Eitelkeit und ließ einen seiner Günstlinge in diesen schlecht vervielfältigten Blättern schreiben, »Vater Auer« arbeite jetzt buchstäblich Tag und Nacht für die Partei, er sei mehr überlastet als je.

Das war anscheinend der politischen Polizei, die solche Blätter zweifellos bei Haussuchungen in die Hände bekam, zuviel. Sie verhaftete eines Mittags Auer mit ein paar anderen Genossen, die zufällig bei ihm waren, aus seiner Wohnung heraus. Wir hatten damals für ihn noch keine große Sorge, denn er erfreute sich nach seiner Behauptung des Schutzes des bayerischen Reichsstatthalters von Epp. In der Revolution von 1918 wollte er dem damaligen Oberst Epp in der Kaserne des Leibregiments in München das Leben dadurch gerettet haben, daß er die auf Epp gerichteten Gewehrläufe roter Soldaten zur Seite schob. An dieser Erzählung, die Auer jetzt häufig zum besten gab, mochte einiges übertrieben sein, aber ein wahrer Kern mußte doch in ihr stecken. Denn Auer erschien nach drei Tagen fröhlich auf der Bildfläche und prahlte, wie gut er von der Polizei behandelt worden sei. Man habe ihm sogar erlaubt, ein Federbett in seine Zelle im Polizeigefängnis schaffen zu lassen, und von ihm eigentlich nur den Schlüssel zu seinem von der SA gestohlenen Aktenschrank gewollt.

Er war wirklich unverwüstlich und unverbesserlich und wußte selbst dem erbärmlichen Leben, das wir jetzt führten, noch schöne Seiten abzugewinnen. Keiner von uns trug den Sturz in die Tiefe so leicht wie er. Seine Hoffnungen auf eine baldige Aufhellung des politischen Wetters waren unerschütterlich. Schon ließ er in Augsburg, wo unsere Zeitungsdruckerei unversehrt geblieben war, alle Vorbereitungen treffen, um dort bei einer Wiederzulassung der sozialdemokratischen Zeitungen, die er täglich erwartete, sofort die »Münchener Post« herausbringen zu können. In unserer Münchner Druckerei war ein Teil der Maschinen zerstört, überdies hatte sich dort der neue Innenminister Wagner niedergelassen und gab anstelle unseres Blattes eine Wochenzeitung heraus.

»Wie ich den Naziminister Esser kenne«, meinte Auer spitzbübisch, »wird er urplötzlich das Verbot der sozialdemokratischen Zeitungen aufheben und sich diebisch freuen, wenn wir dann aus technischen Gründen mit der ›Münchener Post‹ nicht herauskommen können. Der wird aber schauen, wie ich ihn hereingelegt habe.«

Er lachte listig, strich seine Stoppeln, die er sich wieder zum Spitzbart wachsen ließ, und genoß innig die Vorfreude seiner vermeintlichen Schlauheit. Aber das Verbot der sozialdemokratischen Zeitungen ist nie aufgehoben worden.

Seit meiner Rückkehr aus Hannover schlief ich wieder daheim. Da nach unseren Erfahrungen die politische Polizei zu ihren Heimsuchungen erst gegen sieben Uhr früh zu kommen pflegte, ging ich jeden Tag vor dieser Zeit von zu Hause fort, trank meinen Morgenkaffee im Hauptbahnhof, las dabei die Zeitungen und traf ab und zu einen Parteifunktionär. Am Vormittag besprach ich zumeist mit Auer politische Dinge oder kleidete seine Entschädigungsforderungen, die er wegen der Zerstörung seines Arbeitszimmers in der »Münchener Post« bei den Behörden erhob, in ein juristisches Gewand. Mittags aß ich in meiner Wohnung, nachdem ich mich immer vergewissert hatte, daß die Luft rings um den Hohenzollernplatz rein war, nachmittags war gewöhnlich irgendwo in der Umgebung Münchens eine Sitzung, und abends saßen wir meistens im »Meerpalast«. Von da kam ich gewöhnlich erst kurz vor Mitternacht heim.

Dann hielt mich Anfang April, als ich eines Mittags an der Straßenbahnhaltestelle nächst meiner Wohnung ausstieg, der befreundete Zeitungsverkäufer an und flüsterte mir im Auftrag meiner Frau zu, ich solle nicht heimgehen, weil »Besuch« dagewesen sei. Ich begab mich aber doch auf einen Sprung in meine Wohnung und erschien zum Entsetzen meiner Angehörigen beim Mittagstisch. Meine Frau klärte mich rasch auf.

Kaum eine Viertelstunde, nachdem ich an diesem Morgen meine Wohnung verlassen hatte, waren zwei riesige SS-Kerle, anscheinend finstere Verbrechertypen, erschienen und hatten mich verhaften wollen. Sie behaupteten, ich müsse unbedingt dasein, und suchten unter allen Betten, in allen Schränken und Ecken, warfen die Matratzen durcheinander und richteten eine heillose Unordnung an. Meine Frau war in Hitze geraten und hatte sie angeschrien, sie sollten sich schämen, mich fortwährend zu verfolgen, ihre Partei könnte froh sein, wenn sie einen Mann wie mich in ihren Reihen hätte. Schließlich waren die beiden ergebnislos abgezogen und hatten dann noch beim Hausmeister, den ich als Zeugen für die Diebstähle der SS in meiner Wohnung angegeben hatte, alles durchsucht.

Mein siebenjähriger Sohn hatte sich bei diesem Vorfall rührend benommen. Als die Glocke schallte und das Dienstmädchen den frühen Besuch anmeldete, hatte der Junge geschwind sein Tiroler Bauernjäckchen, sein liebstes Kleidungsstück, und meine Reisedecke, die ich, wie er wußte, in Ehren hielt, zusammengerafft und in seinem Bett versteckt. Offenbar erinnerte er sich seiner Mundharmonika, die ihm die SS im März mitgenommen hatte, und wollte jetzt vorsichtiger sein.

Meine Frau war mit ihren Nerven heruntergekommen. Während ich jeden Abend todmüde ins Bett sank und nie so gut schlief wie in dieser Zeit, kam meine Frau tagsüber aus der Unruhe, ob ich nicht irgendwo erwischt würde, nicht heraus, und in der Nacht schreckte sie jedesmal auf, wenn ein Kraftwagen an unserem Hause vorüberfuhr. Immer fürchtete sie, der Wagen könnte anhalten und eine Horde bewaffneter SA-Leute die Treppe heraufstürmen. Ich sah ein, daß ich mich nach dieser Haussuchung um ein sichereres Obdach umschauen mußte.

Ich nahm ein möbliertes Zimmer, das mir ein Parteifreund, der Schneidermeister Ingerl, schon vor längerer Zeit als Unterschlupf angeboten hatte. Sein Dauermieter, ein Student, war gerade in die Osterferien gegangen, und so kamen wir um die polizeiliche Anmeldung herum. Auf diese Weise kam ich noch in vorgerückten Jahren wieder zu einer Studentenbude und hatte in ihr zur bestimmten Tageszeit ein Stelldichein mit meiner Frau. Sie brachte mir Wäsche und Post und die Grüße der Kinder. Dieses Stelldichein, das ich, um meine Frau nicht zu beunruhigen, genau einhalten mußte, bewahrte mich an dem Vormittag, an dem Auer mit einigen Genossen von der politischen Polizei geschnappt wurde, vor dem gleichen Schicksal, weil ich bereits weggegangen war.

Ich brachte in diesem Versteck mehrere Wochen zu. Es lag mitten im Universitätsviertel, in dem ich vormals viele Jahre gewohnt hatte und deshalb kein Unbekannter war. Die Gefahr der Entdeckung schien mir immer am größten,

wenn ich nachts an dem großen Haustor mit dem schlecht
passenden Schlüssel herumarbeitete, während heimkehrende
SA-Leute die Straße belebten. Untertags schrieb ich zumeist
an einer Abhandlung »Sozialdemokratie und Nation«,
einer Rechtfertigungsschrift gegenüber den zahllosen Verleumdungen, die in diesen Tagen über unsere Haltung in
nationalen Fragen ausgestreut wurden. Sie ist nie erschienen und später mit meinem gesamten Hab und Gut den
Nationalsozialisten in die Hände gefallen.

Bei der Zusammenstellung der von unserer Partei zu
benennenden Mitglieder des Landtags und des Münchner
Stadtrats gab es viel persönlichen Stunk und Streit. Man
hätte glauben können, daß sich in dieser Zeit niemand um
einen Abgeordnetensitz der verfemten Sozialdemokratischen Partei gerissen hätte. Aber das Gegenteil war der
Fall. Neue, bisher nicht zum Zuge gekommene Männer
drängten sich in den Vordergrund. Während bereits Konzentrationslager errichtet und viele unserer Anhänger »auf
der Flucht erschossen« waren, wurde bei uns im engsten
Kreis ein erbitterter Kampf um Mandate geführt. Alle
möglichen Organisationen, Gruppen und Grüppchen wollten berücksichtigt sein. Bei der Stadtratswahl kamen noch
die Eifersüchteleien der einzelnen Parteisektionen dazu. Da
war die Altstadt oder Schwabing einmal zu Unrecht über-
gangen worden, da schlug Nymphenburg einen erstklas-
sigen Kandidaten vor, da hatten Giesing und Haidhausen
schwerwiegende Interessen, die nur durch einen Einhei-
mischen gewahrt werden konnten. Dieser Sektionsführer
war beleidigt, weil die Stelle, die sein Kandidat auf der
Vorschlagsliste erhielt, nicht der großen Mitgliederzahl und
damit der Bedeutung seiner Sektion entsprach. Der oder
jener Kandidat hatte einmal einen Fehler gemacht und
wurde deshalb als »untragbar« bezeichnet, ein anderer gehörte noch nicht 20 Jahre der Partei als Mitglied an. Besonders aber stand die Frage der Verjüngung der Fraktio-

nen im Vordergrund. Aber manche abbaureifen Genossen
wehrten sich mit dem Eigensinn des Alters unter Hinweis
auf ihre Verdienste gegen ihre Verabschiedung. Auch Auer
ließ sich wieder für den Landtag und den Stadtrat als Kandidat aufstellen, obwohl er wegen des Doppelmandats
schon öfters angefeindet worden war.

Ein bisheriger Stadtrat hatte sich durch nationalsozialistische Redensarten verdächtig gemacht. Allein die Arbei-
tersportler standen hinter ihm, und er durfte deshalb nicht
von der Liste gestrichen werden. Auch Auer setzte sich für
ihn ein. Einige Stunden vor der Einreichung der Liste meldete uns über diesen Genossen Schilling ein anderer Kandidat der Stadtratsliste, daß Schilling ihn hatte überreden
wollen, eine deutsch-sozialistische Partei zu gründen. Das
neue Gebilde sollte sich Hitler unterstellen. Schillings Sohn
sei schon lange Zeit Mitglied der SS. Der alte Stadtrat
Deininger und ich vernahmen den Zeugen eingehend und
wollten auf Grund seiner glaubwürdigen Aussagen Schilling noch im letzten Augenblick von der Liste streichen.
Aber Auer widersetzte sich und drang mit seinem Willen
durch. Wenige Wochen später trat Schilling mit ein paar
Anhängern tatsächlich aus der sozialdemokratischen Stadt-
ratsfraktion aus, machte einen deutsch-sozialistischen La-
den auf und erkannte Hitler als Führer an. Bei den Münchner Sozialdemokraten löste sein Verrat nur unsägliche Verachtung aus. Später berief sich der Mann auf Auer, der ihm
Auftrag zu seinem »taktischen Manöver« gegeben habe.
Nun war Auer wohl ein Freund taktischer Wendungen,
aber zum offenen Verrat an der Partei, in deren strengem
Dienst er alt und grau geworden war, hat er bestimmt
einem Schilling nicht die Hand gereicht.

Noch mehr gerieten wir innerhalb des Bezirksparteivorstandes bei der Ernennung der neuen Landtagsabgeordneten aneinander. Der frühere Fraktionsvorstand hatte den
Wunsch ausgesprochen, es möchte wenigstens *ein* Jurist in

die neue Fraktion entsandt werden. Wie jetzt die Dinge lagen, kam als solcher nur ich in Betracht. Ich hatte im Kampf gegen die Nationalsozialisten im Landtag und Reichstag Erfahrungen gesammelt und konnte vielleicht auch aus diesem politischen Grund von Nutzen sein. Wir alle glaubten damals noch an die Möglichkeit einer sachlichen, bescheidenen Opposition. Allein Erhard Auer, der mich in den letzten Jahren aus Furcht um seine Führerstellung schon immer heimlich bekämpft hatte, trat jetzt offen gegen meine Ernennung auf. Wie immer, machte er das sehr geschickt. Er ließ durch einen seiner Trabanten einen Parteitagsbeschluß auskramen, daß Doppelmandate, auch wenn sie, wie in diesem Fall, mit keiner Erhöhung der Aufwandsentschädigung verbunden waren, möglichst vermieden werden sollten. Er selbst konnte diesen Grund nicht wohl vorbringen, weil er zugleich wieder Kandidat für Stadtrat und Landtag war. Dagegen wies er mit großem Nachdruck auf die Notwendigkeit hin, junge Leute aufsteigen zu lassen, und schlug statt meiner für den Landtag den noch sehr jugendlichen Genossen von Knoeringen vor. Als jemand daran erinnerte, daß der nach Tirol geflüchtet war, bemerkte Auer seelenruhig, daß er ihn wieder herbeirufen werde. Die schwäbischen Mitglieder des Parteivorstandes durchschauten jedoch die Hintergedanken des »alten Fuchses« und setzten gegen ihn und die Stimmen einiger seiner engsten Freunde meine Ernennung durch. In der Sitzung der Münchner Sektionsführer am Abend wurde das einmütig gebilligt. Allein einer der führenden Genossen regte sich darüber so auf, daß er erklärte, die Partei sei für ihn nunmehr erledigt. Das böse Wort wurde weitergetragen und rief anderwärts wieder Entrüstung hervor.

Kandidatenaufstellungen sind in allen Parteien und auch in normalen Zeiten eine oft wenig erquickliche Angelegenheit. Es ist häufig sehr schwer, Empfindlichkeiten zu schonen und unangebrachte Schiebungen zu verhindern. Bei uns hatten damals die Erbitterung über die Niederlage, die Meinungsverschiedenheiten über die Schuld an unserem politischen und persönlichen Unglück, die geheimen Zusammenkünfte im Dunkel und die ständigen Gefahren, die auf uns lauerten, die Nerven überreizt. Wir konnten oft nicht mehr ruhig miteinander reden, nicht mehr sachlich die Gründe und Gegengründe erörtern, sondern bellten uns zuweilen wie bissige Köter an. Jeder von uns hatte schwere Sorgen um die Zukunft seiner Angehörigen, jeder war aus scheinbar sicheren Verhältnissen plötzlich ins Ungewisse geworfen, vor das Nichts gestellt. Wie immer nach einer schweren Niederlage, hatte das Ansehen der bisherigen Führer gelitten, die Parteidisziplin löste sich auf. Das Gemeinsame zerfiel, die zurückgedämmten persönlichen Gefühle und Leidenschaften kamen zum Ausbruch und überbordeten den schadhaft gewordenen Damm. Noch hielt uns die Not des Augenblicks zusammen, noch wurden wir mit den wenigen sachlichen Aufgaben fertig, die uns geblieben waren, aber die politischen und menschlichen Enttäuschungen fielen wie Schatten über uns her. Die Unbill, die wir überall erlitten, luden wir, wie schlechte Ehemänner, auf die uns Nächststehenden ab. Bei uns Sozialdemokraten war das besonders schlimm, weil die Weltanschauung, zu der wir uns bekannten, auch eine persönliche Bindung von Mann zu Mann gewesen war.

In der zweiten Hälfte des April las ich eines Abends unter den amtlichen Nachrichten in der »Bayerischen Staatszeitung«, daß mich der Reichsstatthalter von Epp auf Grund des § 4 des Gesetzes zur Wiederherstellung des Berufsbeamtentums mit Wirkung vom 1. Mai 1933 an aus dem Staatsdienst entlassen hatte. 13 Jahre vorher, genau auf den Tag, war ich als Dritter Staatsanwalt in den bayerischen Staatsdienst getreten. Die amtliche Zuschrift über meine Entlassung bekam ich erst zehn Tage später in die Hand.

Das Reichsgesetz der Regierung Hitler »zur Wiederherstellung des Berufsbeamtentums« diente dazu, einmal sogenannte Parteibuchbeamte, d. h. Beamte ohne die erforderliche Berufsbildung, dann Beamte jüdischer Herkunft und endlich Berufsbeamte, die wie ich den Nationalsozialismus bekämpft hatten, aus ihren Ämtern zu entfernen. Die »Parteibuchbeamten« erhielten kein Ruhegehalt, sie konnten bei Hilfsbedürftigkeit um Unterstützung eingeben. Den jüdischen und den politisch mißliebigen Beamten war nach zehnjähriger Dienstzeit ein Anspruch auf Ruhegehalt eingeräumt. Während aber jüdische Beamte in diesem Falle ihr volles Ruhegehalt bezogen, wurde den politisch mißliebigen Beamten ein Viertel ihres Ruhegehaltes strafweise abgezogen. Das war ein besonders niederträchtiges Mittel, um Beamte wegen Betätigung einer bisher erlaubten, ja nach dem Geist der Weimarer Verfassung eher gebotenen Gesinnung mit dem Makel der Strafe zu belegen und dadurch in ihrer Berufsehre zu verletzen. Um der Willkür die Krone aufzusetzen, war der in der Verfassung dem Beamten vorbehaltene Rechtsweg gegen eine staatliche Maßnahme durch das Gesetz »zur Wiederherstellung des Berufsbeamtentums« ausdrücklich ausgeschlossen worden. Während also der verbrecherische Beamte, der Staatsgelder unterschlagen hatte, seine Sache in mehreren Instanzen verfechten konnte, waren der jüdische und der politisch mißliebige Beamte völlig rechtlos gemacht. Ich war seit einigen Monaten ordnungsgemäß zum Landgerichtsrat am Landgericht München ernannt worden. Der deutsche Richter war zur Sicherung der Unabhängigkeit der Rechtspflege seit ältester Zeit unabsetzbar gewesen, er konnte nicht einmal von seinem Amtssitz wegversetzt werden. In der kaiserlichen Zeit war an diesem Rechtszustand nicht gerührt worden. Auch die deutsche Sozialdemokratie dachte, als sie durch die Novemberrevolution von 1918 zur Macht gelangte, nicht daran, an den Rechten der Berufsbeamten und besonders der Richter zu rütteln. Vielmehr wurden die Unabhängigkeit der Richter und das bisherige Beamtenrecht noch verfassungsrechtlich geschützt. Bei Angriffen auf die Rechtspflege, die in der Zeit der Weimarer Republik in den deutschen Parlamenten sehr häufig erhoben wurden, waren gerade die Deutschnationalen aufs Eifrigste für die Erhaltung der richterlichen Unabhängigkeit eingetreten, und besonders der jetzige Reichsjustizminister in der Regierung Hitler hatte sich zum Vorkämpfer der Vorrechte der Richter gemacht. Allerdings hatte es sich damals immer um Angriffe auf rechtsstehende Richter wegen Begünstigung rechtsradikaler Hochverräter gehandelt. Jetzt beseitigte man, um linksstehende Richter zu treffen, die alten Vorrechte des gesamten Richterstandes mit einem Federstrich.

Man konnte nach der Wahl vom 5. März 1933 und besonders nach der Annahme des Ermächtigungsgesetzes sehr wohl der Meinung sein, daß in den Strafgerichten des Dritten Reiches ein linksstehender Richter, der nicht zum bloßen Werkzeug der Diktatur werden wollte, jedenfalls in politischen Prozessen nicht mehr am rechten Platze war. Allein man mußte es dem charaktervollen Beamten überlassen, aus der Veränderung der staatsrechtlichen Verhältnisse die notwendigen Folgerungen zu ziehen, sich etwa in eine Zivilabteilung zu melden oder überhaupt den Staatsdienst zu verlassen. Ich hatte mich zu dem letzteren entschlossen gehabt und nach der Machtergreifung der Nationalsozialisten in Bayern bei meinem vorgesetzten Landgerichtspräsidenten Krankheitsurlaub beantragt und auch erhalten. Der nächste Schritt, den ich bereits vorbereitet hatte, wäre ein Gesuch um Versetzung in den Ruhestand gewesen. Er hätte wegen meiner verhältnismäßig kurzen Dienstzeit und der daraus folgenden Geringfügigkeit des Ruhegehaltes für meine Angehörigen ein schweres wirtschaftliches Opfer bedeutet. Aber ich konnte mich nicht dazu hergeben, eine Gesinnung zu heucheln, die mit meiner politischen Vergangenheit in schärfstem Widerspruch stand. Ich wollte, wie ein bayerischer Hofgerichtsrat des achtzehnten Jahrhunderts, lieber »Sauhirt« sein, als nach Wunsch und Anweisung der nationalsozialistischen Gewalthaber Recht sprechen. Meine Absetzung auf Grund eines verfassungsändernden Gesetzes enthob mich jetzt der Notwendigkeit, ein Gesuch um Versetzung in den Ruhestand einzureichen.

Der § 4 dieses »Gesetzes zur Wiederherstellung des Berufsbeamtentums«, der auf mich angewendet wurde, galt für Beamte, »die nach ihrer bisherigen politischen Betätigung nicht die Gewähr dafür bieten, daß sie jederzeit rückhaltlos für den nationalen Staat eintreten«. »Nationale Regierung«, »nationaler Staat«, das waren jetzt die Schlagworte, die man tagtäglich zum Überdruß zu hören bekam. Einen Staat, der nicht »national« ist, kann man sich begrifflich schwer vorstellen. Die jetzige Regierung aber, die auf den Zusatz »national« Anspruch erhob, war nur aus zwei Parteien, den Nationalsozialisten und Deutschnationalen, zusammengesetzt. In ihrer Bezeichnung lag die Anmaßung, allein die wahre und waschechte Vertreterin der deutschen Nation, der nationalen Ansprüche und der politischen Sehnsüchte des deutschen Volkes zu sein. Damit warf sie sich zur Anklägerin und Richterin über die nationale Einstellung der anderen Hälfte des deutschen Volkes auf, die bisher aus guten Gründen gegen Hitlers Anhänger und Bundesgenossen gewesen war.

Was war denn wahrhaft national, was frommte dem deutschen Volk in seiner Gesamtheit? Wer hatte das Recht, darüber mit dem Anspruch auf Unfehlbarkeit zu entscheiden? Auch wenn man bis in die graue Vorzeit zurückging, immer trat der Deutsche in der Geschichte in zwei verschiedenen Gestalten auf. Das Urbild des einen war der Kriegsheld, der siegreiche Heerführer, der mit seiner blindergebenen Gefolgschaft aus den Wäldern Germaniens hervorstürmte, halb Europa mit Waffenlärm erfüllte, alle Völker auf seinem Wege zur Seite warf, ungeheure Beute gewann, auf fremdem Boden ein mächtiges Reich gründete und sich durch seine Taten in den Liedern seines Volkes ein unsterbliches Denkmal schuf. Das ist die teutonische Wut, der gefürchtete Angriffsgeist, der kein Ziel und kein Hindernis kennt. Er ließ Kimbern und Teutonen ein halb Dutzend römische Heere zerschmettern, mit ihren Schilden die oberitalienischen Flüsse aufstauen, er führte die Westgoten nach Süditalien und Spanien und die Vandalen nach Afrika, die Waräger nach Nowgorod, die Normannen nach Frankreich, Sizilien und Konstantinopel, nach Island, Grönland und Winland, das erste von Weißen entdeckte Amerika. Er beseelte die Bayern in den Türkenkriegen und gab der Welt ein vorläufig letztes Schauspiel im Sommer 1914 beim Ansturm der Deutschen durch Belgien gegen Paris. Mißwuchs, Übervölkerung, Naturkatastrophen mochten einst der äußere Anlaß zu diesen wilden Heerfahrten gewesen sein. Stärker und wirksamer aber waren wohl bei der Gefolgschaft die Abenteuerlust und maßlose Verwegenheit der Jugend, der deutsche Drang in die Ferne, der Hang zum Spiel mit dem Leben, die Hingabe des Mannes an seine selbstgewählte Aufgabe und seinen freiwilligen Dienst, das Bedürfnis der männlichen Seele, durch freudige Erfüllung des unabänderlichen Schicksals dem Leben Sinn und Farbe zu geben. Bei den Führern aber überwog alles andere, überwog den Gedanken an Reichtum und Macht wohl der brennende Wunsch, die kurze Spanne eines Lebens durch kühne Taten in fernste Geschlechter hinein zu erstrecken. So pochten sie mit wuchtigen Fäusten an die ehernen Tore des Ruhms, bis der Tempel aufsprang und ihnen Einlaß und Herdsitz bot.

Der Führer, berauscht von Macht und Ruhm, die Gefolgschaft, mitgerissen zur großen Tat, bloßes Werkzeug geworden in scharfer Zucht, zum Büffel mit gesenktem Haupt, maßlos und sinnlos, mit Lust unter den Willen des Herrn gebeugt, zu jedem Opfer für ihn entschlossen! Viele Eigenschaften des Deutschen sind diesem uralten Verhältnis zwischen Herrn und Gefolgsmann entsprungen: die Lust am Marschieren und kriegerischen Spiel, die peinliche Ordnung, der unbedingte Gehorsam gegenüber einem Befehl, der dem Deutschen heiliger ist als jedes Gebot der Menschlichkeit und Sitte, unverbrüchlicher als Gottes Worte. Hierher gehört aber auch die Untertanengesinnung mit ihrer Überschätzung der äußeren Stellung und Macht, die lächerliche Vorliebe für Rangabzeichen, die blinde Anbetung der Gewalt, die prahlerische Überheblichkeit über andere Völker, der frevlerische Übermut, der wähnt, daß dem Deutschen auf Erden nichts unmöglich und nichts unerreichbar sei.

Der andere Deutsche, die einst häufige, aber jetzt aussterbende Spielart, strebt mit heißem Herzen nach Freiheit und Unabhängigkeit. Er siedelt sich als Bauer in der Einöde zwischen Waldstücken an und schaltet und waltet nach Belieben in seinem Zaunkönigreich. Er entwickelt als fahrender Ritter, als freier Stadtbürger, später als freier Schriftsteller und Künstler seine oft knorrige Persönlichkeit. Er steht in seinem unbändigen Wahrheitsdrang, in seinem faustischen Trieb, den Dingen der Natur und des Geistes auf den Grund zu kommen, gegen überlieferte Lehren und Ordnungen, gegen weltliche und geistliche Gewalten auf. Er behauptet sein Recht, das Recht bleiben muß, gegen eine ganze feindselige und unverständige Welt. Zahllose Strömungen und Bewegungen der deutschen Geschichte, unzählige Spaltungen, Parteiungen und Sekten der Deutschen gehen auf diesen Geist des Widerspruchs, der Selbstbestimmung, der auf eigenes Recht gegründeten Auseinandersetzung mit Gott und der Welt, der Auflehnung gegen äußeren und geistigen Zwang zurück. Wertvolle Stücke deutschen Bodens sind durch diesen Geist dem deutschen Volke

verlorengegangen. Er hat aber auch den deutschen Freiheits-
trieb gegen Napoleon, der nach seinen Worten mit den
Deutschen Großes vorhatte, entfesselt und zu einer Volks-
bewegung gemacht. Dem Deutschen genügte es nicht, bloßes
Werkzeug eines fremden Eroberers zu sein.

Diese Seite des deutschen Wesens ist in der Geschichte
mehr als ein Jahrtausend lang übermächtig gewesen. Sie
hat, ähnlich wie bei den Griechen, immer wieder die Bildung einer geschlossenen Nation, eines Einheitsstaates verhindert. In kleine Völkerschaften und Stämme zersplittert,
traten die Deutschen in die Geschichte ein. Der Verteidi-
gungskrieg gegen die römischen Eroberer zwang sie zum
erstenmal zum Verzicht auf ihre kleinlichen Reibereien und
Feindschaften, zum Zusammenschluß unter einheitlicher
Führung im Feld. Als aber das Ziel, die Vertreibung der
Römer, erreicht war, fiel der Notverband auseinander und
der Führer Armin dem Neid und der Tyrannenfurcht seiner Nebenbuhler zum Opfer. Nach der Völkerwanderung
zwang die aus jahrhundertelangen Grenzkriegen entstan-
dene straffe militärische Organisation der Franken die übrigen Deutschen in ein einheitliches Reich. Aber jedesmal,
wenn ein schwacher Herrscher die Zügel locker ließ, standen
die Stämme und Landschaften gegen die Reichsgewalt auf,
und seit dem Hohenstaufen Friedrich II. wurden die Zu-
ständigkeiten und Rechte des Reiches unter Fürsten und
Grafen, Städten und Äbten ausverkauft und ausgerauft.
Bezeichnenderweise führte der Deutsche bis zum Aufkom-
men des aus der Fremde stammenden fürstlichen Absolutis-
mus die Staats- und Herrschergewalt auf einen privatrecht-
lichen Vertrag zwischen Fürst und Volk zurück. Der Fürst
besaß nicht mehr Rechte, als ihm vom Volke vertraglich
eingeräumt waren. Anscheinend vertrug es der Freiheits-
stolz des Deutschen nicht, daß irgend jemand Rechte in Anspruch nahm, die von einer anderen Quelle als seinem freien
Willen abgeleitet waren.

Während das »Heilige Römische Reich Deutscher Nation« immer mehr zerfiel und staatsrechtlich nur mehr ein »Monstrum« darstellte, waren die Stände auf dem Regensburger Reichstag eifersüchtig und oft mit ausländischer Hilfe auf die Wahrung ihrer vererbten Freiheiten, ihrer »deutschen Libertäten«, bedacht. An diesen »Freiheiten« ist das erste Reich schließlich zugrundegegangen. Der Militärstaat Preußen, der dann das zweite Reich mit »Blut und Eisen« zusammenzwang, war auf deutschem Kolonialboden gegründet. Er beruhte auf den Vorrechten einer brutalen Herrenschicht und der Fügsamkeit und Staatsfrommheit der unterworfenen slawischen Urbevölkerung. So mußte zu den Eigenschaften des Deutschen, die aus seinem Gefolgschaftswesen entsprangen, noch die Weichheit der slawischen Seele, slawische Unterwürfigkeit und slawische Neigung zur Kollektivität dazukommen, um bei den Deutschen den Sieg der Organisation über den Geist, des Staatsgedankens über die Freiheitsliebe zu sichern.

Jeder deutsche Staatsmann sieht sich vor die Aufgabe gestellt, die zwei verschiedenen Seiten seiner Nation, die ihm die deutsche Geschichte aufzeigt, miteinander zu versöhnen. Er muß den Hang zur Eigenbrötelei und Sonderbündelei, der jeder Zusammenfassung der nationalen Kräfte zu gemeinsamen Aufgaben im Wege steht, mit geeigneten Mitteln bekämpfen. Dabei darf er aber den Drang nach Freiheit, die Möglichkeiten zur Ausbildung verschiedenartiger Persönlichkeiten, die einem Gemeinwesen erst Fülle und Farbe verleihen, nicht unterdrücken. Zu gewaltig sind aus den frühesten Zeiten bis in unsere Tage die geistigen und künstlerischen Denkmäler, die dieser Seite des deutschen Wesens ihre Entstehung verdanken. Niemals aber durfte man die halbe Nation unters Joch schicken, die vermeintlich allein seligmachende Wahrheit dem andersdenkenden Deutschen mit Stahlruten und Gummiknütteln, Lederpeitschen und Sklavenarbeit einbläuen. Für den Deutschen kann es nie eine einzige Wahrheit geben, die ihm von außen eingetrichtert wird. Er wird und muß seinem Wesen nach seine Wahrheit auf seinen eigenen Wegen und in seinem eigenen Innern suchen. Eine Nation, die nur durch eisernen Zwang, durch Furcht vor der Todesstrafe, durch Hunger, Peitsche und Käfiggitter im Zaum und zusammengehalten wird, bricht bei der ersten großen Kraftprobe auseinander.

Die gegenwärtige Gewaltherrschaft wird oft als Mittel zum Zweck, als Vorbereitung der Deutschen auf ihre geschichtliche Aufgabe erklärt und entschuldigt. Es ist richtig, immer hat der Deutsche nach Vernunft in der Geschichte gesucht. Als ihr Ziel hat er bald die Verwirklichung der Freiheit durch Vereinigung des Geistes mit der Welt, bald göttliche Fügung innerhalb eines Weltplanes, den technischen, geistigen oder sittlichen Fortschritt, die Verwirklichung der Gerechtigkeit, die »Entwicklung« oder auch die Auswirkung des nationalen Machtstrebens bezeichnet. Selten hat er in ihr nur das Walten blinder Mächte, nur Zufall gesehen und sich mit der Rolle des Zuschauers auf ein sinn- und zweckloses Getriebe begnügt.

In der Tat kann man über den Sinn der deutschen Geschichte, über die letzte Bestimmung der Deutschen in guten Treuen verschiedener Meinung sein. Bestimmt liegt er nicht im Marschieren bis ans Ende der Welt. Er liegt nicht in der Eroberung fremder Reiche, nicht in der Beherrschung von Menschen, weder von solchen, die fremden, noch von solchen, die eigenen Blutes sind. Der Kampf der Deutschen um ein eigenes starkes Reich, der einen großen Teil ihrer Geschichte ausfüllt, war im Jahre 1871 zu einem gewissen Abschluß gekommen. Dieses kleindeutsche Reich hat in und nach dem Weltkrieg seine innere Festigkeit gezeigt und bewährt. Wiederholte Versuche, die Rheinlande und Bayern aus seinem Gefüge zu sprengen, sind nicht geglückt. Der Anschluß des stammverwandten Österreich, das seit Gründung der Ostmark bis 1866, über 1200 Jahre lang, zum Reich gehört hatte, wäre nach der Auflösung des Habsburger Staates in seine Bestandteile sinngemäß und auch innenpolitisch erwünscht gewesen. Allein er war nach dem verlorenen Weltkrieg nur mit Gewalt zu erreichen. Um Österreichs willen aber das ganze Reich aufs Spiel zu setzen, wäre Verbrechen. Die verhängnisvolle Neigung des Deutschen, ins Weite zu schweifen, sich den Fesseln der Tatsachen zu entwinden, durch berauschende Träume sich selbst zu entfliehen, darf nicht wieder obenauf schwingen. Die deutsche Außenpolitik nach dem Kriege mußte sich damit begnügen, nachträglich den versprochenen, aber im Versailler Vertrag versagten Wilsonfrieden und mit ihm die deutsche Gleichberechtigung anzustreben, die entehrenden Brandmarkungen und Lasten abzuschütteln und die deutsche Großmachtstellung wieder langsam zu schaffen.

Damit war freilich die deutsche Aufgabe in der Nachkriegszeit nicht erschöpft. Immer, im ganzen Verlauf seiner Geschichte, strebte der Deutsche über die Nation hinaus nach Universalität. Er will der Menschheit dienen. Davon zeugt nicht nur die Gründung eines »Heiligen Römischen Reiches Deutscher Nation«, die Lehre vom weltlichen und geistlichen Schwert im Mittelalter, das Schicksal der Deutschen, in allen Weltteilen Kulturdünger, Salz der Erde zu sein. Wir deutschen Sozialdemokraten erblickten in der Nachkriegszeit eine universelle Aufgabe für das deutsche Volk nicht nur in der Umwandlung des Völkerbundes aus einer Vereinigung der Siegerstaaten in eine umfassende internationale Rechts- und Friedensgemeinschaft. In einer Zeit, in der die Entwicklung der Kriegsmittel den Krieg zum Mörder der Völker, zum Vernichter der gesamten Kultur des Abendlandes macht, geht der Selbsterhaltungstrieb aller Nationen auf dieses Ziel.

Die besondere Aufgabe der Deutschen sahen wir vielmehr in einer vernünftigen Lösung der sozialen Frage, in der Beseitigung des Gegensatzes zwischen Kapital und Arbeit, der das Gefüge der abendländischen Kultur zu sprengen droht. Den Weg der Bolschewisten lehnten wir ab. Wir wollten weder durch Blutströme waten noch die Schiffe der bürgerlichen Welt hinter uns verbrennen, um aus einem ganz neuen Boden den Sozialismus zu stampfen. Nach unserer Absicht sollte sich die neue Gesellschaftsordnung organisch aus der alten entwickeln. Die wertvollste Errungenschaft des bürgerlichen Zeitalters, die freie Persönlichkeit mit ihren Menschenrechten, sollte nicht untergehen. Die notwendige Einfügung in die Erfordernisse der Gemeinschaft durfte nicht Verzicht auf eigene Meinung und auf persönliche Lebensgestaltung bedeuten. Es galt, Organisationsformen zu finden, die wohltätig empfundenes Band, nicht hemmende und aufreizende Fessel darstellen. Kein anderes Volk schien uns für diese Aufgabe geeigneter als das deutsche zu sein. Deutsche vor allem hatten die wissenschaftlichen Grundlagen der sozialistischen Lehren gelegt. Die organisatorischen Einrichtungen der Deutschen hielten die Mitte zwischen westlicher Ungebundenheit und östlichem Zwang. Deutsche Erfindungsgabe, deutsche Zuverlässigkeit und Arbeitszucht waren unbestritten. Der Deutsche war der geborene Arbeiter, jeder Sache, die er in die Hand nahm, um ihrer selbst willen hingegeben, ein geschickter Verfertiger, der beste Werkmeister der Welt. Ihm mußte daher das große Werk der Versöhnung der Gegensätze, der Abschaffung der Klassen, der Einrichtung einer auf die Bedürfnisse der Gesamtheit abgestellten Wirtschaft gelingen.

Dem deutschen Volke diese weltgeschichtliche Rolle zuzumuten, war das vom nationalen Standpunkt aus ein Verbrechen?

Mein Vater war ein kleiner Eisenbahnbeamter gewesen, wir waren viele Geschwister und unter Entbehrungen aufgewachsen. Am Gymnasium bekam ich wegen meiner Leistungen einen Freiplatz in einem Erziehungsinstitut. Da wurde mir dann der Gegensatz zwischen Reich und Arm nicht selten auf sehr grausame Weise klargemacht. Schon vor der Reifeprüfung besuchte ich sozialdemokratische Versammlungen. Nach meiner juristischen Schlußprüfung stellte ich mich in den Dienst der Sozialdemokratischen Partei. Als ich eine Staatsstellung angenommen hatte, warnten mich meine Vorgesetzten mehr als einmal vor der Politik. Sie verstanden es nicht, daß ein Beamter mit bester Prüfungsnote und höchster Qualifikation sich in das von ihnen verachtete politische Getriebe begab. Ich schlug ihre Worte in den Wind. Der Sinn des Lebens schien mir mit Staatsdienst, Beamtenrang und Gehalt nicht erschöpft. Ich liebte das einfache Volk, aus dem ich hervorgegangen war. Ich kannte seine Tugenden und Fehler, seine Leiden und Nöte, seine rührende Geduld und seine bescheidene Sehnsucht nach einem warmen Plätzchen an der Sonne, nach einem bißchen irdischen Glück. Es schien mir Pflicht, an der großen Aufgabe mitzuarbeiten, die schreienden Ungerechtigkeiten zu bekämpfen, die empörenden Ungleichheiten zu beseitigen, den reichen Segen der Erde allen Menschen zugänglich zu machen. Unabwendbares Unglück für alle blieb auch dann noch genug: Krankheit und Tod.

Während meiner ganzen politischen Tätigkeit hatte ich jedes Unrecht, von dem ich Kenntnis erhielt, leidenschaftlich gebrandmarkt und mir dadurch viele Freunde in allen Parteien, aber auch Feinde gemacht. Als Richter am bayerischen Staatsgerichtshof hatte ich mehr als einmal das Recht über Parteiwünsche gestellt. Ich war kein großstädtischer »Asphaltliterat«, sondern auf dem Lande aufgewachsen und auch später mit bayerischen Bauern befreundet. Sie wählten mich in meinen ländlichen Wahlkreisen, nicht weil ich ihre Sonderinteressen, sondern weil ich nach ihrer Meinung das Volk vertrat. Meine Rechtskenntnisse standen meinen Wählern unentgeltlich zur Verfügung. Zahlreiche verfolgte und erniedrigte Menschen machten davon Gebrauch. Den politischen Kampf suchte ich mit Überzeugungskraft, aber ohne Verletzung fremder Ehre und anderer Weltanschauungen zu führen. Entgleisungen, die jedem Politiker aus menschlicher Schwäche mit unterlaufen, habe ich immer bereut. Ich hing an den Sitten und Gebräuchen meines bayerischen Volkes, an meiner bayerischen Heimat mit ihren Wäldern, Flüssen und Seen, ihrer Behaglichkeit und Lebensfreude.

Den Nationalsozialismus habe ich mit seiner verkrampften Verstiegenheit, mit seiner Nachäffung des italienischen Vorbilds bis in die Äußerlichkeiten hinein immer als Fremdkörper im deutschen Volke empfunden. Als Mitberichterstatter im Untersuchungsausschuß des bayerischen Landtags über den Hitlerputsch von 1923 wußte ich, daß die Hitlerbewegung vom Großkapital bezahlt war. Ein solcher Sozialismus schien mir ein Widerspruch in sich selbst, eine ungeheure Lüge zu sein. Der wilde, gehässige Nationalismus aber, den diese Bewegung zur Schau trug, konnte nach meiner Überzeugung dem deutschen Reich und Volk keine guten Früchte tragen. Ich glaube nicht an die Allmacht der Gewalt. Ich glaube an die Gerechtigkeit.

Im Laufe der Jahre, besonders seit meiner Wahl in den Reichstag, war ich einer der gesuchtesten sozialdemokratischen Redner gegen die Nationalsozialisten geworden. Sie haßten mich und suchten häufig meine Versammlungen zu sprengen. Als sie zur Macht kamen, rächten sie sich an mir, indem sie mir jeden wirtschaftlichen Boden entzogen. Ich durfte keine Gnade von ihnen erwarten und habe sie nicht um Gnade gebeten. Aber in keinem anderen europäischen Land, Rußland und Italien nicht ausgenommen, ist die wirtschaftliche Vernichtung des politischen Gegners gesetzlich festgelegt worden. Es blieb den deutschen Nationalsozialisten vorbehalten, mit deutscher Gründlichkeit die Gemeinheit in Paragraphen zu fassen.

Meinem früheren Vorgesetzten, dem jetzigen Reichs-justizminister Gürtner, schrieb ich nach Empfang der Mit-teilung über meine Entlassung aus dem bayerischen Staats-dienst einen kurzen Brief. Ich erinnerte ihn daran, mit wel-chem Eifer er stets für die Erhaltung der Unabhängigkeit der Richter eingetreten war, wie im Jahre 1918 von uns Sozialdemokraten keinem Vertreter des früheren Systems ein Haar gekrümmt worden sei. Ich fragte ihn, wie lange seine, die Deutschnationale, Partei noch zusehen und durch ihr Stillschweigen an den furchtbaren Verbrechen mitschul-dig werden wolle: wie Nacht für Nacht unschuldige Men-schen von der SA aus ihren Wohnungen geholt, mißhan-delt, in Konzentrationslager gesperrt und zu Tode gefoltert wurden. Der Brief war zwecklos, ich wußte es und sandte ihn dennoch ab. Darf man, wenn man keine andere Macht über die Menschen mehr hat, aufhören, an die Gewissen zu rühren?

Meine Entlassung aus dem Staatsdienst warf auch wirt-schaftliche Fragen für mich und meine Angehörigen auf. Meine Frau stammte wie ich aus kleinen Verhältnissen und hatte wegen des frühen Todes ihres Vaters von Jugend auf nur nagende Sorge gekannt. Wir beschlossen, eine billigere Wohnung zu suchen, kein neues Dienstmädchen mehr nach der bevorstehenden Verheiratung des jetzigen einzustellen und unsere Tochter aus dem Gymnasium zu nehmen, um das hohe Schulgeld zu sparen. Damals rechneten wir noch mit der Möglichkeit, daß ich als Rechtsanwalt zugelassen und mit der Zeit eine kleine Praxis bekommen würde. Nie habe ich in diesen Tagen und später von meiner Frau eine Klage über unser Schicksal gehört, sie war immer nur um mein Leben besorgt.

Der neuernannte bayerische Landtag wurde auf Ende April 1933 einberufen. Der zum Landtagspräsidenten aus-ersehene nationalsozialistische Minister Hermann Esser hatte es sich in den Kopf gesetzt, die Eröffnung des bayerischen Parlaments zu einer großen nationalsozialistischen Siegesfeier auszugestalten. Aus diesem Grund wurden auch jene sozialdemokratischen Landtagsabgeordneten, die sich in Schutzhaft befanden, zur Teilnahme an der Landtagssitzung in Freiheit gesetzt. Ich nahm an, daß mich die politische Polizei noch suchte, beschloß aber trotzdem, in den Landtag zu gehen.

In unserer Fraktionssitzung, die vor der Landtagseröffnung stattfand, bekamen wir zum erstenmal ein Bild, wie es in den Konzentrationslagern des Dritten Reiches zuging. Der sozialdemokratische Journalist Poeschke aus Erlangen, der eben aus Dachau entlassen war, humpelte mühsam, verbeult und zerschlagen, ins Zimmer. Wir sprangen von unseren Stühlen auf. Wir zogen ihm das blutige Hemd vom Leib. Vom Nacken bis zu den Oberschenkeln und Ellenbogen war die Haut blauschwarz verfärbt, an vielen Stellen geplatzt, das rohe Fleisch von Blutgerinnseln verklebt. Entsetzen kam über uns, knirschender Zorn. Wir schrien wie kleine Kinder vor Wut. Der Mann war völlig verstört, er zitterte an allen Gliedern und weinte immer wieder dazwischen, während er uns erzählte, was mit ihm geschehen war:

Man hatte ihn schon im März in Schutzhaft genommen, aber erst vor einigen Tagen, als der Befehl, die Landtagsabgeordneten freizulassen, schon erteilt war, mit vielen anderen politischen Gefangenen nach Dachau gebracht. Bei der Ankunft im Lager wurden die Intellektuellen, besonders Schriftleiter, von der SS zu einer eigenen Abteilung zusammengestellt. Unser Kollege wurde zunächst in eine Zelle gesteckt. Man ließ ihn dort über eine Stunde lang stehen, Gesicht gegen die Wand. Hinter ihm, unter der offenen Zellentür, stand ein SS-Mann mit geladenem Gewehr. Von Zeit zu Zeit knackte er am Gewehrschloß herum. Dazu drohte er, bei der geringsten Bewegung des Gefangenen zu schießen. Dann wurde der Häftling in einen abgelegenen Raum im Lager gebracht. Riesige SS-Kerle, lange, derbe Stecken in den Händen, warteten bereits. Die Stöcke waren an der Spitze gespalten und mit Geigenharz verschmiert. Zitternde Gefangene standen in eine Ecke gedrängt. Dann ging es los. Man riß den Opfern die Hemden und Hosen herunter. Dann wurde einer nach dem andern auf den Boden gelegt und vor den Augen seiner Leidensgefährten geschlagen. Je mehr einer schrie, je wilder sich sein zitternder Leib aufbäumte, um so wütender schlugen die Henkersknechte zu. Ein früherer kommunistischer Landtagsabgeordneter aus Franken, ein lungen- und nervenkranker, ganz abgemagerter Mensch, wurde geprügelt, bis ihm die Haut nur noch in Fetzen um die herausstehenden Knochen hing. Einem kleinen Juden schlugen sie die Hoden zu Brei. Glücklich das Opfer, das früher aus der Reihe geholt und nicht bis zuletzt aufgespart wurde! Die Geschlagenen lagen wie Lumpenbündel in den Ecken und wußten nichts mehr. Als alles vorüber war, wurden die Mißhandelten in ihre Zellen geworfen. Am Fensterkreuz hing ein Strick. Die Gefangenen sollten sich aufhängen, so lautete der Befehl. Der kleine Jude tat es, seine Peiniger schnitten ihn hohnlachend ab. Die Opfer wälzten sich in dieser Nacht schlaflos, von brennenden Schmerzen gequält, auf dem bloßen Stroh. Am andern Tag traf die Weisung, unseren Kollegen freizulassen, im Lager ein. Seine Kameraden mußten ihn unter die Arme nehmen und stundenlang auf- und abführen, bis er sich wieder fortbewegen konnte. Jetzt schluchzte er und klagte über die Schreckensbilder, die ihn verfolgten.

Wir rasten, wir schrien wild durcheinander. Ich schlug vor, den Mißhandelten mit unserem Fraktionsvorstand sofort zum Innenminister Wagner zu schicken. Der Fraktionssekretär lehnte das als zwecklos und gefährlich für den zerschlagenen Kollegen ab. Alle Nationalsozialisten wußten, was in den Konzentrationslagern geschah. Einige ihrer

Führer wagten vielleicht nicht, ihrer verwilderten Solda-
teska das »Vergnügen« der Juden- und Marxistenschin-
derei zu stören. Sie fürchteten sich vor ihren Schülern, die
sie jahrelang aufgehetzt hatten. Andere waren bestimmt
mit den Mißhandlungen einverstanden. Deshalb hatte eine
Beschwerde beim Innenminister vielleicht nur die Folge,
daß der geprügelte Kollege abermals verhaftet wurde, also
vom Regen in die Traufe kam. Aber der Fall durfte kein
»marxistisches Greuelmärchen« bleiben. Ich beantragte, die
Bayerische Volkspartei, die mit ihrem Grafen Quadt in der
Regierung vertreten war, zu verständigen. Das wurde angenommen. In einem Landtagszimmer zeigten wir den zer-
fleischten Rücken unseres Kollegen einem Juristen der Bayerischen Volkspartei. Er war furchtbar erschüttert und versprach, durch Vermittlung des Ministers Quadt Abhilfe zu
schaffen. Unser Kollege teilte ihm noch mit, daß auch ein
Führer der »Bayernwacht« im Konzentrationslager Dachau
auf gleiche Weise geschändet worden war. Einige Wochen
später aber war Graf Quadt zu den Nationalsozialisten
übergetreten.

Der Zustand unseres erbarmenswürdigen Kollegen war
so bedenklich, daß wir uns entschlossen, ihn sofort in ein
Krankenhaus zu überführen. Das Privatkrankenhaus des
Dritten Ordens in Nymphenburg lehnte seine Aufnahme
aus Furcht vor den Nationalsozialisten ab. Darauf liefer-
ten wir ihn im Städtischen Krankenhaus Schwabing ein.
Dort haben wir ihn dann mehrmals besucht. In der gleichen
Abteilung lag auch Gustav Schiefer, der Vorsitzende der
Münchner Gewerkschaften, der sich nach Besetzung des Gewerkschaftshauses durch die SA wegen der Aufsprengung
einer Geldkassette beschwert hatte und dafür von einem
Rudel Nationalsozialisten jämmerlich zusammengeschlagen
worden war. Er hatte eine Gehirnerschütterung davon-
getragen. Wir trafen im Krankenhaus ferner den gescheiten
Gewerkschaftsführer Peschel an. Er war im Januar 1933

an Gehirngrippe erkrankt und hatte sich davon nicht mehr richtig erholt. Die eine Gesichtshälfte war gelähmt, und er konnte nicht mehr richtig erfassen, was um ihn herum vorging. Als er dann einmal doch etwas von der Besetzung des Gewerkschaftshauses durch die SA verstand, liefen ihm die Tränen über das versteinerte Gesicht. Es war ein furchtbarer Anblick, ergreifender noch als die schmerzverzerrten Züge des Mannes, der aus dem Konzentrationslager kam.

Bei der Landtagseröffnung ließen die Nationalsozialisten, Meister der Regie, alle ihre Künste spielen. Unter dem Bilde des Schöpfers der ersten bayerischen Verfassung, des ersten bayerischen Königs Max, thronte der neue Landtagspräsident, Minister Hermann Esser, der »Jüngling Hitlers«, der mit seinem Meister durch dick und dünn gegangen war und seine Gunst jetzt in reichem Maße genoß. Ich dachte daran, wie er mir vor einigen Jahren im Münchner Ausstellungspark ein Bündnis gegen die »Schwarzen«, die Bayerische Volkspartei, angetragen hatte. Damals hatte ich ihn lächelnd an Hitlers grundsätzlichen Kampf gegen den »Marxismus« erinnert. Jetzt saß ein »Schwarzer«, der Graf Quadt, neben den Nationalsozialisten auf der Ministerbank. Mit Stolz konnte Esser in seiner feierlichen Ansprache darauf hinweisen, daß heute die Vertreter des ganzen bayerischen Volkes sich unter das Hakenkreuz beugten. Bei dem Worte »ganz« beschrieb er einen Halbkreis mit der rechten Hand. Er reichte von den in brauner SA-Uniform erschienenen Nationalsozialisten und Bauernbündlern über die zerknirscht und geduckt dasitzenden Vertreter der Bayerischen Volkspartei bis zu uns Sozialdemokraten auf der äußersten Linken. Dabei sah Esser erst wohlgefällig auf die neben ihm sich blähenden neuen Naziminister, dann hob er den Blick zu den Zuschauertribünen, wo in der Ministerloge zwei Männer in SA-Uniform saßen: der Reichsstatthalter General von Epp, schlank, selbstgefällig in der Pose des heldischen Kriegers, und der Stabschef der SA,

Hauptmann Röhm, dick, breit, aufgeschwemmt, verquollen, mit brutalem, rot zerhacktem Gesicht. Die beiden schienen mit der Miene des welterobernden Soldaten voll Verachtung auf das Gewimmel der soldatenspielenden Parteigenossen und des Zivilistenpacks der anderen Parteien unter ihren Füßen zu blicken. Starr, wie aus Stein gemeißelt, saßen sie da. Antlitz und Haltung zeugten von dem ungeheuren Hochmut, der in ihnen stak. Nur der schwarze Knabe fehlte, der den Schirm aus Palmblättern über sie hielt, und sie hätten ägyptischen Pharaonen geglichen, Gebietern über Millionen zitternder Sklaven. Jetzt hob Esser die Hand gegen sie zum römischen Gruß. Da sprangen die uniformierten Naziabgeordneten auf, schrien »Sieg Heil!« und hoben gleichfalls die Hände, wie es auf altägyptischen Wandgemälden unterworfene Negerhäuptlinge vor dem Pharao tun.

Hierauf mußten wir die langatmige und schwerfällige Rede des neuen bayerischen Ministerpräsidenten Siebert über uns ergehen lassen. Er war bisher Bürgermeister in Lindau gewesen, ein tüchtiger Verwaltungsbeamter, der auch mit den sozialdemokratischen Stadträten zusammenarbeitete, wenn Not am Mann war. Jetzt erzählte er uns von dem Fleiß und den Mühen eines kleinen Provinzautokraten und schwitzte wie ein Buchhalter, der zum erstenmal seine Nase in die Bücher seines neuen Prinzipals steckt. Er schien zu glauben, daß sein Vorgänger zu weitherzig gewesen war, und gelobte, Überstunden zu machen, um die Bilanz ins reine zu bringen. Das eigentliche Wesen des Nationalsozialismus war ihm offenbar noch nicht aufgegangen.

Als er den Plan der neuen Regierung erwähnte, die Eisenbahnstrecke von München nach Dachau zu elektrifizieren, stieß der neue Kultusminister Schemm aus Bayreuth, einer unserer gehässigsten Gegner, den neuen bayerischen Justizminister Dr. Frank II in die Seite, und beide lächelten sich verständnisinnig zu. Offenbar freuten sie sich, daß in Zukunft die politischen Gefangenen noch schneller ins Konzentrationslager Dachau befördert werden konnten. Zwei Jahre später stürzte Minister Schemm, ein ehemaliger Volksschullehrer, mit seinem Sportflugzeug ab.

Die Erklärung der sozialdemokratischen Landtagsfraktion wurde von unserem alten Parlamentarier Roßhaupter mit nachdrücklicher, fast herausfordernder Stimme verlesen. Ich hatte sie im Auftrag der Fraktion verfaßt, einige Stellen waren auf Auers Wunsch gemildert worden. Gegen meinen Satz »Das politische Schlachtenglück wechselt, keines Menschen Werk ist von ewigem Bestand« legten die Nationalsozialisten lärmend Widerspruch ein. Es waren meist junge, unerfahrene Leute, denen der Sprung aus Machtlosigkeit und Lächerlichkeit zur schwindligen Höhe des Sieges in den Kopf gestiegen war. Den Wechsel des Schicksals, den Sturz in die Tiefe, hatten sie noch nicht erlebt. Darum bauten sie auf die Beständigkeit des Glücks, das sie mit derben Händen festhalten und ihrer Partei durch ein Jahrtausend dienstbar machen wollten. Sie, die Anhänger des germanischen Schicksalsglaubens, wußten nichts von den Schwanenjungfrauen, die ihren Helden und die mit ihnen gezeugten Kinder eines Tages verlassen und in die Wolken entschweben, wenn es ihnen die Laune des Augenblicks eingibt. Sie hatten nicht die Worte des Vandalenhäuptlings bei Gustav Freytag gelesen: »Nichts auf Erden ist dauernd, alles was besteht, vergeht, und was niemand ahnt, kann geschehen.« Sie schrien und lachten, sie waren übermütig und ahnungslos.

Dann sprach noch der nationalsozialistische Innenminister Wagner, der nach dem Weltkrieg als lothringischer Flüchtling nach Bayern gekommen war. Er hatte nach dem Abschluß des Locarno-Vertrags aus Schmerz über den Verzicht der Reichsregierung auf seine Heimat im Landtag erklärt, daß man Stresemann niederschießen müßte wie einen tollen Hund. Er hatte kaum vor einem Jahr das Ausland gewarnt, in die bankrotte deutsche Republik noch einen Pfennig zu stecken. Jetzt behauptete er kühn, daß in der nationalsozialistischen Revolution bisher keinem Menschen ein Haar gekrümmt worden sei, und sang ein Loblied auf die Selbstbeherrschung seiner SA und SS. Da sah ich im Geiste den blauschwarz verfärbten Rücken unseres mißhandelten Kollegen aus Dachau vor mir und schlug mit der flachen Hand auf die Bank. Meine Parteifreunde sahen mich bestürzt an, einige inzwischen wohl eingeweihte Abgeordnete der Bayerischen Volkspartei blickten mahnend herüber. Die Nationalsozialisten auf der Ministerbank vor uns wurden aufmerksam. Zum Glück wurden sie von einem neuen Zwischenfall abgelenkt. Der Innenminister beschuldigte seinen Vorgänger Dr. Stützel, daß dieser versucht habe, die nationalsozialistische Revolution mit Gewalt aufzuhalten, und der Polizei befohlen habe, auf die Nationalsozialisten zu schießen. Empörte Zwischenrufe der nationalsozialistischen Abgeordneten wurden laut. Da stand der frühere Ministerpräsident Dr. Held in seiner Abgeordnetenbank zögernd auf und stammelte einige Worte von Irrtum und Mißverständnis. Aber die Nazis schrien ihn mit einem Wutgebrüll nieder, er duckte sich und rutschte wieder in seine Bank. So tief waren die Gegner der Nationalsozialisten gesunken, daß sie die rechtmäßige Verteidigung des bayerischen Staates gegen den nationalsozialistischen Aufruhr als Unrecht empfanden und sich die Gunst der Sieger durch die Beteuerung erkaufen wollten, sie hätten an Widerstand gar nicht gedacht.

Selbstverständlich stimmte die Bayerische Volkspartei dann auch für das von der neuen Regierung vorgelegte bayerische Ermächtigungsgesetz. Wie im Reichstag, blieben wir Sozialdemokraten auch im bayerischen Landtag als Gegner eines Gesetzes, das die gesamte Staatsgewalt der Regierung auslieferte, allein und in der Minderheit. Noch

einmal zogen wir uns den entrüsteten Tadel der Nationalsozialisten zu, als wir am Schluß der Sitzung beim »Heil
Hitler!« des Landtagspräsidenten uns nicht von unseren
Plätzen erhoben. Aber da hatten die ehemaligen Bauern-
bündler schon das Horst-Wessel-Lied angestimmt, und wir
benutzten diese Gelegenheit, uns aus dem Saal zu entfernen. So endete die erste und einzige Sitzung des bayerischen Landtags unter der Herrschaft der nationalsozialistischen Partei. Kaum ein halbes Jahr später war die
bayerische Volksvertretung abgeschafft und unter ein Jahrhundert bayerischer Parlamentsgeschichte der Schlußstrich
gezogen. Der große Sitzungssaal der Kammer der Abgeordneten wurde ein Museum, wie es der Sitzungssaal der
Kammer der Reichsräte bereits seit 1918 gewesen war. Nur
waren an den ehemaligen Sitzen der hochgeborenen Fürsten und Herren der Reichsratskammer die adeligen Wap-
pen noch aufgemalt, während die weißen Papierschilder an
unseren Abgeordnetensitzen wohl rascher vergilbten. Später wurde das Landtagsgebäude an der Prannerstraße von
den Nationalsozialisten zum Sitz einer ihrer Parteiorganisationen bestimmt. In der »Stadt der Bewegung«, wie die
ehemalige Hauptstadt der bayerischen Könige umgetauft
wurde, brauchte man Platz.

6. Ohnmacht des Rechts

Im Laufe des Monats April 1933 trennten die freien Gewerkschaften Deutschlands ihr Schicksal endgültig von dem der Sozialdemokratischen Partei. An manchen Orten, wie in Hamburg, hatten sich die auf sozialdemokratischen Listen gewählten Gewerkschaftsführer im Stadtrat schon früher zu einer eigenen Fraktion zusammengeschlossen. Was dem General Schleicher durch Überredung nicht gelungen war, vollbrachte jetzt Hitler durch Drohungen mit Gewalt. Zur Maifeier 1933 erließ der Vorstand der freien Gewerkschaften einen Aufruf, in dem die Mitglieder der Gewerkschaften zur Teilnahme an den nationalsozialistischen Maifeiern aufgefordert wurden. Die Erklärung enthielt Stellen, die nur mehr als Anbiederung an die neuen Machthaber aufgefaßt werden konnten. Kurz vorher hatten Leipart, Graßmann und andere Gewerkschaftsführer angeordnet, daß die Millionenbeträge des Gewerkschaftsvermögens, die in den vorausgehenden Monaten ins Ausland gerettet worden waren, wieder zurückgeholt würden. Sie kamen gerade noch recht, um in die Hand der Nationalsozialisten zu fallen. Ausländische Gewerkschaftsführer wurden in diesen Tagen von den Vorständen der deutschen Gewerkschaften nicht mehr empfangen, so sehr waren diese von Furcht verwirrt und gelähmt. Sie hatten immer noch gehofft, nach dem italienischen Vorgang in den Staat eingegliedert und zu Staatsbeamten ernannt zu werden.

Aber am 2. Mai 1933 besetzten die Nationalsozialisten in ganz Deutschland die noch nicht von der SA erstürmten Gewerkschaftshäuser, führten Leipart, Graßmann, Schmitt vom Landarbeiterverband und andere gefangen ab und mißhandelten sie in den Kasernen der SA. Das gesamte Vermögen der freien Gewerkschaften, alle ihre Einrichtungen und Organisationen wurden in die »Deutsche Arbeitsfront« überführt. An die Spitze dieser neuen Riesenorganisation stellte Hitler den ihm blind ergebenen Nationalsozialisten Dr. Ley. In München erregten diese Ereignisse kein besonderes Aufsehen mehr. Hier war das Gewerkschaftshaus bereits seit dem 9. März von SA besetzt, die meisten Angestellten der Gewerkschaften waren bereits entlassen. Jetzt wurden auch die bisher noch verschonten Gewerkschaftsführer davongejagt oder in Schutzhaft genommen.

Ich hatte mit Frau und Kindern den sozialdemokratischen Feiertag in Gesellschaft von einem guten Hundert Genossen in einer Waldgaststätte nächst München gefeiert. Erhard Auer hatte eine kleine Ansprache gehalten, Erinnerungen an die Zeiten Vollmars waren hervorgeholt worden. Das Bier hatte nicht besonders gemundet, die Kinder hatten bei Sonnenschein auf dem Rasen gespielt, dazwischen hatte es nach Münchner Art vom kaum verschleiertem Himmel mehrmals wie mit Scheffeln gegossen.

Seit einiger Zeit war ich aus meiner Junggesellenbude in meine Wohnung zurückgekehrt. Mein Parteifreund hatte sein Zimmer wieder für seinen Studenten benötigt. Am Morgen des 2. Mai, einem strahlenden Tag, saß ich am Schreibtisch und hatte mich in juristische Bücher vertieft. Da rief mich unser Fraktionssekretär Fritz Endres an und ersuchte mich, sofort in den Landtag zu kommen. Dort teilte er mir im Auftrag des nationalsozialistischen Ministers Esser folgendes mit:

Die Nationalsozialisten hätten angenommen gehabt, daß ich als ihr erklärter und bekannter Gegner bereits im März ins Ausland geflüchtet sei. Nun hätte ich aber die Unverfrorenheit besessen, zur Eröffnung des bayerischen

Landtags zu erscheinen. Er, Esser, habe seine Parteigenossen nur mit größter Mühe von Tätlichkeiten gegen mich abhalten können. Allein dem Umstande, daß er als Landtagspräsident allen Abgeordneten freies Geleit zugesichert hätte, wäre es zuzuschreiben, daß ich nicht im Landtagsgebäude festgenommen worden sei. Nun aber verlange die Nationalsozialistische Partei, daß ich innerhalb 24 Stunden mein Landtagsmandat niederlege. Ich würde es doch nur zum Kampf gegen den Nationalsozialismus benützen. Falls ich dieser Aufforderung nicht nachkäme, würde ich ins Konzentrationslager gesperrt, und er, der Minister Esser, würde dann auch in seiner Eigenschaft als Landtagspräsident keinen Finger rühren, daß ich jemals wieder in Freiheit käme. Er wisse sehr wohl, daß die nationalsozialistische Forderung mit der geltenden Verfassung und den geltenden Gesetzen in Widerspruch stehe. Aber es sei eben noch Revolution. Übrigens habe er über meinen Fall persönlich mit dem Reichskanzler gesprochen, und Hitler habe dem Vorgehen gegen mich zugestimmt.

Endres erwähnte nach seinem Bericht noch, er habe im Gespräch mit Esser eingewendet, daß ich bei dem schönen Wetter vielleicht ausgegangen und nicht sofort zu erreichen sei. Esser habe aber versichert, daß ich mich zu Hause am Schreibtisch befinde. Ich wurde also von nationalsozialistischen Spitzeln beobachtet.

Zunächst war ich über die an mir versuchte Nötigung, den Rechts- und Verfassungsbruch der Nationalsozialisten, heftig empört. Die Verhinderung eines Abgeordneten an der Ausübung seines Mandats war im Strafgesetzbuch mit Zuchthaus bedroht. Ich selbst war nach der Verfassung gegen eine Verhaftung durch die Immunität des Abgeordneten geschützt. Aber Endres wies mit Recht darauf hin, daß kein Staatsanwalt und kein Gericht sich mit einer Anklage gegen den Minister Esser, hinter dessen Vorgehen nach seiner Darstellung auch Hitler stand, überhaupt nur befassen würde. Ich mußte ihm beipflichten. Wir besaßen keine Macht mehr, unser verfassungsmäßiges Recht durchzusetzen. Die Paragraphen blieben tote Buchstaben, wenn niemand mehr da war, der sich ihrer bediente. Die Zeiten des Müllers von Sanssouci, der gegenüber einem preußischen König auf sein Recht gepocht hatte, waren vorbei. Aber es handelte sich nicht nur um meinen persönlichen Fall. Auf die gleiche Weise wie mich konnten die Nationalsozialisten künftig jeden unbequemen Gegner behandeln. Meine Sache ging also das gesamte Parlament, den bayerischen Landtag, an. Er sollte sich damit befassen. Endres wandte dagegen ein, daß Esser als Landtagspräsident wegen meines Falles nicht einmal den Verfassungsausschuß, geschweige denn die Vollversammlung des Landtags einberufen würde. Auf die Bayerische Volkspartei sei auch nicht mehr der geringste Verlaß. Ich würde, ohne daß die Öffentlichkeit davon etwas erführe, einfach ins Konzentrationslager Dachau geschafft und dort totgeschlagen werden. Schließlich einigte ich mich mit unserem Fraktionssekretär, daß der Vorstand der sozialdemokratischen Landtagsfraktion zur Entscheidung meines Falles auf den folgenden Tag zusammenberufen werden solle. Seinem Spruch wollte ich mich dann fügen. Endres rief den Minister Esser an und ersuchte ihn um 48 Stunden Fristverlängerung. Sie wurde gewährt.

Die Besprechung unseres Fraktionsvorstandes fand am andern Tag im Landtagsgebäude statt. Auer machte zuerst, wie gewöhnlich, in Aufschneiderei und prahlte, daß er sich einer solchen Zumutung nicht fügen würde. Aber der frühere bayerische Kriegsminister Roßhaupter legte ihm nachdrücklich dar, daß die Fraktion von einem Mitglied, das im Konzentrationslager sitze oder bestenfalls flüchtig sei, nicht den geringsten Nutzen habe. Die Zahl unserer Mandate sei ohnehin so gering, daß es nicht angehe, auch nur einen einzigen Mann zu entbehren. Die Möglichkeit, meinen Fall groß aufzuziehen und irgendwelche Instanzen, etwa den bayerischen Staatsgerichtshof, damit zu befassen, bestehe nur mehr in der Theorie. Der leidenschaftslose und nüchterne Roßhaupter, der große Zyniker unserer Fraktion, schien sich geradezu ein Vergnügen daraus zu machen, die Aussichtslosigkeit jedes Widerstandes gegen die nationalsozialistische Forderung mit zwingender Logik nachzuweisen. So kam der Fraktionsvorstand einstimmig zu dem Beschluß, ich solle mein Landtagsmandat zur Verfügung stellen.

Die letzte Entscheidung lag bei mir. Niemand konnte mich zwingen, mich dem Spruch des Vorstands zu fügen. Ich hätte vielleicht fliehen und bei meiner Kenntnis von Land und Leuten ins Ausland entkommen können. Dann aber blieben den Nationalsozialisten meine Frau und meine Kinder als Geiseln zurück. Die Nationalsozialisten brauchten nur mein Ruhegehalt zu sperren, dann waren meine Angehörigen aufs Trockene gesetzt und ich schließlich zur Rückkehr verpflichtet. Ich war nicht stark genug, meine Angehörigen aufs Spiel zu setzen. Das politische Handwerk sollen in gefährlichen Zeiten nur Junggesellen betreiben. Familienväter stehen immer vor der Wahl, grausam gegen ihre Angehörigen oder fügsam gegenüber den herrschenden Mächten zu sein. Die katholische Kirche hat aus den Erfahrungen der Kämpfe zwischen Kaisern und Päpsten im Mittelalter ihren Priestern den Verzicht auf die Ehe auferlegt. Sie hat freilich trotzdem nicht immer unerschrockene Kämpfer gehabt.

In meinem Fall wünschte aber auch die maßgebende Instanz der Partei meinen Verzicht auf das Landtagsmandat. Ich war Gefolgsmann der Partei und hatte mich bisher immer, wo es nicht um grundsätzliche Überzeugungen ging, der Parteizucht gefügt. So schrieb ich jetzt an Ort und Stelle die gewünschte Erklärung. Es ging mir nahe, ich hatte dem bayerischen Landtag über neun Jahre angehört und viele parlamentarische Ehren und Würden eingeheimst. Meine Freunde trösteten mich, daß ich bei einer Neuwahl nach dem Sturz der nationalsozialistischen Herrschaft im Triumph zurückgeholt würde. Damals hielten wir ein solches Ereignis für möglich schon in absehbarer Zeit. So sehr waren wir von der Empörung des deutschen Volkes gegen das nationalsozialistische Willkürregiment überzeugt. Bevor ich ging, teilte ich meinen Freunden noch mit, daß ich zum Reichsjustizminister nach Berlin fahren und aus seinem Munde hören wolle, ob Recht und Gesetz in Deutschland keine Geltung mehr hätten. Sie waren mit diesem Schritt einverstanden. Es war bekannt, daß Gürtner als bayerischer Justizminister nach dem Hitlerputsch die von »vaterländischer Seite« an ihn gestellte Zumutung, das Strafverfahren gegen die Hochverräter nicht durchzuführen, entschieden abgelehnt hatte. Vielleicht war er trotz seiner hitlerfreundlichen Einstellung der Mann, der im Zusammenbruch aller bisherigen Werte wenigstens gegen die gröbsten Verletzungen des noch geltenden Rechts auftreten würde.

Ich fuhr noch am gleichen Abend nach Berlin. In den Morgenzeitungen las ich eine Erklärung der jetzt von Minister Esser geleiteten amtlichen Pressestelle über meine Niederlegung des bayerischen Landtagsmandats. Natürlich war ich als besonders gehässiger und niederträchtiger Gegner der nationalsozialistischen Bewegung hingestellt. Die Drohung mit dem Konzentrationslager war zart angedeutet, das Einverständnis Hitlers mit dem gegen mich ausgeübten Zwang wohlweislich verschwiegen. Das mußte man den Nationalsozialisten lassen: Sie schämten sich durchaus nicht, den überwundenen Gegnern den Eselstritt zu versetzen. Sie hatten nichts vergessen und rächten sich an jedem, der ihrem Aufstieg zur Macht irgendeinmal in den Weg getreten war.

Im Reichsjustizministerium an der Voßstraße trat ich

dann meinem bayerischen Landsmann gegenüber. Der Reichsjustizminister war in den letzten Monaten gealtert, und seine Stirne schien sorgenvoll. Ich kannte ihn schon seit Februar 1920, als er noch Zweiter Staatsanwalt in München gewesen und ich ihm zur Ableistung meiner Nachpraxis als Rechtspraktikant zugeteilt war. Wir stammten aus den gleichen sozialen Verhältnissen. Sein Vater war Lokomotivführer in Regensburg, der meine Stationsmeister an verschiedenen Eisenbahnhaltestellen in Oberbayern gewesen. Gürtner hatte wie ich mit Auszeichnung studiert. Als Universitätsstudent war er Zögling des Maximilianeums gewesen, einer vornehmen Stiftung in München, die begabten jungen Studenten unentgeltlich Kost und Wohnung bot. Ich hatte nach meinen Erfahrungen mit einem Freiplatz am Gymnasium ein Gesuch um Aufnahme an diese Stiftung abgelehnt und mich lieber mit Nachhilfestunden durchgebracht. Gürtner kam durch das Maximilianeum in Berührung mit »besseren Kreisen«. Er machte den Weltkrieg als Hauptmann in Palästina mit und trat nachher als streng nationaler Parteimann auf. Wie viele bayerische Juristen, die aus kleinen Verhältnissen hervorgegangen waren, wurde er durch Erziehung und Lebensschicksal zum Anhänger und Verteidiger der herrschenden Klasse. Ich hatte mich im August 1914 als Kriegsfreiwilliger gemeldet, war aber wegen eines Herzleidens nicht angenommen worden. Politisch vertrat ich schon als Gymnasiast die Forderungen der Sozialdemokratie.

Beim Kapp-Putsch, der in Bayern siegreich ausging, wurde Gürtner als Bearbeiter der Strafsachen nach der Räterepublik in die Stadtkommandantur München geholt. Einige Zeit später sollte er Bankdirektor werden, fand aber keinen Gefallen an diesem Geschäft und kehrte als Oberregierungsrat ins bayerische Justizministerium zurück. Im Jahre 1921 wurde er von der Deutschnationalen Partei als einer ihrer fähigsten Köpfe in Bayern zum bayerischen

Justizminister gemacht. Dieses Amt übte er bis zum Mai 1932 aus. Ich kam mit ihm wieder in Berührung, als ich im April 1924 als Abgeordneter in den bayerischen Landtag gewählt wurde. Seitdem hatten wir in den Parlamentsverhandlungen, besonders bei der Behandlung des Justizhaushalts, häufig die Klinge gekreuzt. Im Untersuchungsausschuß des bayerischen Landtags stellte ich als Mitberichterstatter die Rechts- und Verfassungsverletzungen des Ministers Gürtner zugunsten Hitlers in den Jahren 1923 und 1924 rücksichtslos fest. Er ließ es mich in meiner dienstlichen Laufbahn nicht entgelten, hätte allerdings auch keine rechtliche Handhabe dazu gehabt. Ich kam als parlamentarischer Fürsprecher von Bittstellern häufig zu ihm ins Justizministerium und brachte dann manche Stunde im politischen Gespräch mit ihm zu. Als es nach 1930 eine Zeitlang schien, als ob ich sein Nachfolger in Bayern werden sollte, empfahl er mir in einer solchen Unterredung mit ruhiger Sachlichkeit, innerhalb der eingearbeiteten Ministerialbürokratie keinen schroffen Wechsel der Beamten vorzunehmen, und trug mir die seiner Meinung nach dafürsprechenden Gründe eindringlich vor. Im September 1930 kam ich in den Reichstag, er wurde dann im Mai 1932 aus Bayern, wo wegen Meinungsverschiedenheiten über die Behandlung der Nationalsozialisten zwischen ihm und der Bayerischen Volkspartei seine Stellung schwierig geworden war, von dem Reichskanzler Papen, seinem alten Bekannten von der Palästinafront im Weltkrieg, nach Berlin als Reichsjustizminister geholt. Als Reichstagsabgeordneter hatte ich dann mit ihm wieder häufiger zu tun. Innerhalb der Deutschnationalen Partei galt Gürtner als besonderer Vertrauensmann Hugenbergs und machte dessen Politik in allen ihren Schachzügen mit. Zusammen mit Hugenberg war er dann auch in die Regierung Hitler gekommen.

Gürtner war ein glänzender Jurist, dabei großzügig, kein kleinlicher Pedant, und mit einem kühlen praktischen

Verstand begabt. Seine kulturellen Interessen waren weit gespannt, seine geschichtlichen Kenntnisse groß. Er war ein Meister der Selbstbeherrschung. Kaum jemals zeigte er Leidenschaft, und Mitgefühl schien ihm überhaupt fremd. Im parlamentarischen Kampf erspähte er kaltblütig jede Blöße des Gegners, erwog jeden Augenblick die beste Möglichkeit und wußte immer an der verwundbarsten Stelle zu treffen. In religiöser Hinsicht war er zum großen Schmerz seiner klerikalen Bundesgenossen gänzlich gleichgültig gewesen, durch und durch ein alter liberaler Individualist. Die große Menge verachtete er, an ihre Höherentwicklung glaubte er nicht. Dem politischen Geschehen stand er mit einem gewissen Fatalismus gegenüber, er erklärte und entschuldigte alles aus den Verhältnissen und aus der Zeit. Die Politik schien ihm mehr ein lehrreiches Spiel, mehr Turnier als Schlachtfeld des Geistes zu sein. Er forderte Feindschaften nicht gern heraus, suchte sich vielmehr mit allen Parteien, selbst mit den Kommunisten, gutzustellen und war allen Parlamentariern, besonders den harmlosen Bauernbündlern, in Begnadigungssachen gern gefällig und hilfsbereit. Dadurch verpflichtete er und wurde beliebt. Das Recht war ihm nüchterner Dienst, es fehlte ihm die große Leidenschaft für die Gerechtigkeit. Dieser Mangel und eine allzu machiavellistische Einstellung zur Politik, in der er gelegentlich auch zweifelhafte Mittel nicht verschmähte, machten ihn zum Werkzeug rücksichtsloser Gewaltmenschen geeignet. Mit mehr weltanschaulicher Stärke und weniger Beamtengesinnung, die auch da achselzuckend dienen läßt, wo selbständige Meinung und Auflehnung gegen unerträgliche Zumutungen erforderlich ist, hätte er im Juni 1933 Hugenberg vor dem Hinauswurf aus der Hitlerregierung bewahrt und nach dem 30. Juni 1934 das Ansehen der deutschen Rechtspflege gerettet.

Der Reichsjustizminister lud mich mit seiner gewohnten Liebenswürdigkeit zum Sitzen ein. Er ließ mich vorerst nicht spüren, daß ich nicht mehr als einflußreicher Parlamentarier, sondern als Schutzflehender zu ihm kam. Ruhig hörte er meinen Vortrag über den Verfassungsbruch an, der an mir begangen war, ging aber, als ich geendet hatte, mit keinem Wort darauf ein. Vielleicht schien es ihm unter dem vielen, was jetzt in Deutschland wider Recht und Gesetz geschah, völlig bedeutungslos. Er brachte das Gespräch sofort auf die jüngsten Morde, die im Konzentrationslager Dachau an Schutzhäftlingen begangen waren, und nannte die Namen der ermordeten Nürnberger Kaufleute Kehn und Benario. Ich konnte ihm über diese Fälle nur mitteilen, was ich unter der Hand davon gehört hatte. Das war nicht viel.

Er machte sich eifrig Notizen, sein Gesicht wurde finster, und er erklärte mehrmals mit größtem Nachdruck, daß er solche Zustände auf keinen Fall dulden werde. Wie sich später zeigte, überschätzte er seine Macht. Dann fragte er mich nach Eigenschaften und Wesensart einiger Nationalsozialisten, die durch Hitlers Gnade zu hohen Staatsämtern und Würden gekommen waren. Ich kannte die meisten aus meiner Tätigkeit im bayerischen Landtag und konnte ihm wichtige Aufschlüsse geben. Längere Zeit drehte sich unsere Unterhaltung um die Rechtsreform. Ich war im Landtag immer für ein volkstümliches Recht nach Schweizer Muster eingetreten und nahm auf meine früheren Anregungen Bezug. Gürtner machte sich lustig über die jungen nationalsozialistischen Juristen, die jetzt von ihm ständig die Wiederbelebung der altgermanischen Rechtseinrichtungen verlangten. Er habe sie immer mit dem Hinweis abgefertigt, daß die alten Germanen ein Bauernvolk gewesen seien und daß man deshalb in ihren Rechten für das moderne Handels- und Wechselrecht kaum Unterlagen auffinden würde.

Vergebens suchte ich den Minister mehrmals auf die Angelegenheit zu bringen, deretwegen ich zu ihm gekommen war. Allein an seiner Geschmeidigkeit glitten alle meine schüchternen Anläufe ab. Da fragte ich schließlich, ob er den Brief erhalten habe, den ich ihm nach meiner Entlassung aus dem Staatsdienst geschrieben hatte. Er wurde dunkelrot und meinte verärgert, ich habe mit dem Brief wohl beabsichtigt, meine Verwendung als Beamter auch späterhin unmöglich zu machen. Das war verletzend, er zeigte den Herrn, er wollte mich seine Macht fühlen lassen. Es überraschte mich, ich war es an ihm nicht gewohnt. Sofort stand ich auf. Er erhob sich gleichfalls, mußte aber an meinem Gesicht bemerkt haben, wie mich seine Äußerung getroffen hatte. Es war ja auch keine Kunst und nicht besonders edelmütig, einem vom Unglück niedergeworfenen Mann die Zähne zu zeigen. Darum wohl suchte er zu begütigen, klopfte mir zum Abschied auf die Schulter und meinte tröstend: »Nun, Herr Kollege, es kommt auch wieder anders. Es bleibt nicht alles so, wie es ist.«

Ich nahm den Zuspruch, der vielleicht nur eine Redensart war, gierig als Ankündigung einer baldigen politischen Veränderung auf und drückte dem Minister dankbar die Hand. Er begleitete mich zur Tür und bot mir noch an, daß ich mich zu jeder Stunde, nötigenfalls telegraphisch, an ihn wenden könne, wenn ich seines Schutzes bedürfte.

Als ich auf der Straße war, suchte ich mir darüber klarzuwerden, warum es der Minister geflissentlich vermieden hatte, auf meine Angelegenheit einzugehen. Ich kam zu dem Schluß, daß er offenbar jede Bemühung für aussichtslos hielt, nachdem sich Hitler mit meiner zwangsweisen Entfernung aus dem Landtag einverstanden erklärt hatte. Man konnte schließlich von dem Minister nichts Unmögliches verlangen. Er war nicht der Mann, wegen einer Verfassungsverletzung, die dazu noch nur an einem »Marxisten« begangen war, seine Stellung zu gefährden oder gar mit der Niederlegung seines Amtes zu drohen.

Es gab keine Rechtsgleichheit mehr in Deutschland, es

bestand jetzt zweierlei Recht. »Mensch ist nicht gleich Mensch« hatte der Nationalsozialist Rosenberg nach dem Mord von Potempa verkündet und das Recht der wertvollen, weil deutschblütigen Mörder dem minderen Rechte des ermordeten »Pollaken« entgegengestellt. Recht war jetzt, was den Nationalsozialisten nützte, was ihnen als Recht gefiel. Sie waren wie die gesalbten Könige von Gottes Gnaden heilig und unverletzlich geworden und stellten die neuen Gesetzestafeln auf. Diese aber dienten in der Hauptsache nur dem Zweck, die anderen Deutschen niederzuhalten und sie dem Willen der nationalsozialistischen Staatsführung zu unterwerfen. Das Recht war schneidiges Werkzeug der Politik geworden, und diese Politik wurde allein von Hitler bestimmt.

Solange die Nationalsozialisten in der demokratischen Republik erst auf den Wegen zur Macht gewandelt waren, hatten sie stürmisch das gleiche Recht für alle, also auch für sich, gefordert, weil sie zur Entfaltung ihrer politischen Tätigkeit der demokratischen Rechte und Freiheiten bedurften. Jetzt, wo sie in der Macht saßen, warfen sie die Rechtsgleichheit wie ein schmutziges Bettlergewand ab. Das Recht ist die Krücke der Schwachen, die Starken bedürfen seiner nicht. Jetzt sollte es nur mehr ein Recht für die herrschende Partei und ein Recht gegen die anderen Deutschen geben. Die allgemeinen Menschenrechte wurden von dem Kulissenhimmel, von dem sie über ein Jahrhundert geleuchtet hatten, herabgeholt. Die staatsbürgerlichen Freiheiten hatten ihren Sinn verloren in einem Lande, in dem es Konzentrationslager für politische Gefangene gab. Die früheren Gegner der Nationalsozialisten wurden als »innerer Feind« behandelt und unter Kriegsrecht gestellt. Der innere Feind verfiel nach germanischem Recht der Acht, er wurde ehrlos, rechtlos und vogelfrei. Jeder Volksgenosse konnte ihn offen erschlagen und erwarb sich dadurch noch Verdienst.

Gerechtigkeit? Laßt die Gegner dürsten nach der Gerechtigkeit, sie sollen selig werden, wie es in der Bergpredigt steht. Man kann sie mit einem Gnadenschuß in die ewige Seligkeit hinüberbefördern. Gnade? Waren denn die Nationalsozialisten nicht gnädig genug? Sie vernichteten ihre politischen Feinde nicht zu Zehntausenden, wie es in der Geschichte so oft vorgekommen war. Sie nahmen ihnen nur Ehre, Vermögen und Stellung, Heimat und Vaterland. Diese Großmut hätte doch wahrlich mehr Anerkennung verdient.

Recht und Gesetz? Ein Tor, der sie gegen politische Zweckmäßigkeiten ausspielen wollte. Er hatte, wie ich, das Wesen der nationalsozialistischen Herrschaft noch nicht erfaßt. Wieviel besser hatte der Reichsjustizminister doch den Sinn der großen Zeit, in der wir leben, begriffen. Er blieb im Amt, als das Recht, das er ein Dutzend Jahre lang als Justizminister der bayerischen Republik gehandhabt hatte, in Trümmer sank. Er blieb vielleicht, um »Schlimmeres zu verhüten«. Freilich, die Willkür hätte auch nackt gehen können. Da war es immer noch ein Werk der Barmherzigkeit, ihr den Mantel des Rechts um die breiten Schultern und die große Blöße zu werfen.

Als ich von Berlin nach Hause kam, hatte meine Reichstagskollegin Toni Pfülf eben die Denkschrift Oberfohrens, des Vorsitzenden der deutschnationalen Reichstagsfraktion, erhalten, in der die Rolle der Nationalsozialisten beim Reichstagsbrand eingehend geschildert war. Sie bestätigte nur unsere Vermutungen. Oberfohren wollte das ungeheuerliche Verbrechen öffentlich brandmarken und der Zusammenarbeit seiner Partei mit kriminellen Verbrechern ein Ende bereiten. Hugenberg und seine Freunde aber unterdrückten und verheimlichten es, um die »nationale« Regierung Hitler zu retten. Dieser Kampf ums Recht ging ebenfalls zuungunsten Oberfohrens aus. Er wurde am 7. Mai 1933 in seiner Wohnung in Kiel, als dort gerade ein großer nationalsozialistischer Aufmarsch stattfand, erschossen aufgefunden. Man gab als Todesursache seinen Selbstmord an. Jedenfalls wurde mit ihm das deutsche Recht zu Grabe getragen. Das Verbrechen hatte gesiegt.

Auf der Rückfahrt nach München stieg in mein Abteil in Bamberg der Vorsitzende der Reichstagsfraktion der Bayerischen Volkspartei, Prälat Dr. Leicht, in Nürnberg der Nationalsozialist Julius Streicher ein. Ich hörte dann, wie Streicher unterwegs mit dem Zugschaffner sprach, er wolle kein Aufhebens machen, sonst würde er die Gelegenheit nicht versäumen. Das war wohl auf Prälat Leicht und mich gemünzt. Streicher wollte also einmal Gnade walten lassen. Ich wußte aber, daß er nicht beim Anblick von Juden, sondern auch von »Judenknechten«, wie er uns »Marxisten« nannte, gelegentlich einen Wutanfall bekam. So setzte ich mich in Augsburg in eine andere Wagenklasse am Anfang des Zugs.

Ich kam also unverrichteter Dinge heim. Jetzt war ich mir klar darüber, daß unser Schicksal im Belieben meiner grimmigsten Feinde, der Nationalsozialisten, lag. Von Recht und Gesetz war nicht mehr viel zu erwarten. Meine Frau begann vor allem um unsere Kinder zu bangen. Hitler hatte jüngst in einer Rede gedroht, den Eltern, die sich weigerten, ihre Kinder im nationalsozialistischen Geist erziehen zu lassen, die Kinder mit Gewalt hinwegzunehmen. Das hätte meine Frau bestimmt nicht überlebt. Aber noch wehrten wir uns gegen die düsteren Gedanken, wir waren unfähig, uns zu einem Entschluß aufzuraffen, und warteten wie gelähmt auf den nächsten Schlag. Wie aber im Drama vor der Endkatastrophe sich noch einmal alles zum Guten zu wenden scheint, so leuchtete plötzlich auch uns ein letzter Hoffnungsschimmer auf.

7. Partei und Nation

Urplötzlich wurde der Reichstag zum 17. Mai 1933 nach Berlin einberufen. Der Zweck war uns zunächst nicht ganz klar. Von den Schwierigkeiten der außenpolitischen Lage des Reiches, die infolge der zunehmenden militärischen Ausbildung der nationalsozialistischen Wehrorganisationen entstanden waren, hatten wir keine Vorstellung. Die gleichgeschaltete Presse brachte nichts darüber, unsere Verbindungen zu den anderen politischen Parteien aber waren so ziemlich abgerissen. Wir lebten beinahe auf dem Mond.

Unser Parteivorstand hatte sich heimlich ins Ausland begeben. Wir waren von seiner Übersiedelung wohl aus Sicherheitsgründen nicht in Kenntnis gesetzt worden. Zwar hatte ich bei meiner letzten Fahrt nach Berlin im Reichstag unseren Fraktionssekretär und seine kluge weibliche Hilfskraft mit Tränen in den Augen überrascht. Ich fragte nicht weiter nach dem Grund, sondern dachte mir, daß es wegen der notwendig gewordenen Kündigung sämtlicher Angestellten sei. Wo hatten auch deutsche Sozialdemokratinnen nicht Grund zum Weinen in dieser Zeit? Später erst wurde mir klar, daß die Tränen im Fraktionssekretariat wegen der Flucht der Parteileitung ins Ausland geflossen waren.

Der Generalstaatsanwalt in Berlin hatte am 10. Mai 1933 die Beschlagnahme des Vermögens der Sozialdemokratischen Partei Deutschlands und ihrer sämtlichen Zeitungsbetriebe sowie die Beschlagnahme des Vermögens des »Reichsbanners« angeordnet. Als Grund für diese Willkürmaßnahme war angegeben, daß die von den freien Gewerkschaften angeblich geleisteten Wahlzuschüsse an die Sozialdemokratische Partei von dieser wieder zurückgezahlt und diese Verpflichtungen gesichert werden müßten. Das Vermögen der in der »Konzentration A.-G.« zusammengefaßten sozialdemokratischen Zeitungsunternehmungen stellte einen Wert von etwa 40 Millionen Reichsmark dar. Ein großer Teil der Zeitungsgebäude war schon seit Mitte März in SA-Heime verwandelt worden. Wie stets in diesen Monaten wurde den Gewalttaten nachträglich das Mäntelchen des Rechts umgehängt. Allerdings war dieses bereits so zerschlissen, daß es kaum mehr die Blößen verhüllte.

Dieser Schlag gegen die Sozialdemokratie war für den Parteivorstand der letzte äußere Anlaß gewesen, seinen Sitz ins Ausland zu verlegen. Das mußte, wenn es gelingen sollte, allerdings heimlich geschehen. Aber man hätte die Mitglieder der Reichstagsfraktion nachträglich wenigstens in Kenntnis setzen sollen. So fühlten wir andern, überreizt und überempfindlich, wie wir geworden waren, eine neue und verletzende Klassenscheidung innerhalb der Partei. Die besseren Herrschaften hatten sich nach Verabredung untereinander in Sicherheit gebracht. Wir Parteimitglieder minderen Rechts waren als Fraß für die Konzentrationslager gerade gut genug. Man hatte es nicht einmal der Mühe wert gefunden, uns über die Gründe der Übersiedelung ins Bild zu setzen. Das steigerte unsere Erbitterung.

Was die im Inland verbliebenen Genossen erwartete, wurde uns in diesen Tagen deutlich vor Augen geführt. In vielen bayerischen Gemeindeparlamenten beantragten die nationalsozialistischen Fraktionen, Straßen nach Hitler zu benennen, Huldigungstelegramme an ihn zu schicken und dergleichen byzantinische Mätzchen mehr. Wenn sich dann unsere Stadträte weigerten, solche Dinge mitzubeschließen, oder wenn sie auch nur bei einem auf Hitler ausgebrachten »Heil!« sitzen blieben oder gar aus dem Saale gingen, fielen die nationalsozialistischen »Kollegen« mit Fäusten, Fußtritten und Gummiknütteln über sie her. Im Münchner

Stadtrat schlugen sie unseren Erhard Auer mit Stahlruten ohnmächtig, dann schleiften sie den schweren Mann an Händen und Füßen aus dem Beratungssaal und stießen ihm dabei die Stiefelspitzen in den Leib. Auer zeigte mir einige Tage später die blauen Beulen auf seinem Rücken. Wie in München ging es in Nürnberg und in den meisten anderen Städten zu. Die sozialdemokratischen Gemeinderäte wurden rechtswidrig aus den Gemeindeparlamenten ausgestoßen, die meisten von ihnen ins Konzentrationslager Dachau geschafft.

Unter dem Eindruck dieser Geschehnisse fuhren wir Münchner Abgeordneten am 15. Mai 1933 nach Berlin. In der Fraktionssitzung des nächsten Tages erschien zu unserer großen Überraschung der mit den übrigen Parteivorstandsmitgliedern ins Ausland geflüchtete vormalige Hauptschriftleiter des »Vorwärts«, Friedrich Stampfer, als Vertreter des Parteivorsitzenden Otto Wels. Er teilte uns dessen Weisung mit: Wir sollten der Reichstagssitzung fernbleiben und diesen Schritt in der Öffentlichkeit mit der Mißhandlung unserer Anhänger in den Konzentrationslagern begründen. Stampfer eröffnete uns diesen angeblichen »Befehl« des Parteivorstandes in überheblichem Ton, der uns gleich bei Beginn der Sitzung maßlos erregte. Wir brauchten uns vom Ausland her keine Vorschriften machen zu lassen, wir waren mündig und reif genug, unsere Entscheidungen so zu treffen, wie es das Wohl unserer Anhänger im Inland erforderte. Das wurde Stampfer sofort von einer Reihe von Rednern deutlich gemacht. Wir hatten inzwischen auch erfahren, daß der Reichstag wegen einer außenpolitischen Frage zusammengerufen worden war. Aus diesem Grunde wollten wir der Sitzung nicht fernbleiben, allerdings im Reichstag auch eine feierliche Verwahrung gegen die Mißhandlung der politischen Gefangenen in den Gefängnissen und Konzentrationslagern abgeben. Dieser Meinung schloß ich mich mit meinen bayerischen Freunden, besonders Hans Dill und Unterleitner, an. Wir waren uns einig darüber, daß die Politik, die der Parteivorstand am 23. März 1933 eingeleitet hatte, so lange wie möglich beibehalten werden mußte. Er hatte damals versucht, die Partei durch strengste Einhaltung der gesetzlichen Vorschriften, durch Verzicht auf kraftvolle Opposition, ohne jedoch in Unterwürfigkeit und Charakterlosigkeit zu verfallen, durch Anpassung an die bitteren Notwendigkeiten der Lage in bessere Zeiten hinüberzuretten. Wir wollten noch nicht glauben, daß der Versuch schon gescheitert war.

Ich hatte vor der Sitzung den Bergarbeiterführer Husemann kurz gesprochen und ihn gefragt, wie denn die Gewerkschaften in Rheinland-Westfalen hatten überwältigt werden können. Er hatte mir geantwortet: »Wir besaßen Sprengstoff genug, um das ganze Ruhrgebiet in die Luft zu sprengen. Aber wer konnte es verantworten, daß nach der Zerstörung der Schächte die Millionenbevölkerung dieser Gebiete auf Jahre hinaus zum Feiern und Hungern verdammt war?«

Ich hatte darauf dem schlichten Mann, der die beste Überlieferung der freien deutschen Arbeiterbewegung verkörperte, stumm die Hand gedrückt. Nein, wir durften nicht gewissenlos handeln, wir mußten immer das Wohl der Millionen vor Augen haben, die uns vertrauensvoll zu ihren Vertretern gewählt hatten. Die Deutschen, im Krieg die besten Soldaten der Welt, waren nicht geschaffen für die sinnlose Zerstörung von Menschenleben und wirtschaftlichen Werten im Bürgerkrieg. Sie liebten die Ordnung und schickten sich deshalb in jedes Joch. Die blutigen Spartakistenaufstände der Jahre nach 1918 waren nur letzte seelische Zuckungen des verwildernden Weltkriegs gewesen. Mit der Erstarkung der Staatsgewalt seit 1924 waren die Deutschen wieder in das seit Jahrhunderten eingefahrene Geleise gekommen. Nicht einmal die fürchterlichste Inflation der Geschichte, die deutsche von 1923, hatte sie mehr auf die Barrikaden gebracht.

Als Stampfer merkte, daß die übergroße Mehrheit der Fraktion sich den Wünschen des Parteivorstandes nicht beugen wollte, wurde er ärgerlich und immer hämischer im Ton. Zuletzt verstieg er sich sogar zu der verächtlichen Bemerkung, wir sollten uns doch nicht von der Rücksicht auf die Aufwandsentschädigung der Abgeordneten leiten lassen, die würde uns von den Nazis ohnehin bald entzogen. Diese Worte riefen einen Entrüstungssturm hervor. Wir sprangen auf, schrien alle durcheinander, und einige machten Miene, auf Stampfer loszugehen und ihn mit der flachen Hand zu züchtigen. So schätzte uns also der Parteivorstand ein. Das war zuviel. Unser in zahlreichen Parlamentsstürmen erprobter Genosse Löbe mußte seine ganze Vermittlungskunst anwenden, bis nach diesem Auftritt wieder Ruhe eintrat und abgestimmt werden konnte. Der Antrag des Parteivorstandes wurde mit übergroßer Mehrheit abgelehnt. Ein kleiner Ausschuß sollte noch am Abend einen Entwurf zu unserer Erklärung im Reichstag ausarbeiten. Da man mit dem Parteivorstand noch nicht endgültig brechen wollte, wurde auch Stampfer zu dieser Arbeit zugezogen. Er trat aber aus dem Ausschuß am nächsten Morgen aus und zerriß die gemeinsam verfaßte Erklärung mit der Bemerkung, daß er sich jetzt von Otto Wels nicht trennen könne und wolle. Jedenfalls hatte er im Laufe der Nacht mit den in Saarbrücken weilenden Mitgliedern des Parteivorstandes telefonisch gesprochen.

In der Fraktionssitzung am Vormittag des 17. Mai 1933 ergriff der inzwischen aus Saarbrücken eingetroffene Hans Vogel, der allgemein beliebt war, im Namen des Parteivorstandes das Wort. Er suchte uns durch gütliches Zureden umzustimmen. Ich trat ihm entgegen und erklärte, wir würden ja auch alle miteinander am liebsten wieder einmal freie Luft atmen und in ihr unsere Entscheidungen treffen.

Aber wir müßten eben handeln, wie es für das Wohl der Millionen im Lande verbliebenen Sozialdemokraten erforderlich sei. Das ginge auf unsere Kappe und unser Gewissen, vom Ausland her könnten wir uns daher auch vom Parteivorstand keine Vorschriften machen lassen. Die Auswirkungen unseres politischen Verhaltens könnten wir doch im Inland viel besser beurteilen, als das von außen her möglich sei. Schließlich wies ich auf die schweren Folgen hin, die unser etwaiges Fernbleiben von dieser der Außenpolitik gewidmeten Reichstagssitzung für die in den Konzentrationslagern wehrlos der Willkür ausgelieferten Genossen haben müßte und schilderte die Mißhandlungen, denen unser Erhard Auer im Münchner Rathaus ausgesetzt gewesen war. Hans Vogel trat mir fest, aber ohne persönliche Schärfe entgegen. Er war ein besserer Sachwalter des Parteivorstandes als Stampfer, und seine Darlegungen machten Eindruck. Aber in diesem Augenblick rief Otto Wels aus Saarbrücken an und erteilte uns den förmlichen Parteibefehl, an der Reichstagssitzung nicht teilzunehmen. Das ging entschieden zu weit! In der Sozialdemokratischen Partei Deutschlands gab es bei aller hergebrachten Disziplin keine Befehle, sondern nur Beschlüsse des Parteivorstands. Parteibefehl, das roch nach verhaßter Diktatur. Eine solche wäre selbst von einem im Inland tätigen Parteivorstand nicht ertragen worden, von einem ins Ausland geflüchteten Vorstand wirkte sie lächerlich und aufreizend zugleich. Wieder fielen harte Worte, und die feindselige Stimmung gegen Saarbrücken wuchs.

Da kam Löbe aus einer Sitzung des Ältestenrats des Reichstags zurück. Er begehrte und erhielt sofort das Wort. Die Vertreter der bürgerlichen Parteien hatten sich im Ältestenrat mit den Nationalsozialisten auf die Abgabe einer gemeinsamen Erklärung geeinigt, die im Reichstag nach der Rede des Kanzler verlesen werden sollte. Sie lautete: »Der Reichstag als die Vertretung des deutschen Volkes billigt die Erklärung der Reichsregierung und stellt sich in dieser für das Leben der Nation entscheidenden Schicksalsfrage der Gleichberechtigung des deutschen Volkes geschlossen hinter die Reichsregierung.«

Wie Löbe mitteilte, würde die Abgabe irgendeiner anderen Erklärung durch irgendeinen anderen Abgeordneten vom Reichstagspräsidenten verhindert werden. Löbe gab noch folgende Äußerung aus der Sitzung des Ältestenrates bekannt: Im Verlaufe der Besprechung hatte der nationalsozialistische Reichsinnenminister Dr. Frick wörtlich erklärt: »Uns ist es gleichgültig, ob die Sozialdemokraten der Entschließung des Reichstages zustimmen oder nicht. Auf alle Fälle mögen sie wissen, daß uns das Leben der Nation höher steht als das Leben einzelner Menschen.«

Diese Äußerung war ebenso wenig mißverständlich wie die frühere des Nationalsozialisten Dr. Frick, daß bei der Ergreifung der Staatsmacht durch Hitler einige zehntausend sozialdemokratische Funktionäre zu Schaden kommen würden. Sie konnte nur bedeuten, daß im Falle einer Ablehnung der Reichstagsentschließung durch uns die Anhänger der Sozialdemokratie innerhalb und außerhalb der Konzentrationslager als »Landesverräter« für vogelfrei erklärt und abgeschlachtet würden. Die berühmte »Nacht der langen Messer«, wie sie die SA immer angedroht und wie sie Hitler im August 1932 von Hindenburg gefordert hatte, würde dann doch noch kommen.

Die Mitteilungen Löbes riefen lähmendes Entsetzen hervor. Wir sahen uns verzweifelt an. Man hatte uns die letzte Möglichkeit genommen, von der Tribüne des Reichstags herab, unter den Augen der ausländischen Diplomaten und Pressevertreter, die furchtbaren Schandtaten der SA und SS in den Konzentrationslagern an den Pranger zu stellen. Dann brach das drückende Schweigen Genosse Gerlach aus Düsseldorf, der bisher gegen unsere Teilnahme an der Reichstagssitzung gewesen war. Er sagte: »Genossen, entweder wir geben jetzt der Welt ein Zeichen, indem wir uns drunten vor der Siegessäule alle miteinander eine Kugel in den Kopf schießen, oder wir müssen im Reichstag der Erklärung zustimmen. Ein Drittes gibt es nicht mehr.« Er hatte den Nagel auf den Kopf getroffen. Entweder mußten wir uns zu einer letzten heldenhaften Geste aufraffen oder uns fügen. Unter anderen Umständen hätte es über unsere Pflicht, der außenpolitischen Erklärung der anderen Parteien zuzustimmen, kaum einen Zweifel gegeben. Die Gleichberechtigung Deutschlands in der Welt hatten auch wir Sozialdemokraten immer und immer wieder gefordert. Jetzt aber brachte uns die Drohung Fricks in eine Zwangslage, und man beraubte uns dazu noch des verfassungsmäßigen Rechtes der Volksvertreter, im Reichstag für die geschändeten Opfer des Dritten Reichs das Wort zu ergreifen. Wenn nun Hitler uns im Reichstag wieder mit Schmähungen überhäufte, mußten wir das wie stumme Hunde über uns ergehen lassen. Löbe gab noch bekannt, daß uns wohlgesinnte Abgeordnete des Zentrums und der Bayerischen Volkspartei dringend rieten, wir sollten der außenpolitischen Erklärung zustimmen.

Wir alle waren im Innersten zerrissen. Ganz von Sinnen aber gebärdete sich Toni Pfülf. Sie wurde von Nervenkrämpfen geschüttelt und schrie einmal um das anderemal die wahnwitzige Behauptung heraus, die Erklärung der anderen Parteien bedeute den Krieg. Offensichtlich war sie den seelischen Belastungen dieser Monate nicht mehr gewachsen. Jetzt nahm ihr der Schmerz über die Haltung der Fraktionsmehrheit, zu der sich auch noch ihr alter Freund Löbe schlug, beinahe den Verstand. Seit mehr als einem Jahrzehnt hatte sie in dem begabten Genossen Löbe einen geistigen Führer verehrt. Jetzt stürzte sie die Enttäuschung über seine Stellungnahme, die sie aus einem unerklärlichen Grund als Verstoß gegen seine pazifistische Überzeugung empfand, in den Abgrund der Verzweiflung hinab. Auch ihre Gegner, die sonst ihre heftige Gemütsart nicht liebten, hatten jetzt tiefes Mitgefühl mir ihr.

Aber stärker als alles Mitleid, besonders auch mit uns selbst, war der Gedanke an die vielen Zehntausende Sozialdemokraten, die in den Konzentrationslagern schmachteten. Auch unsere Fraktion war durch die Verhaftungen stark zusammengeschmolzen. Abgesehen von den ins Ausland geflüchteten Mitgliedern des Fraktionsvorstandes fehlten uns Reißner-Frankfurt, Pohle, Dr. Leber, Partzsch-Hannover, Finke, Dr. Marum, Meier-Baden, Ulrich-Heilbronn, Puchta, Faust, Lipinski, Schirmer, Fleißner, Kusat, Hartsch-Chemnitz, Seger-Dessau, Graßmann, Bernhard, die alle rechtswidrig ihrer Freiheit beraubt waren. Wir hatten tags zuvor den Antrag eingereicht, sie zur Reichstagssitzung freizulassen. Die Nationalsozialisten aber dachten gar nicht daran, den Antrag behandeln zu lassen. Der Lehrer Biester war, um sein Amt zu retten, gleich nach der Wahl vom 5. März aus der Fraktion ausgetreten. Der von allen geschätzte Genosse Biedermann-Hamburg war bei einer Nachtfahrt aus dem Schnellzug gestürzt. Es war nicht sicher, ob Mord oder Selbstmord vorlag. Jedesmal, wenn wir zu einer Sitzung in Berlin zusammenkamen, waren wir wieder weniger geworden, und keiner der noch in Freiheit Befindlichen wußte, wann ihn das Schicksal traf. Von der Nordsee bis zur Alpenkette raste der nationalsozialistische Rachesturm. Unsere Anhänger wurden mit ihren Frauen und Kindern überall wie Freiwild gehetzt und ins Elend gestoßen, überall, vor allem in Braunschweig, Berlin und Dachau, schauerlich mißhandelt, zu Brei geschlagen oder in den Freitod gesprengt. Die große Sozialdemokratische Partei Deutschlands, einst der Stolz der internationalen Arbeiterbewegung, die Partei, an der drei Geschlechter opferwilliger, überzeugter Sozialisten gebaut hatten, trieb einem ruhmlosen Untergang zu. Wir Abgeordneten aber, ein Häuflein armseliger, vom Schicksal an die Spitze geworfener Menschen, drängten uns fröstelnd auf einer kahlen Bergkuppe zusammen und hofften noch immer auf Rettung, während ringsum alles Land in der braunen Schlammflut versank.

Aber auch in dieser gefährlichen Lage, in unseren letzten Stunden, wurden wir nicht ein Herz und eine Seele, waren wir nicht einig darüber, was uns noch zu tun übrigblieb. Das Mißtrauen gegeneinander blieb, es blieben die Vorbehalte und es blieb die unsägliche Verachtung für Handlungen, die der eine oder andere aus Furcht oder Selbstsucht beging. Wir schauten einander bis auf den Grund der Seelen, wir lasen einander die ersten Bruchstücke eines Gedankens von der Stirn. Als wir jetzt in der Fraktion über die Beteiligung an der Reichstagssitzung abstimmten, wußte man die Beweggründe eines jeden, auf den zufällig der Blick eines Genossen fiel. Dieser hatte Furcht in den Augen, er wählte die geringere Gefahr. Jener war leichtgläubig und erhoffte von einer Geste deutscher Einigkeit die Schonung und Duldung der Partei. Ein anderer war in der Fraktion seit Jahren nicht zur Geltung gekommen und wollte sich jetzt rächen, indem er in allem das Gegenteil der Wünsche des Parteivorstandes tat. Wieder einige hielten sich für kluge Politiker und sprachen sich daher grundsätzlich für jede vernünftige, maßvolle und nach den Gesetzen der Logik angebrachte Entscheidung aus. Nicht wenige aber sahen zuerst im Kreise umher, ob eine genügende Mehrheit für die ungefährlichere Meinung vorhanden war, und stimmten dann dagegen, um sich als radikale, senkrechte und unnachgiebige Männer von altem Schrot und Korn aufspielen zu können. Die echten Dickköpfe, die jede taktische Schwenkung verschmähten und mit gesenkten Häuptern gegen die Mauer rannten, waren selten geworden. Gegen kaum ein Dutzend Stimmen entschied sich die Fraktion an diesem Vormittag noch einmal für unsere Teilnahme an der Reichstagssitzung und für

Fraktionszwang. Aber der Sieg erfüllte die Mehrheit nur mit tiefer Traurigkeit.

Die Reichstagssitzung vom 17. Mai 1933, die letzte, an der deutsche Sozialdemokraten teilnahmen, war für viele von uns noch qualvoller, als es unsere Anwesenheit an der Sitzung vom 23. März 1933 gewesen war. Damals hatten wir damit gerechnet, im schlimmsten Falle das Leben zu verlieren. Diesmal aber hatten manche unter uns das Gefühl, der Ehre verlustig zu gehen. Wir wußten, daß die Mitglieder des Parteivorstandes und die befreundeten Parteien im Ausland uns bezichtigen würden, wir hätten aus feiger Furcht gemeinsame Sache mit den Nationalsozialisten gemacht. Einige Gegner unserer Teilnahme, darunter Toni Pfülf, blieben denn auch trotz des beschlossenen Fraktionszwangs der Sitzung des Reichstags fern.

Der Reichstagspräsident Göring eröffnete diese Nachmittagssitzung mit der Bemerkung, daß wohl kaum jemals früher der Reichstag zu einer so ernsten Stunde einberufen worden sei. Hierauf gab er sogleich dem Reichskanzler das Wort. Hitler machte diesmal einen gepflegteren Eindruck. Seine Haarlocke schien gebändigter, sein Gesicht im Lichte der auf ihn gerichteten Scheinwerfer geschminkt zu sein. Die lange Rede, die er hielt, war äußerst maßvoll. Sie zeugte deutlich von der Furcht, die er vor einem Eingreifen des Auslandes wegen der bereits in Gang gesetzten deutschen Aufrüstung empfand. Er lehnte neue Kriege, neue Opfer, neue Unsicherheiten und neue Wirtschaftsnot, die aus einem Kriege entstehen würden, mit Entschiedenheit ab. Als einziges Ziel der nationalsozialistischen Umwälzung bezeichnete er die Verhinderung des Bolschewismus, die Zurückführung des Arbeitslosenheeres zur friedlichen Arbeit und die Wiederherstellung einer stabilen und autoritativen Staatsführung im Deutschen Reich. Keine deutsche Regierung würde von sich aus den Bruch einer internationalen Vereinbarung durchführen. Deutschland habe wirklich abgerüstet. Den Vorwurf, als rüste es auf, müsse er als unwahr und unfair zurückweisen. Die SS und SA erhielten keine finanzielle Beihilfe vom Staat, keine von seiten der Reichswehr, sie seien militärisch nicht ausgerüstet und ausgebildet. Wenn heute in Genf versucht werde, diese Formationen auf die deutsche Wehrstärke anzurechnen, so könne man genauso gut die Feuerwehr, die Turnvereine, die Wach- und Schließgesellschaften, die Ruderklubs und Sportverbände in die deutsche Wehrstärke einschließen. Die einzige Nation, die mit Recht unter der Furcht vor einer Invasion leiden könnte, sei die deutsche Nation.

Eine sanftere Friedensrede hätte auch Stresemann nicht halten können. Bei dem Vergleich der SA mit der Feuerwehr brachen die nationalsozialistischen Abgeordneten in herzliches Gelächter aus. Wir Sozialdemokraten warteten gespannt auf Angriffe gegen uns. Als sie ausblieben, sahen sich manche in unseren Reihen freudig überrascht und glücklich an. Jetzt kam die Abstimmung. Unsere Nachbarn zur Rechten, die katholischen Parteien, blickten voll Erwartung auf uns. Wir erhoben uns mit ihnen und stimmten der Erklärung des deutschen Reichstags zu.

Da brach ein Beifallssturm der anderen Abgeordneten los. Selbst unser unversöhnlichster Gegner, Adolf Hitler, schien einen Augenblick bewegt. Er erhob sich und klatschte uns Beifall zu. Der Reichstagspräsident Göring aber stand auf und sprach großartig die Worte: »Das deutsche Volk ist immer einig, wenn es sein Schicksal gilt.« Er befahl mit lauter Stimme, die Tatsache der einstimmigen Annahme der Erklärung des deutschen Reichstags in die Niederschrift über die Sitzung aufzunehmen.

Dann fingen die deutschnationalen Abgeordneten das Deutschlandlied zu singen an. Die meisten in unseren Reihen sangen mit. Manchen liefen die Tränen über die Wangen. Es war, als hätte uns Sozialdemokraten, die man immer als die verlorenen Söhne des Vaterlandes beschimpfte, einen unsterblichen Augenblick lang die gemeinsame Mutter Deutschland ans Herz gedrückt.

Als wir dann ins Freie kamen, strahlte der Himmel heller, die Bäume im Tiergarten schimmerten grüner, und das Herz ging uns auf. Milde Frühlingsluft umfächelte uns, und die Traurigkeit des Winters schien abzufallen wie das alte Laub der Eichen und Buchen, das grüngoldenen Sprossen wich. Dann aber entstand in einer Auffahrtstraße eine Verkehrsstörung. Wir sahen Hitler im Auto, das jählings stockte, er sprang auf, schien ungeduldig, schrie. Einige Augenblicke darauf fuhr es schon im Sturm vorbei. Wir hatten an alles andere als an Handgranaten gedacht, jetzt aber die Attentatsfurcht des Kanzlers bemerkt und wurden verstimmt. Ein kühler Wind strich um die Eibengebüsche, wir fröstelten und zogen die Abendmäntel an.

Auch der Traum von Volksgemeinschaft und großer Versöhnung aller Deutschen währte nur einen Augenblick. Kein einziger unserer Anhänger wurde aus den Marterhöllen der Konzentrationslager entlassen. Bald nach dieser Reichstagssitzung vom 17. Mai 1933 kam uns der Ausspruch eines führenden Nationalsozialisten zu Ohren, daß seiner Partei die Zustimmung der Sozialdemokraten zur Reichstagsentschließung außenpolitisch angenehm, innenpolitisch aber unangenehm sei. Die Nationalsozialisten waren wohl um eine erhoffte Gelegenheit, uns in Nächten der langen Messer endlich den Garaus zu machen, gekommen. Aber sie zögerten nicht lang, um sich diese Unannehmlichkeit, die wir ihnen durch unsere Abstimmung im Reichstag bereitet hatten, vom Halse zu schaffen. Eifrig sahen sie sich nach einer neuen Gelegenheit um. Sie fand sich bald.

8. Der Untergang

Um diese Zeit sickerten in München Gerüchte von der Ermordung der früheren kommunistischen Landtagsabgeordneten Dressel und Götz in Dachau durch. Verwandte Dressels hatten seine Leiche gesehen. Kopf und Hände waren unförmig aufgequollen, zu Brei zerquetscht. Seinem Schicksalsgefährten Götz sollte die SA den Brustkasten mit genagelten Stiefeln eingesprungen haben. Dem kommunistischen Reichstagsabgeordneten Beimler war nach schauerlichen Mißhandlungen angeblich ein Strick zum Aufhängen in die Zelle gelegt worden. Er hatte um einen Tag Aufschub gebeten, weil gerade Geburtstag seines Töchterchens sei. In der Nacht hatte ihn dann ein SA-Mann, ein früherer Kommunist in brauner Uniform, aus dem Lager geschmuggelt. Er sollte ins Ausland entkommen sein.

Im Keller des Münchner Gewerkschaftshauses war eine Putzfrau angeblich auf die Leiche eines zu Tode gefolterten Mannes gestoßen. Immer noch wurde das Geschrei der Mißhandelten in den Nächten weitum von der Nachbarschaft gehört. Aber niemand wagte sich zu beschweren.

Ich suchte einen Reichsbannermann auf, der in diesem Keller gemartert worden war. Er schilderte mir schlicht, was man ihm angetan hatte: Nach der ersten Mißhandlung mit Gummiknütteln und Stahlruten warf man ihn als Häuflein Elend in eine Badezelle im Keller. Geronnene Blutspritzer und Hautstücke klebten an der Wand. Vor der Zelle schritt ein Wachtposten waffenklirrend auf und ab. Alle Viertelstunde schlug er mit dem Gewehrkolben an die Tür: »In zwei Stunden wirst du erschossen!« »In einer Stunde wirst du erschossen! Willst du Abschiedsbriefe schreiben?« Zuletzt: »In einer Viertelstunde wirst du erschossen.« Die Zeit verging. Lärm, Schritte, schneidende militärische Kommandos, Gewehrschlösser knacken. Die Tür wird aufgestoßen, eine Abteilung SA holt das Opfer ab. Sie marschieren in ein anderes Kellerabteil. Der Reichsbannermann muß den Oberkörper entblößen, wird verkehrt an die Wand gestellt. Ein Kerl schreit: »Du hast zehn Sekunden Zeit. Wo sind deine Führer versteckt? Sagst du es nicht, so wirst du erschossen.« Er zählt: »Zehn, neun, acht, sieben, sechs ... Lump, wo sind deine Führer versteckt ... drei ... zwei ...« Da sackt der Mann, der vor Verdun und Arras dem Tode dutzendmal ins Auge gesehen hat, zusammen. Sie schlagen ihn wach. Sie führen ihn eine Treppe hinauf: »Du wirst entlassen.« Auf der letzten Stufe zieht ein brauner Schurke ein Notizbuch heraus: »Jetzt aber, wo wir so nett zu dir sind, sagst du uns das Versteck deiner Führer!« Der Reichsbannermann schäumt: »Nach dieser Behandlung würde ich es euch nicht sagen, wenn ich es wüßte.« Wutgebrüll, Schläge, Ohnmacht, Stiefelschmiere und Salz auf die offenen Wunden ... Einige Tage Polizeigefängnis, dann werfen sie den Mann mit Fußtritten ins Freie.

Der große breitschultrige Mann mit dem von Gesundheit strotzenden roten Gesicht erzählt nüchtern wie von einer Bierreise ins Isartal. Er ist nicht empört, er schnaubt nicht Rache, ja er lacht zuletzt. Gott sei Dank, er hat es überstanden, er war nicht umzubringen und will einen Kramladen aufmachen, fern von aller Politik. Davon hat er genug.

Ich ging. Ziellos lief ich durch die Straßen, wenn nicht gerade irgendwo eine geheime Zusammenkunft war. Ich traf Genossinnen, die wegen ihrer früheren politischen Tätigkeit unschuldig im Gefängnis Stadelheim wochenlang eingesperrt und dann nach Willkür und Laune wieder freigelassen worden waren. Ich traf Gewerkschaftskassiere, die schimpften, daß den Nationalsozialisten Hunderttausende von Mark der Gewerkschaftsgelder in die Hand gefallen waren, weil man die Beträge wieder aus dem Ausland zurückgeholt hatte. Jüdische Bekannte suchten mich auf, waren entsetzt, daß ich noch in München umherlief, und empfahlen mir dringend, ins Ausland zu gehen. Sie fürchteten um mein Leben und das meiner Angehörigen. Aber ich blieb.

Einige Wochen nach der Reichstagssitzung vom 17. Mai 1933 starb die Reichstagsabgeordnete Toni Pfülf in ihrer Münchner Wohnung durch Gift. Sie hatte schon auf der Heimfahrt von Berlin einen Selbstmordversuch unternommen, war aber gerettet worden. Weil sie nicht mehr leben wollte, vergiftete sie sich ein zweitesmal. Ich wohnte mit vielen hundert Münchner Parteigenossen der Einäscherung im Ostfriedhof bei. Gedächtnisreden waren von der politischen Polizei verboten worden. Der Vorstand der freireligiösen Gemeinde durfte nur den Namen, Geburts- und Todestag der Verstorbenen verlesen. Auch Trauermusik war gestattet.

Wir Männer knirschten, und die Frauen schluchzten auf. Begräbnisse ohne Worte! So hatten die Münchner Sozialdemokraten heuer schon unserem Eduard Schmid das letzte Geleit gegeben, der von 1919 bis 1924 Bürgermeister der Stadt gewesen war. So legte man einige andere alte Kämpen aus der Zeit des Sozialistengesetzes ins Grab, die jahrzehnelang im öffentlichen Leben gestanden waren und sich allgemeines Ansehen und den Ruf redlicher Männer bei allen Parteien erworben hatten. Trauerfeiern waren jetzt die einzige Gelegenheit, bei der sich die Mitglieder der Sozialdemokratischen Partei Deutschlands noch sehen und sprechen konnten.

Am Anfang war das Wort. Die Nationalsozialisten fürchteten es jetzt, wenn es nicht aus ihrem Munde kam. Sie kannten seine werbende Kraft, hatten sie doch selbst

durch Worte, durch anklagende, beschwörende, hoffnungs-
trächtige Worte, gesiegt. Uns aber ließen sie nunmehr das
Wort nicht einmal zu Ehren der Toten gebrauchen. Wir
mußten jetzt stumme Hunde sein.

Meine Anwesenheit bei dieser Einäscherung sahen viele
Parteifreunde mit großer Verwunderung. Sie wußten, daß
ich als einer der früheren Wortführer im Kampf gegen den
Nationalsozialismus gefährdet war. Sie wähnten mich weit
weg, irgendwo in Sicherheit. Als wir den Friedhof verließen, scharten sich Männer und Frauen um mich und schüttelten mir die Hand. Sie freuten sich, als wäre ich eben von
schwerer Krankheit aufgestanden und zum erstenmal wieder unter Menschen gegangen. Sie dankten mir mit überströmender Zärtlichkeit, daß ich aufrecht geblieben war.
Wir sahen uns in die Augen und brauchten nicht viel Worte zu machen. Eine Weile strömte süßer Trost in unsere
Herzen. Wir fühlten alle, wie unter der Asche dieser Tage
noch der alte rote Funke glomm. Eines Tages würde er
durch den Sturmwind wieder zu fressender Flamme ent-
facht werden ...

Toni Pfülf hatte den Zusammenbruch der Partei, deren stolzeste Zeit sie im Reichstag miterlebt hatte, nicht
überwinden können. Den Sturz aus den lichten Höhen der
Macht in die Tiefen der Verfolgung und des Elends ertrug
sie nicht. Sie konnte an die Wiederkehr besserer Tage nicht
mehr glauben, weil sie an den alten Kampfgefährten verzweifelt war. Der Stolz ihrer Sippe drückte ihr die uralte
Waffe der Frau, das Gift, in die Hand. Wir andern aber,
die sie überlebten, wir stammten aus dem niederen Volk.
Es war seit Jahrtausenden gewöhnt, zu leiden, zu dulden
und von überschwenglichen Hoffnungen auf das Jenseits
oder auf ein kommendes Goldenes Zeitalter zu leben. Auch
wir fürchteten nicht den Tod. Aber wir riefen ihn nicht
selbst herbei, mochte er kommen, wie es uns im Buche des
Lebens aufgesetzt war. Wir sahen die Keime künftigen

Zerfalls bei unseren Gegnern, und es blieb nur ungewiß, ob wir den großen Tag der Wende erleben würden. Jedenfalls wollten wir es. Als wir uns aber dann verabschiedeten, lebte die Erinnerung an die großen Tage der Partei, an die Versammlungen, Aufmärsche und an den Glauben der Millionen an die Unüberwindlichkeit unserer Sache auf, und der Schmerz über unser schweres Schicksal flutete wie eine schwarze Woge über uns weg.

Erhard Auer hatte an der Trauerfeier nicht teilnehmen können. Er war wieder verhaftet worden und saß seit einigen Tagen im Gefängnis Stadelheim. Seine Angehörigen erzählten, daß er nach Auskunft der politischen Polizei ins Konzentrationslager Dachau geschafft werden sollte. Wenn das geschah, dann schickte man ihn in den sicheren Tod. Auer hatte als Hauptschriftleiter der »Münchener Post« mit den Nationalsozialisten zahlreiche politische Prozesse gehabt, er hatte Mitteilungen nationalsozialistischer Verräter mit Geld entlohnt und durch unbequeme Enthüllungen der Partei Hitlers, besonders dem Stabschef Hauptmann Röhm, stark Abbruch getan. Die Nazis hatten ihn schon beim Hitlerputsch von 1923 wie eine Stecknadel gesucht, seinen Schwiegersohn verhaftet und sogar seine Frau mißhandelt. Nach der Veröffentlichung der Liebesbriefe Röhms an seine Buhlknaben hatte er erst recht keine Gnade zu erwarten.

Als ich von der Verhaftung Auers erfuhr, schrieb ich sofort an den Reichsjustizminister, wies auf die ihm wohlbekannten Verdienste hin, die sich Auer als bayerischer Innenminister nach der Revolution von 1918 um das Bürgertum erworben hatte, und bat ihn dringend, für die Entlassung des fast sechzigjährigen Mannes das Menschenmögliche zu tun. Wie mir Minister Gürtner beim nächsten Zusammentreffen in Berlin erzählte, war er bei Empfang meines Briefes zunächst ziemlich ratlos gewesen, wie Hilfe für Auer möglich sei. Dann aber sei ihm eine kurze Meldung der »Times«, daß der im Jahre 1919 von den Kommunisten schwer verwundete frühere bayerische Innenminister Auer von den Nationalsozialisten schon das zweitemal grundlos verhaftet worden sei, gelegen gekommen. Er habe die Ausgabe der »Times« dem damals gerade in Berlin weilenden bayerischen Ministerpräsidenten Siebert übergeben und wegen des Aufsehens im Ausland die Freilassung Auers angeregt.

Tatsächlich kam Auer am Pfingstsamstag 1933 nach etwa zehntägiger Schutzhaft aus Stadelheim zurück. Er war diesmal schwer mitgenommen, wortkarg und offenbar von SA-Leuten, die ihn nach seinem Bericht in seiner Gefängniszelle aufgesucht und verhöhnt hatten, auch mißhandelt worden. Wahrscheinlich war ihm verboten worden, darüber zu reden. Seine rosige Zuversicht von ehemals kehrte nicht mehr zurück. Als ich ihm Gürtners Bemühungen um seine Freilassung schilderte und ihm nahelegte, dem Minister zu danken, merkte ich an seinem abweisenden Gesicht, daß er meine Erzählung nicht glaubte. Seine Angehörigen hatten bei dem Minister Esser und dem Reichsstatthalter von Epp vorgesprochen und schrieben diesen Persönlichkeiten seine Rettung vor Dachau zu. Mir schien es auch, daß es ihm und den Seinen vielleicht unangenehm war, mir für einen selbstverständlichen Dienst verpflichtet zu sein.

Auer kümmerte sich jetzt besonders um das beschlagnahmte Vermögen der »Münchener Post«. Das Druckereiunternehmen war im Handelsregister als Besitz einer privaten Gesellschaft mit beschränkter Haftung eingetragen. Die Gesellschaftsanteile gehörten einer größeren Anzahl kleiner Leute, die so ihre Ersparnisse angelegt hatten. Das Barvermögen der Firma, über 200 000 Reichsmark, war vom Geschäftsführer einem Vertreter der politischen Polizei auf deren Verlangen ohne weiteres ausgehändigt worden. Der achtundsechzigjährige Mann, der mit dem Geld leicht ins Ausland hätte flüchten können, beantwortete die Vorwürfe der Genossen wegen seiner Handlungsweise mit der Erklärung, er wolle sich für seine alten Tage nicht mehr ins Zuchthaus sperren lassen. Trotzdem hielt ihn die politische Polizei eine Woche lang im Polizeigefängnis in Haft.

Ähnlich erging es den früheren Redakteuren der »Münchener Post«. Sie hatten durch die Besetzung des Zeitungsgebäudes ihre Stellungen verloren und deshalb vor dem zuständigen Schiedsgericht ihre Gehälter für das laufende Vierteljahr eingeklagt. Als Vertreter der beklagten Firma erschien in der Gerichtsverhandlung ein SS-Mann von der politischen Polizei. Er spielte sich als »Pfleger« des beschlagnahmten Vermögens auf und zwang die Redakteure durch schwere Drohungen und mit Unterstützung des ängstlichen Richters, die Klagen wegen Aussichtslosigkeit zurückzunehmen. Ihr Anstellungsverhältnis sollte nach der Juristensprache infolge höherer Gewalt erloschen sein. Nach der Verhandlung wurden die Redakteure in bereits vorgefahrene Kraftwagen der politischen Polizei verladen und im Polizeigebäude eine Woche lang eingesperrt. Die nationalsozialistische Presse aber brachte wüste Hetzartikel über die Frechheit dieser »Marxisten«, die es gewagt hatten, ihr Recht gegen die nationalsozialistischen Sieger vor Gericht zu suchen.

Trotzdem verlor Auer nicht ganz den Mut. Wir fanden einen alten angesehenen Justizrat, der es vorerst unentgeltlich übernahm, die Freigabe des widerrechtlich beschlagnahmten Vermögens unserer Druckereifirma zu betreiben. Noch bestand damals in Deutschland kein Gesetz, das es erlaubt hätte, Eigentum von Sozialdemokraten mit Beschlag zu belegen und zu enteignen. Es wurde erst im Juli 1933 verkündet. Der alte Justizrat plagte sich redlich und versuchte wiederholt, dem zuständigen Ministerialdirektor im bayerischen Innenministerium die klare Rechtslage begreiflich zu machen. Wir hatten lange Besprechungen mit dem Justizrat und bemühten uns, ihm seine Aufgabe durch sachliche Aufklärungen zu erleichtern. Man mußte es dem alten Herrn hoch anrechnen, daß er aus reinem Rechtsgefühl für uns eintrat. Viele andere Rechtsanwälte hatten aus Furcht vor den Nazis die Übernahme der Sache abgelehnt. Aber alles fruchtete nichts, es war deutschen Sozialdemokraten im Dritten Reich nicht mehr möglich, zu ihrem Recht zu kommen. Allgemeingültige Gesetze bestanden nicht mehr. Was heute Unrecht schien und als Verbrechen bestraft wurde, konnte morgen rechtens sein. Die Nationalsozialisten hatten ein raffiniertes System entwickelt, gegen ihre Gegner immer neue Rechtsbrüche zu begehen, immer neue vollendete Tatsachen zu schaffen und hernach alles geschehene Unrecht mit einem Federstrich der Reichsregierung in Recht zu verwandeln. Sie selbst waren heilig und unverletzlich und konnten nicht Unrecht tun. Alles, was sie berührten, was sie stahlen, erpreßten und unterschlugen, verwandelten sie durch den Zauberstab der Gesetzgebung, den sie meisterlich handhaben, nachträglich in ihr Privateigentum.

Auer schalt sich, daß er nicht früher auf den Gedanken gekommen war, sich selbst zum Geschäftsführer des Unternehmens wählen zu lassen. Er hatte sich in einer Sitzung des Aufsichtsrats vor einigen Wochen selbst zu diesem Amt vorgeschlagen und keinen Widerspruch gefunden. Aber die Zustimmung der etwa fünfzig Gesellschafter, von denen einige im Ausland wohnten, war nicht mehr rechtzeitig beizubringen gewesen. Ein Geschäftsführer Auer hätte das Geld bestimmt nicht ohne weiteres, nicht ohne gerichtliche Entscheidung der politischen Polizei ausgeliefert.

Er war aus Ersparnisgründen mit einem seiner Schwiegersöhne zusammengezogen und wohnte jetzt in Schwabing, unweit von mir. Wir gingen in diesen Juniwochen manchen Vormittag zusammen auf den nahen Exerzier-platz Oberwiesenfeld. Dort wurden jetzt die braunen Söldner der SA und SS durch Offiziere der Landespolizei und Reichswehr militärisch gedrillt. Auer beobachtete die Übungen mit Kennermiene und frischte Erinnerungen an seine Militärzeit beim Münchner Leibregiment auf. Ich war nur im Schießen mit dem Militärgewehr ausgebildet und kam deshalb weniger auf meine Rechnung. Das Wetter war in diesem Jahr selten schön. Aber es gab nur wenig Zuschauer, man mußte schon ein Ruhegehalt oder eine Rente verzehren, arbeitslos sein oder aus anderen Gründen aus Beruf und Tätigkeit geworfen sein, um müßig wie wir über die flache Heide schlendern zu können. So konnten wir alles aus nächster Nähe ansehen, die Erstürmung kleiner Erdhügel, die Einrichtung von Maschinengewehrnestern hinter Steinhaufen und Straßengräben, die Abrichtung von Leuten an hölzernen Rohren, die Geschütze vorstellen sollten. Natürlich widersprach diese militärische Ausbildung den Bestimmungen des Versailler Vertrags. Allein es war nicht unsere Sache, uns zu Hütern dieses Vertrages aufzuwerfen. Wenn die Siegermächte des Weltkriegs, die über diese Vorgänge doch bestimmt unterrichtet waren, sich das alles gefallen ließen, was sollte es uns als Deutsche bekümmern? Wir Sozialdemokraten hätten freilich eine andere Politik gemacht, wir hätten auf Abrüstung der anderen Staaten gedrungen. Wahrscheinlich wären wir damit zuletzt doch noch ans Ziel gelangt, ohne die Gefahr eines neuen Weltkrieges laufen zu müssen. Aber das junge Deutschland hatte jetzt den Weg der Aufrüstung gewählt. Wir hatten nichts mehr zu sagen, wir waren abgesägt, wir konnten spazierengehen. Gerade an diesen Vormittagen spürte ich schmerzlich, daß wir von dem Leben der Nation abgekoppelt und auf ein totes Geleise geschoben waren, wo man uns vergaß und verrosten ließ. Auer war fast sechzig Jahre alt und hatte nach menschlichem Ermessen seine politische Laufbahn beendet. Ich aber stand in den besten Mannesjahren und greinte gegen ein widriges Schicksal, das mich zu ruhmlosem Müßiggang und zur Unfruchtbarkeit verurteilte in einem Alter, in dem der Baum des Lebens die besten Früchte trägt.

Andere hatten sich mit den Ereignissen abgefunden und zogen sich völlig aus der Politik zurück. Zu ihnen gehörte der vormalige Vorsitzende des Sozialdemokratischen Vereins München, unser Freund Thomas Wimmer, ein einfacher Schreiner, ein durch und durch rechtlicher Mann. Die politische Polizei hatte ihn am frühen Morgen des 10. März 1933 verhaftet und auf sechs Wochen ins Gefängnis Landsberg gesteckt. Diese willkürliche Freiheitsberaubung, dieses schreiende Unrecht, traf den ehrlichen Menschen ins Mark. Seine Bitterkeit stieg noch, als er in Landsberg bemerkte, daß sozialdemokratische Intellektuelle wie der frühere Bürgermeister von Augsburg und ein Forstbeamter aus Schwaben ihre Schutzhaft in der Festungsanstalt zubringen durften, während man den gewöhnlichen Proleten zu kriminellen Verbrechern in die Zelle tat. Er wurde an Gott und der Welt irre, und als ich ihn nach seiner Entlassung in seiner Wohnung aufsuchte, kamen ihm die Tränen. Ich besuchte ihn noch einige Male in diesem Sommer, aber stets brachte er das Gespräch auf das schwere Unrecht, das ihm angetan war. Seine Frau hatte sich während des Weltkriegs in einer Munitionsfabrik ein Nervenleiden zugezogen und war seit 15 Jahren völlig gelähmt. Er pflegte sie wie ein kleines Kind, und der Gedanke an ihre Hilflosigkeit war während seiner Schutzhaft seine drückendste Sorge gewesen. Jetzt hing er mit womöglich noch größerer Zärtlichkeit an ihr und zitterte vor der Möglichkeit, daß ihn eines Tages die politische Polizei wieder abholen könnte. Ich habe kaum einen Menschen getroffen, der unserer Sache mit größerer Uneigennützigkeit zugetan war, keinen, der ein feineres Rechts- und Ehrgefühl besaß. Man hatte ihm bei seiner Entlassung die Verpflichtung abgenommen, sich jeder politischen Tätigkeit zu enthalten. Er hielt sie so gewissenhaft, daß er über Politik kein Wort mehr sprach. Aber er war innerlich zerbrochen und kam über das nagende Gefühl verletzter Ehre nicht mehr hinweg.

Unsere Parteiorganisationen in den kleinen Städten und Dörfern starben langsam ab. Wir Abgeordneten konnten es nicht mehr wagen, aufs Land hinauszugehen, wo wir sofort erkannt und unter dem Siegesgeheul der SA festgenommen worden wären. In München aber dauerte der Zusammenhalt der Parteimitglieder fort, nur beschränkte sich die Tätigkeit der Parteisektionen jetzt darauf, unter unseren alten Anhängern Gelder für den Unterhalt der Familien zu sammeln, deren Häupter sich im Konzentrationslager Dachau befanden. In meine Wohnung kamen in dieser Zeit viele Frauen und Verwandte von politischen Gefangenen mit der Bitte, Gesuche um Freilassung aufzusetzen. Die wenigsten hatten Erfolg. Es kamen Angestellte der Krankenkassen und der öffentlichen Versicherungsanstalten, es kamen Beamte, die auf Grund des Gesetzes zur Wiederherstellung des Berufsbeamtentums entlassen werden sollten und meine juristische Hilfe heischten für Gesuche, die sie einreichen, für Rechtfertigungen ihres politischen Verhaltens, die sie bei ihren Vorgesetzten anbringen wollten. Viele Kriegsteilnehmer waren darunter, harte Männer mit Narben und Ehrenzeichen, die noch immer hofften, wegen ihrer Verdienste um das Vaterland, wegen ihrer Wunden und Verstümmelungen von den neuen Herren nicht brotlos gemacht zu werden.

Aber dann gab der nationalsozialistische Reichsinnenminister Dr. Frick, der im Weltkrieg als Beamter für unabkömmlich erklärt war, einen scharfen Erlaß heraus, daß Verdienste eines Mannes im Weltkrieg nicht als Beweis dafür gelten könnten, daß er sich auch nachher »national«

gehalten habe, und daß die nationale Zuverlässigkeit eines Beamten oder öffentlichen Angestellten von seiner vorgesetzten Behörde ohne Rücksicht auf bewiesene Tapferkeit vor dem Feinde zu überprüfen sei. Mit diesem Erlaß nahm er unseren Parteifreunden und Reichsbannerkameraden die letzte Aussicht auf Duldung in ihren Ämtern und Stellungen weg. Eine ganze soziale Klasse verschwand im Elend, wurde durch »alte Kämpfer« der Hitlerbewegung ersetzt. In der Weimarer Zeit hatten sich die Nationalsozialisten aufs Heftigste gegen das Parteibuchbeamtentum gewendet und damit weit über ihre Partei hinaus Eindruck gemacht. Besonders die Berufsbeamten stimmten diesen nationalsozialistischen Angriffen zu, sie hatten die neuen Kollegen, die ohne die vorgeschriebene Berufsausbildung nach 1918 in Regierungsstellen aufgestiegen waren, nie als voll anerkannt. Bei ihnen galt nur der Mann, der ordnungsgemäß die Prüfungen abgelegt hatte und in der »Ochsentour« gemächlich von Stufe zu Stufe emporgeklettert war. Sie freuten sich jetzt, daß die öffentliche Verwaltung von roten und schwarzen Eindringlingen, Sozialisten und Katholiken, gesäubert werden sollte.

Allein sie hatten die Rechnung ohne die Beutegier der Nationalsozialisten gemacht. In die freigewordenen Plätze der Katholiken und Sozialdemokraten, die sich wenigstens oft durch Fleiß, Gewissenhaftigkeit und praktische Lebenserfahrung ausgezeichnet hatten, rückten nämlich die rauhen Scharen Hitlers ein. Es war ein schlechter Tausch. Bei jedem Umsturz kommt neben den wirklich revolutionären Schichten immer der Bodensatz einer Gesellschaft hoch, aus dem Geleise der Ehrbarkeit geworfene Menschen, Vorbestrafte, Quertreiber, Geistesschwache, wilde Schreier und Störenfriede, die in der alten Ordnung der Dinge nichts mehr zu erwarten haben und deshalb auf ein Ereignis, das das Unterste zuoberst kehrt, ihre ganzen Hoffnungen setzen. Da sie keine Verantwortung tragen und daher der großen Menge mit heftigsten Schmähungen der Ordnung von gestern, mit maßlosen Forderungen für heute und morgen schmeicheln, werden sie im allgemeinen Durcheinander leicht an die Spitze getragen und bringen dann die Neuordnung der Dinge rasch in Verruf. Ihr Tummelplatz ist das Halbdunkel zwischen den Zeiten, die erste Spanne aller großen Umwälzungen, in der man nicht so genau auf die Finger sieht, wenn einer die zufällig zusammengeraffte Beute in seine Höhle schleppt. Aber jede siegreiche Revolution muß um ihres Ansehens willen das verbrecherische Gesindel, das sich eingenistet hat, so rasch wie möglich abschütteln und wieder ins Dunkel hinabstoßen, aus dem es gekommen ist. Der nationalsozialistischen Führung ist das nur sehr langsam gelungen. Kaum jemals in der Geschichte der Revolutionen haben die gemeinen Verbrechen, die Unterschlagungen öffentlicher Gelder durch Parteibuchbeamte einen ähnlichen Umfang wie nach dem 30. Januar 1933 erreicht.

Während ich so in die fürchterlichen Existenzsorgen meiner aus Ämtern und Stellungen geschleuderten Parteifreunde Einblick gewann und den Verzweifelten keinen Trost geben konnte, trat die Frage meiner eigenen wirtschaftlichen Zukunft an mich heran. Ich hatte es mir recht schön ausgedacht: Wenn ich im nationalsozialistischen Staat nicht mehr Richter sein konnte, wollte ich wenigstens Verteidiger sein. Ich gedachte, in eine angesehene Rechtsanwaltskanzlei als Mitarbeiter einzutreten. Als bekanntes Mitglied des Rechtsausschusses im Reichstag, seit vielen Jahren Bearbeiter aller juristischen Fragen für meine Fraktion im bayerischen Landtag, als Mitglied des bayerischen Staatsgerichtshofs und Verfasser zahlreicher Aufsätze über Fragen der Rechtserneuerung und der Rechtspolitik genoß ich einen gewissen juristischen Ruf.

Voll Vertrauen auf einen Erfolg suchte ich zuerst einen alten Freund auf, der früher bei meiner Partei gewesen war, sich aber seit Jahren von der Politik zurückgezogen hatte und einer der größten Anwaltskanzleien Münchens vorstand. Aber als ich ihm mein Anliegen vorgetragen hatte, machte er ein langes Gesicht und lehnte bedauernd ab. Er gab mir den Rat, mich lieber auf die Schriftstellerei zu werfen. Nicht viel besser erging es mir bei einem anderen Freund, einem aufrechten bürgerlichen Mann, der bisher als Verteidiger in politischen Prozessen mutig gegen die Nationalsozialisten aufgetreten war. Dieser sagte mir, seine Kanzlei sei ohnehin als marxistisch verschrien, er könne daher jetzt mit mir seine wirtschaftliche Grundlage nicht gefährden, später, in ruhigen Zeiten, werde es für ihn eine Ehre sein, mich in seiner Kanzlei zu haben. Ich versuchte es noch an einigen anderen Stellen, dann gab ich das Rennen auf. Damals legte ich das Verhalten der Rechtsanwälte als unerhörte Feigheit aus. Ich konnte mir noch nicht vorstellen, daß der blinde Haß der Nationalsozialisten gegen ihre politischen Gegner so weit ging, sie nicht nur politisch, sondern auch wirtschaftlich zu vernichten. Später zeigte sich, daß die Münchner Rechtsanwälte die Unduldsamkeit der Nationalsozialisten durchaus richtig beurteilt hatten.

Ich beschloß, im schlimmsten Fall eine eigene Kanzlei, wenn es nicht anders sein konnte, in meiner Wohnung, aufzumachen. Da kamen Gerüchte, daß die Zulassung zur Rechtsanwaltschaft für die aus politischen Gründen entlassenen Beamten auf eine Reihe von Jahren gesperrt werden sollte. Ich kam gerade nicht nach Berlin und entschloß mich daher, einen Staatsrat im Justizministerium, den mir der Reichsjustizminister als seinen Parteifreund und Vertrauten empfohlen hatte, im Justizpalast aufzusuchen. Ich begab mich in das von SA besetzte Gebäude und ließ mich bei dem Staatsrat melden. Als Knabe war mir oft die heiße Scham aufgestiegen, wenn mein Vater als Bittsteller vor einem einflußreichen Manne stand und von oben herab behandelt wurde. Jetzt befand ich mich in der gleichen Lage und habe es nachträglich bitter bereut, daß ich zu dem alten Bürokraten gegangen war. Er zeigte sich eisig kühl, hochfahrend, ungezogen, ohne Spur von Ritterlichkeit. Um mich zu verletzen, bot er mir nicht einmal einen Stuhl zum Sitzen an, sondern führte die kurze frostige Unterhaltung stehend mit mir. Voll Erbitterung dachte ich daran, wie hündisch mir die Ministerialbürokratie bis vor kurzem geschmeichelt hatte. Da war ich freilich für sie der gefürchtete Parlamentarier, der einflußreiche Mann, der mögliche Nachfolger des Ministers gewesen. Im tiefsten Grunde hatten sich Parlamentarier und Ministerialbeamte nie besonders geliebt. Die einen mißgönnten den anderen die hohen Gehälter, die Beamten wiederum hatten von den vielen Verpflichtungen eines Abgeordneten keine Ahnung und sahen seine Aufwandsentschädigung als unverdientes Einkommen an. Die Ministerialräte dienten dem Staate selbstlos, gewissenhaft und mit emsigem Fleiß, bescheiden verborgen vor der Öffentlichkeit. Von ihrem Fachwissen und ihrem Verantwortungsbewußtsein hing der reibungslose Gang der Verwaltung ab. Sie waren im Staatsleben das beständige, erhaltende Element. Der Parlamentarier, der ungebundener, beweglicher, weniger von sachlichen als politischen Erwägungen beeinflußt, leicht zu ungerechtfertigten Beschwerden geneigt und im Verlangen von Vorteilen für seine Schützlinge oft sehr anspruchsvoll und anmaßend war, hatte nicht immer Verständnis für die stille, aufopfernde und von der Tradition stark beeinflußte Tätigkeit der höheren Staatsbürokratie. Mein persönliches Verhältnis zu ihr war ein besonderer Fall. Ich achtete und schätzte ihre sachliche und fachliche Arbeit. Aber ich war auch oft in der Lage gewesen, die geheimen politischen Absichten der höchsten Beamten zu durchschauen, die sie hinter sachlichen Vorwänden versteckten. Selbstverständlich hatten sie auch eine politischen Meinung und ließen sich von ihr öfter bestimmen, als ein harmloser Parlamentarier merkte. In der inneren bayerischen Verwaltung hatte sich die Bayerische Volkspartei häuslich eingerichtet und ihre Anhänger an die Spitze gebracht. In der bayerischen Justizverwaltung aber herrschte seit mehr als hundert Jahren der liberale Geist der Aufklärung, nur war er unter dem Einfluß des Weltkrieges und der Nachkriegszeit in nationales Wasser getaucht. Viele höhere Justizbeamte waren Mitglieder der Deutschnationalen Partei, dabei aber keine Anhänger des Großkapitals, sondern aus kleinen Verhältnissen hervorgegangen und deshalb sozial eingestellt. Aber als Sozialdemokrat war ich ihnen verhaßt. Sozialdemokratie galt ihnen beinahe gleich Landesverrat. Daß ein Sozialdemokrat auch national denken und handeln konnte, verstanden sie nicht. Sie hielten mich für einen Abtrünnigen ihrer Kaste, ein höherer Beamter konnte nach ihren alten Beamtenbegriffen einfach nicht Sozialdemokrat sein.

Mit dem alten Staatsrat hatte ich im Landtag nie einen Wortwechsel gehabt. Möglicherweise hatte ich ihn einmal in der Straßenbahn aus Versehen nicht gegrüßt, und er hatte mir das als parlamentarischen Hochmut ausgelegt. Vielleicht aber entsprang sein jetziges Benehmen gegen mich nur engstirnigem politischem Haß. Er behandelte mich ungefähr so, wie Clemenceau nach Berichten die besiegten Deutschen in Versailles behandelt hat. In meiner Sache erhielt ich die knappe Auskunft, daß alles noch in der Schwebe sei. Da ich mich nicht weiter als Verbrecher behandeln lassen wollte, entfernte ich mich mit kurzem Gruß. Der Mann mußte einmal gefürchtet haben, daß ich sein Vorgesetzter werden könnte. Nichts verzeiht eine kleine Seele schwerer als die Furcht, die man ihr einmal eingejagt hat.

Nein, der alte Staatsrat brauchte die deutsche Sozialdemokratie zeit seines Lebens nicht mehr zu fürchten. Zwar tagten wir damals noch eifrig in Wohnungen und

Wirtschaften, spielten Bezirks- und Ortsparteivorstand und hatten noch einige Radfahrer, die uns »Meldungen« machten. An vielen Abenden trafen wir uns noch zu Besprechungen im »Meerpalast«. Aber aus den Zusammenkünften schaute nicht mehr als ein gelegentliches Abenteuer heraus.

Eines Abends saßen wir zu viert oder fünft wieder einmal hinter dem Vorhang im »Meerpalast«. Da hinterbrachte uns die Kellnerin flüsternd, daß draußen im Saal mutterseelenallein der damalige Vorstand der bayerischen politischen Polizei, Himmler, zusammen mit seinem Adjutanten Heydrich säße. Sie sprächen kräftig dem Rotwein zu. Wir spähten durch eine Lücke des Vorhangs in den Saal und erblickten die verhaßten Gegner kaum zwanzig Schritte von uns an einem Seitentisch. Wir hatten keinen grimmigeren Feind. Besonders Himmler verfolgte uns mit tödlicher Wut. Er hatte schon im Oktober 1930 auf der Heimfahrt von der Reichstagssitzung im Speisewagen des Schnellzugs Miene gemacht, sich mit seinen Begleitern auf uns Sozialdemokraten zu stürzen. Über Heydrichs höhnisches Benehmen beklagten sich bitter die Frauen der Schutzhäftlinge, wenn es ihnen im Polizeigebäude wirklich einmal gelang, bis zu ihm vorzudringen.

Wir sahen uns an und errieten unsere Gedanken. So leicht war nicht einmal der Separatistenführer Heinz Orbis im Speisesaal eines Hotels in Speyer im Januar 1924 von rechtsradikalen Studenten abgeschossen worden. Gründe für uns, mit Himmler und Heydrich ebenso zu verfahren, gab es übergenug. Die Gelegenheit war ungewöhnlich günstig, wir hätten den Rückzug in den Hof und die Flucht in eine Nebenstraße für uns freigehabt.

Leise gingen wir vom Vorhang zurück an unseren Tisch. Keiner sprach ein Wort. Keiner zitterte wie ein Jagdhund, der die Spur des Wildes aufgestöbert hat. Wir waren weder Hunde noch Jäger, wir waren triebarme Verstandesmenschen und hingen keinen finsteren Gedanken nach. Bestimmt dachte nicht einmal Auer, vielleicht noch der naturnächste von uns, an eine blutige Tat. Einer hatte die geladene Pistole im Sack. Aber wir waren ja keine Briganten, wir schossen Feinde nicht aus dem Hinterhalt nieder. Auch als es noch leichter gewesen wäre, an Hitler heranzukommen und durch den Tod eines einzigen Menschen das Leben von Millionen, das vielleicht in einem künftigen Kriege geopfert wurde, zu retten, hatten wir nie an einen solchen Ausweg gedacht. Dabei hätte gerade die Grundidee der Führerpartei, die mit dem Tode ihres Führers zusammenbrechen muß, es nahegelegt, zu diesem äußersten Mittel zu greifen. Aber wir Sozialdemokraten wollten als Gegner der Todesstrafe nicht einmal dem Staat das Recht zuerkennen, durch einen gewaltsamen Eingriff dem Leben des Verbrechers ein Ziel zu setzen. Der Meuchelmord im politischen Kampf erschien uns erst recht verabscheuenswürdig. Das fürchterliche Blutbad des Weltkrieges und die Verwilderung der Menschen und ihrer Sitten in der Nachkriegszeit, die zahlreichen Fememorde und sonstigen politischen Morde der Rechtsradikalen und Kommunisten hatten uns mit Grausen vor dem Rückfall der Deutschen in die Barbarei erfüllt. Die Gewissenlosigkeit und Roheit, mit der man vielfach unschuldige Menschen ohne Verhör und Untersuchung als »Verräter« umgelegt hatte, empörte uns. Vor der Grausamkeit, mit der Hitlers »rauhe Kämpfer« nach der Machtergreifung über wehrlose Menschen herfielen, empfanden wir lähmendes Entsetzen.

Aber wir waren gewohnt, hinter den handelnden Menschen die gesellschaftlichen Ursachen zu suchen, von denen sie wie Drahtpuppen hin- und herbewegt wurden. Unser Klassenkampf, den uns das Bürgertum so übelnahm, richtete sich nicht gegen den einzelnen Kapitalisten, sondern gegen das auch ihn beherrschende Wirtschaftssystem. Freilich, primitive Naturen konnten das nicht immer auseinanderhalten, ihre Leidenschaften mochten sich oft an bestimmten Menschen entzünden. Die große Masse zieht es vor, konkrete Personen statt gesellschaftliche Einrichtungen und abstrakte Begriffe zu hassen oder zu lieben. Der Teufel, die Ketzer, die Juden, die Bolschewisten oder »die Bluthunde Ebert und Noske«, das war anschaulicher und einleuchtender als »das Böse«, die »Glaubensirrtümer«, die »Wucherer«, der »Kollektivismus« oder die »Sozialfaschisten«. Die Nationalsozialisten hatten das als ausgezeichnete Psychologen klar erkannt. Sie hatten in ihren »Führerschulen« die Sozialdemokraten als »Novemberverbrecher«, als »Dolchstößler von 1918«, als Schuldige an der Inflation wie überhaupt an dem ganzen Elend des deutschen Volkes, als gewissenlose Halunken und vom Ausland bezahlte Schurken und Volksverderber hingestellt. Sie hatten uns, getreu der Lehre Hitlers, daß es im politischen Kampf kein einerseits-andrerseits geben dürfe und daß man etwaige Vorzüge des Gegners unbedingt verschweigen müsse, als schwärzeste Teufel gemalt. Da war es dann kein Wunder, daß die jungen unerfahrenen Leute, die alles glaubten, was man ihnen vorsagte, ihre politischen Gegner persönlich haßten und sich nach der Machtergreifung Hitlers an ihnen vergriffen.

Wir Sozialdemokraten dagegen lehnten die Ablenkung der Gefühle von der gesellschaftlichen Einrichtung auf ihre Träger ab. Wir blieben im Haß noch vernünftig, wir bändigten ihn und ließen uns nicht zu sinnlosen Taten hinreißen. Wir waren Erben des Humanismus, der liberalen bürgerlichen Kultur und deshalb in einem rauhen Zeitalter des blutigen Heroismus und der machiavellistischen Machtpolitik lebensuntüchtig geworden und zum Untergange bestimmt. So verschmähten wir es auch jetzt, ein paar unserer grimmigsten Feinde, die ahnungslos dem Weine huldigten und zu einem Widerstand kaum fähig gewesen wären, vom Leben zum Tode zu befördern. Wir zahlten und verließen leise den »Meerpalast« durch den Ausgang in den Hof. Es war Juni und roch nach blühendem Jasmin. Ein öffentlicher Brunnen rauschte durch die friedliche Nacht.

Auer behauptete immer, daß unser Versteck im »Meerpalast« einigen alten Polizeibeamten bekannt, aber von ihnen gegenüber den Nazis als Geheimnis gehütet sei. Er wollte um diese Zeit von der Polizei auch erfahren haben, daß die Nationalsozialisten nur noch meinen Fall erledigen, dann aber die führenden Sozialdemokraten Bayerns in Ruhe lassen würden. Als Auer mir das mitteilte, war ich bestürzt. Was wollten sie denn noch von mir? Sie hatten mir Amt und Landtagsmandat genommen, mich monatelang verfolgt und gehetzt, war denn das noch immer nicht genug? Konnte ein ehemaliger ehrlicher Gegner, der sich jetzt in die Zeit schickte und still verhielt, keine Ruhe vor ihnen bekommen?

In diesen dumpf und träge dahinschleichenden Wochen schlug ich in einer Zusammenkunft einmal vor, wir sollten schon jetzt für den Fall des Eintreffens einer neuen Verfolgungswelle die für uns alle zweckmäßigen Maßnahmen beraten. Zu meiner größten Verwunderung lehnte Auer meinen Antrag ab. Er erklärte kalt, in einem solchen Fall müsse jeder für sich selbst sorgen und schauen, wie er am besten durchkomme. Das traf mich wie ein Schlag. Ich war bis jetzt der Meinung gewesen, daß wir gerade in der Stunde der Gefahr zusammenstehen und die notwendigen letzten Maßnahmen in gemeinsamer Beratung festlegen müßten. Dabei hatte ich nicht an eine Unterstützung mit Geldmitteln gedacht, sondern an Rat und Zuspruch, wie sie jeder bedrängte Mensch braucht. Wir höheren Parteifunktionäre und Mandatsträger hatten seit mehr als zehn Jahren unter uns eine Art Brüderschaft und waren trotz aller persönlichen Quengeleien und sachlichen Meinungsverschiedenheiten im großen ganzen treu zueinander gestanden. Während bürgerliche Parteien meist nur durch die

Gemeinsamkeit der Interessen zusammengehalten wurden, verband uns Sozialdemokraten eine lebendige Weltanschauung, der gemeinsame Glaube an eine bessere Zukunft der Menschheit, und jeder von uns fühlte sich als Wegbereiter einer neuen, schöneren Zeit. In den älteren Genossen war noch die Erinnerung an die Zeiten des Sozialistengesetzes lebendig, und gemeinsames Leid knüpft zwischen Menschen immer das stärkste Band. Schon der Name »Genosse« drückte eine engere, ins Menschliche gehende persönliche Verbundenheit aus. Die Arbeit für unsere Bewegung war uns allen Lebensinhalt geworden, der Beruf des einzelnen trat weit dahinter zurück. Vielfach waren auch unsere Angehörigen untereinander in freundschaftliche Beziehungen getreten. Jetzt aber sprach Auer, als kämpfe er um sein Leben auf den Trümmern eines gescheiterten Schiffs. Er dachte an sich selbst zuerst und erweckte den Anschein, als wäre er imstande, den Schicksalsgefährten von der rettenden Planke in die Tiefe zu stoßen, wenn der Balken nur *einen* Mann trug. Seit Wochen ließ er einen jungen Reichsbannermann in seiner Wohnung an alle möglichen Stellen Eingaben um Eingaben schreiben, deren Inhalt er vor uns sorgfältig geheimhielt. Wie wir später erfuhren, wollte er aus dem allgemeinen Zusammenbruch der Partei wenigstens eine Notexistenz retten, und es ist ihm zur Not auch geglückt. Mir aber war es damals noch unfaßbar, daß die alten Parteitugenden gerade dann nicht mehr gelten sollten, wenn es am nötigsten war. Nach der letzten Reichstagswahl hatte uns Parteiführer die große Masse unserem Schicksal überlassen, sich, mit Bedauern vielleicht, von uns gelöst. Auch nicht der Versuch eines Sympathiestreiks, geschweige denn einer Straßendemonstration oder einer bewaffneten Erhebung war unsertwegen gemacht worden. Die Nationalsozialisten ließen klugerweise die große Masse der »Marxisten« ungeschoren und griffen nur die Parteifunktionäre als Opfer heraus.

Diese Schicksalsgemeinschaft der Verfolgten war die letzte und stärkste Fessel, die uns miteinander verband. Wenn sie jetzt von uns selbst zerschnitten wurde, wenn jeder nur an seine eigene Rettung denken sollte, dann war die deutsche Arbeiterbewegung endgültig auseinandergefallen und von Grund auf zerstört. Dann gab es keine Katakombe mehr, in der das heilige Feuer des Glaubens gehütet wurde, dann hatten wir uns selbst ausgeblasen und ausgelöscht.

Wir waren reif für den Untergang. Ich hätte die untrüglichen Anzeichen dafür, daß auch unsere Gegner davon überzeugt waren, einer Besprechung mit dem Reichsjustizminister entnehmen können, zu der ich mich vor Mitte Juni 1933 in Berlin befand. Die Reichstagsfraktion hatte in diesen Wochen meine landsmannschaftlichen Beziehungen zu Minister Dr. Gürtner für das Wohl der Schutzhäftlinge zu nutzen gesucht. In ihrem Auftrag hatte ich ihn mehrmals gesprochen und um seine Fürsprache für Fraktionskollegen, aus rechtlichen Gründen vor allem für die Mitglieder des Überwachungsausschusses wie Seger, Dr. Marum und andere, gebeten. Gerade bei diesen Genossen lag die Verletzung der Verfassungsbestimmungen, die dem Schutz der Immunität der Abgeordneten dienten, auf der Hand. Rechtsgründen zeigte sich der Minister immer noch zugänglich, und sicher hat er alles getan, um seine Versprechungen, uns zu helfen, in die Tat umzusetzen. Er mußte aber an dem Willen Hitlers scheitern, der ohne Rücksicht auf die von ihm beschworene Verfassung sozialdemokratischen Abgeordneten den Schutz der Gesetze versagte. Immerhin sah der Minister damals die innenpolitische Lage für die bürgerlichen Parteien und für uns noch nicht als hoffnungslos an.

Ich stellte ihm in einer Besprechung vor, daß es die geschichtliche Aufgabe seiner, der Deutschnationalen, Partei sei, in dieser wilden Zeit wenigstens die Grundlagen des Rechtsstaats zu retten. Der Minister beteuerte mir, daß er nie von dieser Aufgabe stärker durchdrungen gewesen sei als gerade jetzt. Als ich ihm darauf die widerrechtliche Beschlagnahme der sozialdemokratischen Zeitungsunternehmungen usw. vorhielt, erzählte er mir, daß diese Angelegenheit auch in einer Sitzung der Reichsregierung besprochen worden sei. Er habe dort erklärt, daß er sich wegen der Rechtsgründe für die Beschlagnahme des Vermögens der Sozialdemokratischen Partei in Verlegenheit befinde, denn zweifellos seien die Sozialdemokraten stets verfassungstreuer als die anwesenden Mitglieder des Reichskabinetts, ihn eingeschlossen, gewesen. Daraufhin habe man auf eine gesetzliche Regelung der Sache verzichtet. Ein andermal teilte mir Minister Gürtner auf meine Beschwerden wegen der Zustände in den Konzentrationslagern mit, die Reichsregierung habe eben beschlossen, den Ländern zum Unterhalt der Konzentrationslager keine Reichsmittel mehr zur Verfügung zu stellen, die Lager müßten daher wohl in kürzester Zeit aufgehoben werden.

In meiner letzten Unterredung mit ihm sprach er von den Bestrebungen zur Zusammenfassung aller Deutschen in einer einzigen, der Nationalsozialistischen, Partei. Solche Absichten der Nationalsozialisten waren bereits früher in der Presse erörtert worden. Auch Hitler hatte in einer Ansprache in Kiel schon am 7. Mai 1933 erklärt, daß es in Zukunft nur eine einzige Organisation des politischen Willens, nämlich seine Bewegung, geben könne. Etwa um dieselbe Zeit hatte Hitlers schärfstes Mundstück, sein Freund Dr. Goebbels, in Chemnitz verkündet, am Ende dieser Revolution stünde der nationalsozialistische Staat, die Nationalsozialisten würden nach und nach das Reich auffressen, bis Staat und Reich und Nationalsozialistische Partei ein und dasselbe geworden seien. In einigen Monaten würde Deutschland nationalsozialistisch sein. Wir hatten damals solche Äußerungen ebenso wie die meisten bürgerlichen Politiker für eitel Flunkerei gehalten und geglaubt, daß die nationalsozialistischen Machtansprüche an den Deutschnationalen und an Hindenburg ihre Schranke finden würden.

Nun unterhielt sich Minister Dr. Gürtner mit mir längere Zeit über das Problem. Wir waren beide der Auffassung, daß auch in einer Einheitspartei die Gegensätze des Alters und der verschiedenen sozialen Interessen immer wieder durchbrechen und zur Gruppenbildung führen müßten. Die Meinungsverschiedenheiten würden dann eben auf die gleiche Weise ausgeglichen werden wie in einer aus mehreren Parteien bestehenden politischen Koalition. Ich war allzu sehr mit dem sachlichen Problem beschäftigt, um hinter den scharfsinnigen staatsphilosophischen Ausführungen des Ministers die Andeutung einer bevorstehenden politischen Änderung zu wittern. Keinen Augenblick fiel mir ein, daß ich etwa durch die Behandlung dieser Frage vor einer kommenden Entwicklung hätte gewarnt werden sollen. Wahrscheinlich war das auch nicht die Absicht Gürtners, er sprach sich wohl nur von der Leber, was seine Gedanken in diesen Tagen besonders in Anspruch nahm. Es handelte sich im Grunde um das Wesen des Faschismus, um den Versuch der Aufhebung aller wirtschaftlichen und weltanschaulichen Gegensätze in einer allein geduldeten Staatspartei, um die Totalität eines von dieser Partei beherrschten Staates auf allen Lebensgebieten. Der Faschismus hat das Problem nicht gelöst. Er begnügte sich damit, die Meinungsfreiheit aufzuheben, jede der gerade herrschenden Richtungen in der Einheitspartei nicht genehme Meinungsäußerung zu unterdrücken. Das ist eine rein mechanische Lösung, ihr äußerliches Gelingen hängt von dem Umfang und der Stärke der Machtmittel der Regierenden und dem Grad der Ohnmacht der Regierten ab. Man kann sich sehr wohl ein Regierungssystem vorstellen, das die unter Menschen unvermeidlichen Meinungsverschiedenheiten sich frei entfalten läßt und dann die für das ganze Volk zweckmäßigste Entscheidung von sich aus trifft. Diese Stelle mag je nach dem politischen Reifegrad eines Volkes ein Monarch, ein Staatsrat oder eine frei gewählte Volksvertretung sein. Menschen aber wegen bloßer Meinungen zu verbannen, einzusperren oder zu erschießen, ist ein Rückfall in die Barbarei, ein Hohn auf die Blutströme, die für die Sache der freien Meinungsäußerung auf religiösem und politischem Gebiet im Kulturkreis des Abendlandes geflossen sind.

Kurze Zeit nach dieser meiner letzten Unterredung mit dem Reichsjustizminister zogen sich wieder schwere Gewitterwolken über der deutschen Sozialdemokratie zusammen. Der Parteivorstand hatte sich in Prag niedergelassen und begann von dort aus einen rücksichtslosen Feldzug gegen die nationalsozialistischen Machthaber und ihre Greueltaten in den Konzentrationslagern zu führen. Sofort ergriffen die Nationalsozialisten die erwünschte Gelegenheit, um der kurzen Atempause, die uns die Reichstagssitzung vom 17. Mai 1933 verschafft hatte, ein Ende zu machen. Da die Sozialdemokraten im Ausland nicht errreichbar waren, wurden wir im Inland gebliebenen sozialdemokratischen Führer für ihre Taten haftbar gemacht. Die nationalsozialistische Presse stieß wieder die schwersten Vorwürfe und Drohungen gegen uns aus. Jeden Tag konnte der Sturm gegen uns losbrechen.

Unsere Berliner Genossen, zu denen über die nationalsozialistischen Pläne aus noch nicht verstopften Kanälen gelegentlich noch etwas durchsickerte, erkannten die Gefahr. Sie beriefen zum 19. Juni 1933 eine sozialdemokratische Reichskonferenz nach Berlin ein. Als Vertreter der Bezirksorganisation Oberbayern-Schwaben wurden Unterleitner und ich hingeschickt. Die Sitzung fand in einem Saal des preußischen Landtagsgebäudes statt. Schon die einleitenden Worte der Einberufer verschafften uns Klarheit über den Zweck: Der Parteivorstand in Prag sollte nicht mehr als Leitung der Sozialdemokratischen Partei

Deutschlands anerkannt werden. Es sei unmöglich, die Partei vom Ausland her zu führen. Dieser Zustand müßte in kurzer Zeit ein Verbot der Sozialdemokratie in Deutschland zur Folge haben.

Noch einmal wurde die vom Parteivorstand im März 1933 eingeleitete Politik ausführlich erörtert. Man hatte sich damals gegen den Kampf und für Unterwerfung unter die nationalsozialistische Staatsführung entschieden. In der Reichstagsrede des Genossen Wels vom 23. März 1933 war auch das Angebot der Sozialdemokratie an die Reichsregierung zur loyalen Mitarbeit enthalten gewesen. Der Parteivorstand war später ins Ausland gegangen und hatte damit diese Linie verlassen. Wir zurückgebliebenen Sozialdemokraten hatten mit Zustimmung aller Parteifunktionäre, deren Meinung noch eingeholt werden konnte, die Politik vom 23. März fortgesetzt und in der Folge am 17. Mai 1933 im Reichstag zusammen mit den Nationalsozialisten für die Forderung nach Gleichberechtigung Deutschlands gestimmt. Wir waren jetzt die Gefangenen dieser Politik. Von ihr abzuweichen, hätte für die Politik ebenso wie am 17. Mai 1933 Selbstmord bedeutet. So blieb uns nichts übrig, als zwischen uns und den alten Freunden in Prag, die ohne Rücksicht auf uns die Freiheit des Handelns beanspruchten, den Trennungsstrich zu ziehen.

In diesem Sinne sprach vor allem der frühere Reichstagspräsident Paul Löbe, der es abgelehnt hatte, ins Ausland zu gehen, und dem dadurch ganz von selbst die Führung der zurückgebliebenen Sozialdemokraten zugefallen war. Für die Trennung sprach sich kaltschnäuzig auch der ehemalige Vorsitzende unserer preußischen Landtagsfraktion, Genosse Heilmann, aus. Wir waren verwundert, ihn auf dieser Sitzung zu sehen. Er war durch seine Freundschaft mit den wegen Schiebung verurteilten Brüdern Barmat bei den Nationalsozialisten sehr anrüchig, sie hatten ihn sogar eines Falscheides zugunsten der Barmats bezichtigt. Aber er verkehrte nach wie vor im Kaffeehaus Josti, als ob sich seit den schönen Tagen der Weimarer Republik im Berliner Leben nicht das geringste geändert hätte. Wie es hieß, verließ er sich auf seine Querverbindungen, die angeblich bis zu dem nationalsozialistischen Gauführer Kube hinüberreichten. Kurze Zeit nach dieser Sitzung wurde er aber doch an seinem Stammplatz im Kaffeehaus verhaftet. Seine Leidensgeschichte in den deutschen Konzentrationslagern ist aus vielen Veröffentlichungen bekannt.

Die Stimmung gegen die ins Ausland geflüchteten Parteigenossen war in dieser Sitzung wieder sehr gereizt. Organisationsvertreter aus Gebieten, in denen die Machtübernahme durch die Nationalsozialisten für die freien Gewerkschaftler und Sozialdemokraten noch glimpflich abgelaufen war, scheuten nicht vor dem Vorwurf der Feigheit, insbesondere gegenüber den ins Ausland abgereisten weiblichen Mitgliedern der Reichstagsfraktion, zurück. Einige Parteisekretäre und Redakteure ehemaliger Parteizeitungen waren über den Verlust ihrer Stellungen erbittert. Der Parteivorstand hatte den Sekretären nur noch die Gehälter für Juni in einer Berliner Gaststätte auszahlen lassen oder durch Reichstagsabgeordnete zugestellt. Andere Genossen sprachen mit Neid davon, wie schön es sein müßte, im Ausland, in der Freiheit zu leben, keine braunen Uniformen, keinen Hitlergruß mehr zu sehen, kein Horst-Wessel-Lied mehr hören zu müssen und dabei von Geldsorgen nicht beschwert zu sein. Viele waren von dumpfem Schmerz über die Trennung von den alten Kampfgefährten bedrückt und betäubt. Alle aber standen wir unter dem furchtbaren Zwang der Notwendigkeit. Gegen den Antrag, daß der Sitz des Parteivorstandes im Inland sein müsse, erhob sich nicht eine Hand.

Dann wurde ein neuer Parteivorstand aus den Genossen Löbe, dem ehemaligen mecklenburgischen Ministerpräsidenten Stelling, dem schwerkriegsbeschädigten bisherigen

Parteivorstandsmitglied Westphal und dem jetzigen Vorsitzenden der preußischen Landtagsfraktion Szillat bestellt. Stelling schien überrascht, erbleichte und zögerte einen Augenblick, ob er die Wahl annehmen solle. Er war wohl über die Trennung von den Freunden tief niedergeschlagen. Keiner von uns und auch er selbst nicht konnte ahnen, daß er zehn Tage später von Nationalsozialisten in Köpenick nach fürchterlichen Mißhandlungen viehisch ermordet und seine in einen Sack eingenähte Leiche aus der Zerpenschleuse gezogen würde. Die Konferenz ging vorzeitig zu Ende. Ein Gerücht wollte wissen, daß es Göring eingefallen sei, uns durch seine Polizei ausheben zu lassen. Es gab zwar keine Panik, aber schließlich waren wir doch froh, mit heiler Haut davongekommen zu sein.

Die Stellungnahme der Konferenz gegenüber dem Prager Parteivorstand wurde überall im Reich, auch bei uns in München, von den zuständigen Parteikörperschaften gebilligt. Allein schon in den nächsten Tagen zeigte sich, daß die bisherige Parteileitung von uns vergebens geopfert worden war. Die Nationalsozialisten hatten nun einmal ihren Vorwand gefunden, uns vernichten zu können, und dachten nicht im Traum daran, sich die sichere Beute noch einmal entreißen zu lassen. Am 22. Juni 1933 wurde die Sozialdemokratische Partei Deutschlands in einem Erlaß der Reichsregierung als staats- und volksfeindliche Partei erklärt, alle ihre Mitglieder in Volksvertretungen und Gemeindevertretungen wurden von der weiteren Ausübung ihrer Mandate mit sofortiger Wirksamkeit ausgeschlossen. Versammlungen der Partei sowie ihrer Hilfs- und Ersatzorganisationen, das Erscheinen sozialdemokratischer Zeitungen und Zeitschriften waren nicht mehr erlaubt. Das Vermögen der Partei und ihrer Hilfs- und Ersatzorganisationen wurde beschlagnahmt. Im Anschluß an das Verbot wurden Löbe und eine Anzahl anderer führender Sozialdemokraten in Norddeutschland in Schutzhaft genommen.

Über 3000 Sozialdemokraten wurden in den nächsten Tagen in die Konzentrationslager gesteckt.

Die sozialdemokratische Fraktion des bayerischen Landtags wurde ebenfalls aufgelöst, der Vorsitzende Albert Roßhaupter verhaftet, das Sekretariat im Landtagsgebäude geschlossen. Unser Fraktionssekretär Fritz Endres lieferte das kleine Vermögen der Fraktion, gewissenhaft wie immer, auf Heller und Pfennig ab. Ich suchte ihn ein paar Tage später in seiner Wohnung in Sendling auf. Er war über unser künftiges Schicksal sehr beunruhigt und rechnete mit einer baldigen Verhaftung. Wirtschaftlich stand er vor dem Nichts. Er war an die zehn Jahre älter als ich und hatte keine Hoffnung mehr, irgendwo unterzukommen. Ich konnte ihm keinen Trost geben, und er schickte mich, da er seine Wohnung von Polizeispitzeln beobachtet glaubte, bald weg. Ich suchte andere Freunde auf. Eine innere Unruhe hatte mich ergriffen, ein Bedürfnis, alte Kameraden zu sprechen und mit ihnen von Hoffnungen zu schwärmen, an die doch keiner von uns im Ernst mehr glaubte. Bei Erhard Auer hatte ich einen Einfall. Ich machte ihn darauf aufmerksam, daß durch den Erlaß der Reichsregierung unsere Partei zunächst nicht aufgelöst, sondern nur ihre weitere Tätigkeit verboten war. Die Mitgliedschaft bei ihr bestand also vorerst noch fort. Das konnte den Nationalsozialisten die Möglichkeit geben, gerade die treuesten Anhänger der Partei, die jetzt nicht fahnenflüchtig wurden, weiter zu quälen. Auf meinen Vorschlag löste Auer deshalb als Vorsitzender unseres Bezirksparteivorstandes von Oberbayern-Schwaben die sozialdemokratische Parteiorganisation in diesem Gebiet auch formell auf und entließ alle Mitglieder aus der Treue- und Gehorsamspflicht. Eine Abschrift dieser Verfügung wurde dem bayerischen Innenministerium zugesandt.

Noch schien es in Bayern, als sollten wir Sozialdemokraten eine letzte Schonfrist genießen. Die Nationalsozialistische Partei und Presse hatten sich urplötzlich auf die Bayerische Volkspartei gestürzt. Wir wußten, daß in den Nationalsozialisten der Haß gegen die »Schwarzen« noch tiefer saß als die Wut gegen uns. Unter dem Vorwand, daß die Bayerische Volkspartei hinter dem Verbot der nationalsozialistischen Organisationen in Österreich stecke und mit den dortigen Christlich-Sozialen in engsten Beziehungen stehe, wurden am 26. Juni 1933 sämtliche Reichstags- und Landtagsabgeordneten und sonstigen Führer der Bayerischen Volkspartei, darunter eine Anzahl Prälaten, dann der Staatsrat Dr. Schäffer, der Führer der Wehrorganisation »Bayernwacht«, Ritter von Lex, der Kreisparteivorsitzende Baron Hirsch von Planegg und andere an allen Orten verhaftet und in die Gefängnisse gesteckt. Wie unsere Giesinger Genossen nicht ohne Schadenfreude erzählten, fuhren in diesen Tagen im Gefängnishof Stadelheim die elegantesten Kraftwagen mit den Angehörigen der vornehmen Schutzhäftlinge vor. Auch einzelne Politiker unter uns konnten die Freude über ein solches Ende der Partei, die zuletzt noch den Nationalsozialisten den Steigbügel gehalten und ihren Grafen Quadt in die nationalsozialistische Landesregierung entsandt hatte, nicht unterdrücken.

Mehr als ein Dutzend Jahre hatte die Bayerische Volkspartei in Bayern die unumschränkte Macht besessen und sie rücksichtslos für sich und häufig auch gegen uns ausgenützt. In den ersten Jahren der Hitlerbewegung hatte sie auf unsere Beschwerden über Hitlers bewaffnete Banden, die das Land unsicher machten, im Landtag höhnisch erwidern lassen, die Nationalsozialisten machten nur von ihrer körperlichen Überlegenheit gegen uns Sozialdemokraten Gebrauch. Ihre Liebedienerei gegenüber den rechtsradikalen Verbänden hatte den Hitlerputsch von 1923 herbeigeführt. Auch hernach hatte sie sich mit halben und zweideutigen Maßnahmen begnügt und sich immer alle Wege offengehalten. Als dann die Nationalsozialisten im Februar 1933 übermächtig wurden, hatte die Bayerische Volkspartei in einer schamlosen Erklärung die vorausgegangenen geheimen Unterhandlungen mit uns Sozialdemokraten geleugnet und uns öffentlich durch die verlogene Behauptung gebrandmarkt, daß sie für Verhandlungen mit der Sozialdemokratie nie zu haben gewesen sei. Jetzt zeigte sich, daß auch die gefürchtete Macht der katholischen Kirche über die Gemüter, die seit Jahrzehnten für jeden bayerischen Politiker als Axiom gegolten hatte, nur eine Seifenblase gewesen war. Diese Partei hatte die volle Staatsmacht, die Befehlsgewalt über die schwerbewaffnete Polizei besessen, ihr Innenminister hatte sich mehr als einmal dieser schneidigen Waffe gerühmt. Als es aber in den Märztagen hart auf hart gegangen war, hatten sie diese Macht ohne Schwertstreich an die Nationalsozialisten ausgeliefert. Das war viel schlimmer gewesen als unser Verhalten. Denn wir konnten immerhin geltend machen, daß es Wahnsinn gewesen wäre, gegen die organisierte Staatsmacht anzurennen. Gewiß, zur Rettung der deutschen Sozialdemokratie war auch kein deutscher Arbeiter auf die Barrikaden gestiegen. Für Lohnerhöhungen, gute Geschäfte oder Ministersessel stirbt kein Mensch, es sterben Männer nur für eine Idee. Aber wo waren jetzt die katholischen Mannen, die sich unter Kirchenfahnen zusammenscharten, wo waren die Bauern, die unter Führung ihrer Priester, unter Gebet und Gesang zu Zehntausenden nach München marschierten und ihre weltlichen und geistlichen Führer aus dem Gefängnis befreiten? Eine Idee, für die ihre Bekenner nicht mehr jauchzend in den Tod gehen, ist morsch und verwest. Man muß sie erst wieder durch Opfer zum Leben erwecken. Auch die deutschen Katholiken waren zu lange im Fett gesessen, sie hatten Pfründen und Ämter gesammelt, politische Macht in die Scheuer gebracht und darüber die lebendige, jedes Opfer, ja Blut und Leben heischende

Idee verloren. Ideen und Weltanschauungen sind wie die alten olympischen Götter. Sie wenden sich erzürnt ab, sie hüllen sich in goldene Wolken, wenn ihnen nicht immer der süße Rauch der Opfertiere zum Himmel dampft. Das höchste aller Opfer aber ist der Mensch.

Ich brachte keine Freude über den Zusammenbruch der Bayerischen Volkspartei auf. Mancher redliche Mann in ihren Reihen dauerte mich. Ich dachte daran, wie ruhmlos vor wenigen Monaten der alte Bayerische Bauernbund dahingegangen war, in dem ich auch viele gute Freunde gehabt hatte. Die Landtagsabgeordneten des Bauernbunds hatten sich unter Führung ihres früheren Ministers Fehr gerade noch rechtzeitig den Nationalsozialisten angeschlossen und waren dann zur Landtagssitzung im April 1933 in braunen Parteiuniformen erschienen. Einige hatten sich geschämt. Sie waren heimlich zu mir gekommen und hatten gemeint, jetzt würde ich sie wohl aus tiefstem Herzensgrund verachten. Nein, ich war nur traurig gewesen, ehrliche bayerische Bauern in einem Gewand zu sehen, das sie lächerlich machte. Was war das für ein geschlagenes, gedemütigtes Volk, das sich wie Affen kleiden und dressieren ließ. Wieder ging ich ruhelos durch die Straßen.

Das Reichstagsbüro forderte uns wenige Tage nach unserem verfassungswidrigen Hinauswurf aus dem Reichstag zur Ablieferung unserer Freifahrtkarten auf. Wir schickten sie unverzüglich ein. Hernach fragte mich ein Reichstagskollege, den ich zufällig traf, fast im Tone des Vorwurfs, ob ich auch die Karte schon abgeliefert hätte. Ja, wir hielten etwas auf deutsche Ordnung, keinem von uns fiel es ein, die Fahrkarte, zu deren Benützung wir nicht mehr berechtigt waren, als Andenken für uns zu behalten. Keiner von uns dachte daran, sich einem ungesetzlichen Ansinnen zu widersetzen. Recht und Verfassung fielen in diesen Tagen morsch auseinander, wir gaben nichts mehr darauf, wir sprachen nicht einmal mehr davon. Es lohnte sich auch nicht mehr, davon zu sprechen, als Hitler auch seine feierlichen Versprechungen an die bürgerlichen Parteien brach und sie, eine schön nach der andern, uns in den Orkus nachschickte.

Wir hatten in den letzten Monaten steigende Hoffnungen auf den »Stahlhelm«, die große, den Deutschnationalen nahestehende Wehrorganisation, gesetzt. Es war uns bekanntgeworden, daß zahlreiche Führer des »Stahlhelms« die Greueltaten der Nationalsozialisten verabscheuten und darauf brannten, mit den »SA-Strolchen«, wie sie sie nannten, gründliche Abrechnung zu halten. Viele unserer Reichsbannerleute waren dem »Stahlhelm« als Mitglieder beigetreten und glaubten dadurch der Zukunft zu dienen. Aber am 21. Juni 1933 gliederte sich der »Stahlhelm« auf Weisung seines Führers Seldte, eines sehr mittelmäßigen Politikers, der im Kabinett Hitler Reichsminister geworden war, in die nationalsozialistische Bewegung ein.

Am gleichen Tage wurde von Göring der durch Hugenberg als Gegengewicht gegen die SA gegründete »Deutschnationale Kampfring« aufgelöst. Darauf trat Reichswirtschaftsminister Hugenberg am 27. Juni von seinem Amt zurück. Noch am 20. April 1933 hatte er eine Erklärung veröffentlicht, in der auf die feierlichen Zusicherungen Hitlers über Zusammensetzung und Bestand der jetzigen Reichsregierung in ihrer augenblicklichen Gestalt Bezug genommen und auf den Umstand hingewiesen war, daß das Ermächtigungsgesetz den Weiterbestand der gegenwärtigen Reichsregierung zur Voraussetzung habe. Jetzt war er der erste, der aus dem Kahn, den er selbst gezimmert und zu dessen Steuermann er Hitler gemacht hatte, ausgeschifft wurde. Nicht einmal seine nächsten Parteifreunde in der Reichsregierung, der Justizminister Dr. Gürtner und der Finanzminister Graf Schwerin-Krosigk, erklärten sich mit ihm solidarisch, sie blieben im Amt. Alles verließ jetzt den einst allmächtigen deutschnationalen Parteidiktator, niemand fürchtete ihn mehr, als er machtlos geworden war. Selten hat das Schicksal einem Mann die Unsinnigkeit der von ihm gegen alle Widerstände im eigenen Lager stur und starr durchgesetzten Politik so rasch vor Augen geführt. Er tauchte im Privatleben unter, verachtet von den Nationalsozialisten, deren unfreiwilliges Werkzeug er gewesen war, verflucht von Tausenden, die er durch die Einsetzung Hitlers in die Macht ins Unglück gestürzt hatte. Der Haß gegen die Arbeiterbewegung hatte diesen Mann blind gemacht und zum politischen Selbstmord getrieben. Er hatte dem Acheron das Bett gegraben und wurde hernach von ihm verschlungen. Niemand weinte ihm bei seinem politischen Begräbnis eine Träne nach. Selbst die zahlreichen Kreaturen, die er mit den ihm beinahe unbeschränkt zur Verfügung stehenden politischen Hilfsgeldern der deutschen Schwerindustrie gekauft und gefüttert hatte, wagten jetzt, feig wie feiles Gesindel immer ist, in der Öffentlichkeit keine Geste des Bedauerns oder des Mitgefühls. Nicht einmal die Größe seiner Torheit reizte eine Feder zur Darstellung. Ein tragikomischer Narr versank in Vergessenheit. Am gleichen Tag, an dem er durch seinen Rücktritt als Reichsminister seinen politischen Bankrott ansagte, löste sich das Geschöpf, das er zugrunde gerichtet hatte, die Deutschnationale Partei, auf.

Dasselbe Schicksal erlitt in den nächsten Tagen der politische Katholizismus in Deutschland, das Zentrum und die Bayerische Volkspartei. Kurz vorher waren noch Tausende ihrer Anhänger verhaftet worden, und eine Massenflucht von Parlamentariern aus ihren Reihen hatte eingesetzt. Sie machten es wie viele Schutzhäftlinge in den deutschen Konzentrationslagern: Um von den Nationalsozialisten nicht totgeschlagen zu werden, hängten sie sich an dem Strick, den man ihnen entgegenkommenderweise zur Verfügung stellte, auf. Einige wenige unter ihnen, die in dem allgemeinen Zusammenbruch von Recht und Mut, Moral und Ehre sich noch Charakter bewahrt hatten, wie der Prälat Dr. Leicht von Bamberg, legten ihre Mandate in den Volksvertretungen nieder.

Die Verhaftung aller Reichstags- und Landtagsabgeordneten der Bayerischen Volkspartei hatte der nationalsozialistische bayerische Innenminister Adolf Wagner am Sonntag, den 25. Juni 1933, dem bayerischen Volk in einer großen Rede mitgeteilt. Man merkte seinen Ausführungen an, wie erfreut und erleichtert die Nationalsozialisten waren, daß der große Schlag gegen den gefürchteten Katholizismus ohne jeden Zwischenfall unter völliger Teilnahmslosigkeit der großen Masse gelungen war. Nun hatte aber der Minister in seiner Rede erwähnt, daß auch alle maßgeblichen Führer der Sozialdemokratie hinter Schloß und Riegel gesetzt worden seien. Diese Behauptung traf auf Albert Roßhaupter, den Vorsitzenden unserer Landtagsfraktion, zu, weitere Verhaftungsfälle waren uns nicht bekannt. Hatte der Minister, der ein Freund großer Worte war, nur geprahlt? Man kündigte doch Verhaftungen nicht vorher an, die Bedrohten könnten sich sonst rechtzeitig in Sicherheit bringen! Die Nationalsozialisten waren bestimmt nicht so dumm, uns vorher zu warnen. Sie hatten jetzt wohl längere Zeit mit den »Schwarzen« zu tun, um sie mürbe zu machen, wir waren einstweilen aus ihrem Blickfeld gerückt. So unternahmen wir nichts, rafften uns zu keinem Entschluß auf. Keiner von uns brachte sich vorerst in Sicherheit. Mir boten treue Parteifreunde, einfache Arbeiter von Neuhausen, ihre Wohnungsschlüssel an, damit ich jederzeit einen Unterschlupf hätte. Ich lehnte dankend ab.

Am Mittwoch nachmittag hielten wir Mitglieder des Bezirksparteivorstandes im hinteren Teil einer Gaststätte in der Nähe des Hauptbahnhofs eine Besprechung ab. Auer und ich begaben uns von Schwabing aus zu Fuß in die Stadt, sahen uns aber plötzlich von Nazispähern verfolgt, machten dann viele Haken und Umwege und glaubten uns schließlich außer Gefahr. Die Sitzung war mehr eine zwanglose Unterhaltung am Biertisch, Beschlüsse waren nicht mehr zu fassen. Hans Unterleitner, der seit den Zwischenfällen bei der Aufstellung der Landtagskandidaten im April sehr verärgert war, fehlte, sonst waren alle höheren Funktionäre der ehemaligen Münchner Sozialdemokratie gekommen. Zum letzten Male sah ich auch den Bezirksparteisekretär Hans Nimmerfall, der später nach schweren Mißhandlungen in Dachau an Verfolgungswahn zugrundegehen sollte. Da die Gaststätte ziemlich belebt war, gingen die meisten von uns bald weg.

Als ich vor dem Abendessen nach Hause kam, berichtete meine Frau, daß eben eine Verwandte Auers in größter Aufregung bei ihr gewesen sei. Sie wollte erfahren haben, daß Auer, der sich zu auffällig in der Stadt bewege, wieder verhaftet werden solle, und suchte ihn deshalb jetzt überall. Meine Frau hatte unseren Treffpunkt nicht gewußt, Auers Verwandte wollte deshalb später wieder vorbeikommen oder anrufen, wenn ich voraussichtlich zu Hause sei. Sie meldete sich auch bald am Telefon, ich beschrieb ihr den Ort, wo Auer geblieben war, so gut es in einem wahrscheinlich von der politischen Polizei überwachten Telefongespräch ging. Ich merkte aber, daß sie mich verstanden hatte, sie wußte Bescheid. Nach Anbruch der Dunkelheit begab ich mich noch zu Auers Angehörigen und erfuhr, daß er gewarnt und in Sicherheit war. Nach ihrer Darstellung handelte es sich um eine polizeiliche Maßnahme gegen Auer allein. Trotzdem war meine Frau ängstlich geworden, allein ich blieb gegen ihren Willen zu Hause und schlief, wie immer in diesen Wochen der Spannung, einen tiefen, traumlosen Schlaf.

Am nächsten Nachmittag des Peter-und-Paul-Tags, der damals in München noch anerkannter Feiertag war, hatten wir den Besuch der Familie eines guten Freundes aus meiner Studienzeit. Wir waren erfreut, denn die meisten Bekannten hatten sich aus Furcht vor Unannehmlichkeiten wegen der Bekanntschaft mit einem jetzt geächteten »Marxisten« von uns zurückgezogen und grüßten uns nicht einmal mehr. Erinnerungen an die Gymnasiasten- und Universitätsjahre wurden aufgefrischt; so verging die Zeit, und schon dämmerte es, als unsere Gäste aufbrechen wollten. Wieder drang meine Frau darauf, daß ich wegen der ungemütlichen politischen Spannung außer Haus schlafen solle. Sie wurde von unseren Bekannten eifrig unterstützt, und so ging ich mit ihnen am späten Abend weg und blieb auf ihre Einladung bei ihnen über Nacht.

Als wir am andern Morgen, dem 30. Juni 1933, am Frühstückstisch saßen, kam meine Tochter noch vor Schulbeginn und teilte aufgeregt mit, daß gegen halb sieben Uhr in unserer Wohnung die politische Polizei gewesen war. Die Beamten hatten mich verhaften wollen, und als sie mich nicht antrafen, meiner Frau empfohlen, ich solle mich freiwillig stellen, es würde mir kein Haar gekrümmt. Der dritte Beamte dagegen hatte gemeint, er würde an meiner Stelle für einige Zeit bei Bregenz über die Grenze ins Ausland gehen. Wie meine Tochter unterwegs bei Auers Angehörigen erfragt hatte, war die Polizei in dessen Wohnung schon gegen sechs Uhr gewesen, hatte aber das Nest ebenfalls leer gefunden.

Auer und ich waren die einzigen sozialdemokratischen Mandatsträger in München, die an diesem Tage der Verhaftung entgingen. Alle andern wurden zu Hause aus den Betten geholt und zunächst in das Polizeigebäude geschafft. Parteifreunde, die am Vormittag einen Wohnungswechsel auf der Polizei anmeldeten, sahen zufällig, wie Fritz Endres und seine Söhne, Nimmerfall, Keil und viele andere im Hof vor Polizeikraftwagen in Reihen standen. Hunderte von Münchner Sozialdemokraten wurden damals ins Konzentrationslager Dachau geschafft. Ich war besonders beunruhigt wegen des Schicksals meines Freundes Unterleitner und suchte am Nachmittag seine Wohnung in Giesing auf, traf aber niemand daheim. Eine junge Hausinwohnerin, die gerade die Treppe heraufkam, als ich vergebens anläutete, sagte mir, daß Frau Unterleitner eben ausgegangen sei. Ich fragte rasch, ob den Mann die Polizei auch geholt habe. Sie musterte mich mißtrauisch und erwiderte dann, sie glaube schon. Da wußte ich genug und ging. Ich suchte Frau Unterleitner noch in den Seitenstraßen, fand sie aber nicht mehr. Die furchtbaren Erlebnisse ihres Mannes in Dachau sind in zahlreichen Büchern geschildert.

Am andern Tag erfuhr ich, daß meine Frau krank geworden war. Ich fuhr um die Mittagszeit mit der Straßenbahn zu ihr hin. Am Hohenzollernplatz spähte ich vorsichtig, ob nicht Naziposten ausgestellt seien, erblickte aber nur einen Schutzmann in der Ferne, der aufmerksam in die Wolken sah. Meine Angehörigen bekamen einen richtigen Schrecken, als ich urplötzlich unter ihnen auftauchte. Die Erkrankung meiner Frau war nicht schlimm, sie war nur mit den Nerven fertig und beschwor mich, ins Ausland zu gehen. Ich legte auf alle Fälle meine Gebirgstracht an, die Lederhose war in diesen heißen Tagen recht angenehm. Zufällig kamen Verwandte, wurden blaß, als sie mich zu Hause erblickten, und redeten ebenfalls auf mich ein, ich solle schon aus Rücksicht auf meine Frau, die ständig um mich zitterte und keinen Schlaf mehr fand, mich endlich in Sicherheit bringen. Sie hatten Beziehungen zum »Stahlhelm« und wollten wissen, daß politisch alles verloren sei. Ich versprach ihnen schließlich, mich umzusehen, und ging von zu Hause fort. In der Wohnung eines befreundeten Journalisten traf ich den sozialdemokratischen Journalisten Edmund Goldschagg, der schon einige Tage vor dem 30. Juni 1933 durch Verwandte in der Schweiz vor bevorstehenden Massenverhaftungen gewarnt worden war. Er war dadurch gerettet worden und jetzt im Begriff, in seine Heimat überzusiedeln.

Die Partei zerstob, alles lief auseinander, die letzte Losung war: Rette sich, wer kann! Erhard Auer hatte wieder einmal Recht behalten. Als ich auf Umwegen in die Wohnung meiner Gastgeber zurückkam, fand ich bleiche, entsetzte Gesichter. Mein Freund und seine Frau waren im Stadtinnern ahnungslos spazierengegangen, als plötzlich Sirenen heulten, Wagen rasselten, Menschen wie vom Sturmwind weggeweht auseinanderstoben. Lastkraftwagen der Polizei mit politischen Gefangenen rasten vorüber. Schwarze SS stand auf den Wagen, die Gewehre im Anschlag, Eisen blitzte, Motoren ratterten, Wagen knirschten, unaufhörlich schrillten die Sirenen, der ganze Straßenverkehr von Trambahnen, Kraftwagen und Fußgängern barst vor der wilden Jagd auseinander. Es mußte wie ein Angsttraum Kubins gewesen sein. Die beiden zitterten noch an allen Gliedern, der blasse Schrecken schüttelte sie. Ich faßte sofort meinen Entschluß. Mein Freund hatte Kinder, es war möglich, daß sie Bekannten von dem Gast ihrer Eltern erzählten. Wenn mein Freund aufkam, daß er mich beherbergte, verlor er seine Stellung und wurde vielleicht noch eingesperrt. Ich wollte nicht eine weitere Familie ins Unglück stürzen. Das stellte ich jetzt meinen Gastgebern vor und bat sie, mich ziehen zu lassen. Sie willigten nach langem Sträuben ein.

Die folgenden Nächte brachte ich in Arbeiterwohnungen in meinem alten Landtagswahlkreis Neuhausen zu. Aber kein Versteck gewährte mehr Sicherheit. Meist dauerte es nur zwei Tage, bis mich der Genosse warnte, er sei im Haus bereits gefragt worden, was er für einen neuen Zimmerherrn habe. Dann zog ich mit meinem Waschzeug und Schlafanzug in der Mappe wieder um. Die alten Funktionäre der Parteisektionen, die nicht nach Dachau gekommen waren, traten zusammen und berieten über meine Sicherheit. Sie teilten mir ihren Beschluß mit: Einer der führenden Genossen müsse schließlich für eine bessere Zeit am Leben bleiben, ich solle ins Ausland gehen. Die armen Teufel hatten unter sich bereits Geld gesammelt und boten es mir an. Ich war über ihre Treue tief gerührt, lehnte aber das Geld ab und konnte mich noch immer nicht zur Abreise entschließen. Jetzt steckten sie sich hinter meine Frau und ließen mich durch sie aufs neue bestürmen. Da erklärte ich, meinen Entschluß aufschieben zu wollen, bis ich noch einmal mit Auer gesprochen hätte.

Seit Tagen war ich hinter ihm her. Seine Angehörigen hatten meiner Frau, als sie ihnen meinen Wunsch mitteilte, mit Auer in Verbindung zu kommen, eine Szene gemacht. Sie waren ganz verrückt geworden, hatten geschrien, daß ich an der Verfolgung Auers durch die Nationalsozialisten schuld sei und daß wir beide um keinen Preis der Welt mehr zusammenkommen würden.

Das war natürlich Weiberart, die Dinge so zu sehen. Aber es schien mir nutzlos, ihnen die Hirngespinste ausreden zu wollen. Ich versuchte deshalb mein Glück auf eigene Faust. Auf dem Motorrad eines Freundes fuhr ich die Umgebung Münchens ab und forschte an allen Stellen, an denen eine Auskunft über Auer möglich sein konnte. Allein ich kam um eine Nacht zu spät. Als ich Auers letztes Versteck in München endlich herausgebracht hatte, teilte mir der Genosse mit, daß der Gesuchte am Abend vorher bei ihm von einem schlanken jungen Mann im grünen Jägerhütl mit Kraftwagen abgeholt worden sei. Der Fremde hatte Auer mit den Worten begrüßt: »So also sehen wir uns wieder!« Daraus schloß ich, daß es ein bürgerlicher Bekannter Auers aus seiner Ministerzeit nach der Revolution gewesen war. Von hier ab war seine Spur durch den Eigensinn seiner Angehörigen für mich verlorengegangen. Auer hatte sein Wort, in der Not sich ohne Rücksicht auf andere zu retten, wahrgemacht.

Eine Zeitlang überlegte ich mir ernstlich, ob ich mich nicht der politischen Polizei stellen sollte, um das Los meiner Freunde im Konzentrationslager zu teilen. Die Arbeiter, denen ich darüber Andeutungen machte, griffen sich zuerst an die Stirn, dann waren sie ehrlich entsetzt. Sie stellten mir vor, daß ich als einer der vormals gefährlichsten Gegner der Nazis unbedingt totgeschlagen würde, davon hätten ich und die Arbeiterbewegung nichts. Sie waren wahrscheinlich im Recht. Wie ich später erfuhr, wurde bei der SS-Wachmannschaft in Dachau einige Male das Gerücht verbreitet, man habe mich und Auer erwischt. Die SS-Schläger hatten sich höllisch gefreut und uns einen »warmen« Empfang zugedacht. Als wir dann ausblieben, war ihre Enttäuschung groß. Bestimmt hätten sich auch die Nazigrößen, wenn ich mich ihnen freiwillig ausgeliefert hätte, über meine Dummheit nur ins Fäustchen gelacht. Ritterlichkeit gegenüber dem niedergeschlagenen Gegner war ihnen fremd. Immer drückten sie, wie der Straßenpöbel bei den römischen Gladiatorenkämpfen, den Daumen nach unten. Mitleid, Sentimentalität oder auch nur die geheime Scheu des Siegers vor den Wechselfällen des Schicksals und die Furcht, durch Übermut die Rache der Götter herauszufordern, kannten sie nicht. Hemmungslos wie Tiere folgten sie ihren wilden Trieben. Geistes- und Herzenskultur wurde von ihnen als unheldische Schwäche verachtet. Ich war mir darüber klar, was ich von ihnen zu erwarten hatte, und schüttelte eine sentimentale Anwandlung ab.

Es traf sich, daß in diesen Tagen ein befreundeter Journalist, der brotlos geworden war, nach Österreich ging, um sich eine neue Stellung zu suchen. Er war ein guter Kletterer und übernahm es, mich auf einem unbedingt sicheren Weg über die Berge zu bringen. Nach seinen Erkundigungen waren alle bekannten Übergänge, sogar die 2300 Meter hohe Meilerhütte am Wetterstein, von SA-Abteilungen gesperrt. Ich war ein leidlich guter Bergsteiger, hatte aber eigentliche Kletterübungen noch nicht gemacht. Es wäre gefährlich gewesen, in einer solchen Lage Fertigkeiten vorzutäuschen, die man nicht besaß, und dadurch vielleicht einen anderen ins Unglück zu stürzen. Der Journalist Franz aber wußte Rat und zog als dritten Mann einen politisch nicht verdächtigen Bergfreund zu. Hans war ein bekannter Kletterer und sollte mich am Seil führen. Wir beschlossen, die Bergfahrt noch vor Mitte Juli zu unternehmen.

Auch in diesen heißen Julitagen traf ich mit einigen Funktionären der Partei und des »Reichsbanners« in Kaffeehausgärten um München herum noch immer zusammen. Es waren zumeist nur mehr unbekannte Soldaten der Bewegung oder ausgediente Gewerkschaftsbeamte, die im öffentlichen Leben seit Jahren nicht mehr hervorgetreten waren. Politische Entscheidungen waren nicht mehr zu treffen, es handelte sich nur noch darum, von der Vergangenheit oder von der Zukunft zu sprechen. Am liebsten unterhielten wir uns über den Zeitpunkt, an dem die Nationalsozialisten einmal am Ende ihrer Weisheit sein und der große Volksaufstand gegen sie losbrechen würde. Er schien uns nicht in allzu weiter Ferne zu liegen. Aus der Geschichte der Revolution wußte ich, daß inmitten eines allgemeinen Zusammenbruchs ein entschlossener Führer mit einigen hundert zuverlässigen Leuten den Ausschlag geben und die Macht an sich reißen kann. So erteilte ich den Reichsbannerkameraden den letzten Auftrag, eine Schar kühner und entschlossener Männer für den Tag der Wende beisammenzuhalten. Keiner von uns stellte sich damals vor, daß sich die Nationalsozialisten so tief in den Staat einfressen würden, daß sie nur mit diesem zusammen zugrundegehen könnten. Keiner von uns glaubte, daß die Wehrmacht einmal das stärkste Bollwerk Hitlers gegen den »inneren Feind« bilden würde. Wir hielten seinen Sieg für einen bloßen Über-

raschungserfolg und wähnten, nach den ersten außenpolitischen Rückschlägen und wirtschaftlichen Schwierigkeiten
würde sich das deutsche Volk wie ein täppischer Riese, der
im Schlaf gefesselt worden war, strecken und recken und
die lächerlichen Bande zerreißen. Die Luft flimmerte in der
Julihitze, und unsere Wünsche spiegelten uns goldene Tore
der Freiheit vor. Als wir uns zum letzten Male die Hände
schüttelten, waren wir frohgemut, und keiner dachte an ein
Auseinandergehen für lange Zeit.

9. Abschied

Den letzten Samstag und Sonntag in Deutschland brachte ich mit einem Freund in seinem Jagdhaus mitten im Wald zu. Am Samstag abend nahm er mich mit auf den Anstand und wies mir einen Platz hoch in den Ästen einer Fichte an. Als Nichtjäger war ich ohne Gewehr. Droben hatte ich einen herrlichen Ausblick. Das Gehölz bildete ein Rechteck und war nach einer Seite offen. Zu meinen Füßen dehnte sich eine saftige Waldwiese aus, weiter hin schlossen sich an sie goldgelbe Kornfelder an. Über der fernen Niederung, in die ein Fluß gebettet war, schwebte blauer Dunst.

Schon war die Abendstille hereingebrochen. Auf den Hügeln über dem Fluß leuchteten die Fenster weißgetünchter Bauernhöfe von den letzten Strahlen der Sonne wie Fackeln auf. Die Gehöfte waren im Geviert gebaut und glichen kleinen Festungen. Der bayerische Bauer liebt die dorfweise Siedelung nicht. Seine Vorfahren bauten ihren Einödhof zwischen gelichtete Wälder. Um ihn herum erstreckt sich nach allen Seiten das nötige Acker- und Wiesenland. Das Brenn- und Werkholz liefert das sorgsam geschonte Stück Wald, das zu jedem größeren Hof gehört. Hier ist der Bauer Alleinherrscher in seinem Reich und lebt die ganze Woche mit Weib, Kindern und Gesinde bei harter Arbeit auf seinem Hof. Nur der Sonntag bringt ihn mit der Welt draußen, mit Kirche und Pfarrer, mit Wirtshaus und Politik in Verbindung. Die Behörden, die ihm Schriftstücke senden und Steuern von ihm verlangen, sind ihm verhaßt. Er meidet den Umgang mit ihnen. Selten auch verliert sich ein Polizeiorgan in diese Weiler und

Einöden, bei den alteingesessenen Bauern gibt es fast keine Kriminalität. Das frühere Haberfeldtreiben, eine Art bäuerliches Rügegericht, bei dem es zu wilden Ausschreitungen kam und das vom Staat mit barbarischen Strafen unterdrückt wurde, hat aufgehört. Auch Kirchweihraufereien mit schweren Folgen sind selten geworden.

Diese Bauern sind sich vielleicht nicht bewußt, was Freiheit ist, aber sie leben sie. Auch der Politik und der Kirche gegenüber bewahren sie innerlich ihre Unabhängigkeit. Oft hing es früher nur vom Grade der Frömmigkeit ab, ob ein Bauer auf die klerikale Bayerische Volkspartei oder auf den Bauernbund schwor. Übrigens ist die Religiosität der Männer ziemlich äußerlich und beschränkt sich auf das Rosenkranzgebet am Samstag abend und den sonntäglichen Kirchgang. Pfarrer sind·beliebt, wenn sie sich mit Landwirtschaft abgeben, sich nicht hinter die alten Weiber stecken und keine Spielverderber im Wirtshaus sind. Lehrer, die sich nicht auf Obst- oder Bienenzucht beschränken, sondern höher hinaus wollen und den »Gebildeten« heraushängen oder sich gar als große Politiker aufspielen, werden nicht ernstgenommen. Man hält sie dann für nicht richtig im Kopf.

Jeder Zwang ist den bayerischen Bauern in tiefster Seele verhaßt. Die Kriegszwangswirtschaft machte sie gegen Ende des Weltkriegs zu Anhängern und Führern der Revolution. Auch der Nationalsozialismus wird sie nicht gleichschalten können. Sie mögen sich äußerlich fügen, heimlich schimpfen sie und tun den Nazibürgermeistern, die nicht immer die besten Elemente in der Gemeinde sind, manches zum Trotz. Wenn sie nicht wollen, prallt gütliches Zureden wie Drohung mit Gewalt gleichermaßen an ihren harten Schädeln ab. Für Massenbewegungen sind sie denkbar schlechtes Material. Nur Menschen, die durch gleichartige soziale Verhältnisse, durch erzwungene Anpassung an die peinliche Arbeitsordnung in der Fabrik, durch Zusammenwohnen in Massensiedlungen, in sogenannten Mietskasernen gleichförmig geworden sind, lassen sich von moderner Propaganda kneten wie Wachs. Den eigenwilligen, im Kampf mit der freien Natur gestalteten und ungebunden herangewachsenen Einödbauern kann man nicht so leicht zur Gemeinschaft zwingen. Er behält dem aufdringlichen Lärm der Großstadt gegenüber kühlen Kopf und klaren Verstand. Wenn die Deutschen sich jemals wieder auf den Wert der unabhängigen und eigenwüchsigen Persönlichkeit besinnen sollten, werden sie an die knorrige Gestalt des freien Einödbauern anknüpfen müssen.

Die Sonne schimmerte noch einige Augenblicke auf einem spitzen gotischen Kirchturm in der Ferne, dann versank ihr letztes Licht in den Wäldern. Rötliche Wolken dunkelten ins Violette. Das Himmelsgewölbe wurde tiefblau. Von der Waldwiese zu meinen Füßen erhob sich bläulicher Rauch, über einem Waldviertel kam die rotgelbe Mondscheibe herauf. Dann bewegte sich das bleichfarbene Kornfeld, ein schmales Reh trat heraus, äugte vorsichtig nach allen Seiten und fing am Rande der Wiese zu äsen an. Ein anderes folgte, zuletzt war es ein Rudel von sechs Stück. Langsam kamen sie näher zu mir herüber, mußten aber dann plötzlich etwas gewittert haben und zogen sich wieder in leichtem Lauf in das schützende Kornfeld zurück. Wenn auf fernem Bauernhof ein Hund zu bellen begann, hoben sie lauschend das Haupt. Allmählich glichen sie Schatten in der zunehmenden Dämmerung. Ich blieb auf meinem Anstand, bis sie im bläulichen Nebel verschwanden.

Es war einer meiner schönsten Abende seit meiner Jugendzeit. Ich war in Wald und Feld aufgewachsen. Zum letzten Mal umfaßte ich in überströmender Liebe meine bayerische Heimat, an der ich mit allen Fasern meines Herzens hing. Da tanzten die Elfen auf der mondbeglänzten Waldwiese, und der Wald rauschte noch einmal leise im Einschlafen auf, der deutsche Wald Eichendorffs, der Märchenwald der Gebrüder Grimm. Da hatte der arme Holzhauer gehaust, der seine Kinder in den tiefen Wald schicken mußte, weil er kein Stück Brot mehr für sie besaß, dort hatte die Hexe auf müde, verirrte Kinder gelauert, hier hatte der böse Riese geschnarcht, daß der Wald erbebte, und an jenem Baumstock der boshafte Zwerg seinen langen Bart eingeklemmt. Keine Macht der Erde konnte mir die Erinnerung an die deutschen Märchenwälder entreißen. Es schien mir unfaßbar, daß ich jetzt das Land meiner Vorfahren verlassen sollte, weil man mich sonst wie ein wildes Tier hinter Stacheldraht gesperrt, mich zu Tode gefoltert hätte. Wie kam dieser finstere, haßerfüllte Massenbändiger aus dem Osten dazu, mir das Recht auf meine Heimat zu nehmen, die nicht seine, sondern meine, meiner Frau und meiner Kinder Heimat war. Ach, auch die Verbannung war uraltes deutsches Schicksal, der Volksheld Dietrich von Bern hatte jahrelang als landloser Flüchtling am Hof des Hunnenkönigs Etzel in Trauer und Armut gelebt. Wir waren in die graue Vorzeit zurückgefallen. Alles, was an Menschlichkeit, Ritterlichkeit, Achtung vor Recht und Gesetz für eherne Tafeln der europäischen Kulturgemeinschaft gegolten hatte, war in diesen Tagen mit Hämmern zerschlagen und in die Erde gestampft.

Der Mond verschwand hinter Wolken, das schwere Dunkel der Nacht fiel herab. Ich fröstelte und ging zur Jagdhütte zurück. Mein Gastfreund hatte den Waldfrieden durch keinen Schuß gestört, und ich war darüber froh.

Wir hatten die Bergfahrt ursprünglich für Montag vorgesehen, mußten sie aber um einen Tag verschieben, weil Franz mit seinen Vorbereitungen nicht fertiggeworden war. Am Montag abend hatte ich mich mit Frau und Kindern zum Abschiednehmen im Luitpoldpark unweit meiner Wohnung zusammenbestellt. Es dunkelte schon, der schwere Duft von Lindenblüten lag in der Luft. Wir gin-

gen die alten wohlbekannten Wege auf und ab und redeten von den Kindern, die im alten Geist erzogen werden
sollten, zur Freiheit und zur Menschlichkeit. Ich wußte
nicht, ob und wann ich meine Angehörigen nachkommen
lassen konnte. Wir mußten uns vielleicht trennen auf un-
absehbare Zeit.

Als Eheleute brauchten wir voreinander nicht viele Worte zu machen, wir hatten im Krieg und in der Nachkriegszeit viel schwere Zeiten, Not und Krankheiten durchge-
macht und verstanden uns. Dann aber baten wir uns alle
untereinander doch um Verzeihung für alles Unrecht, das
wir uns aus Unverstand oder im Zorn oder aus anderer
menschlichen Schwäche angetan hatten. Der wahre Wert
eines Menschen geht einem immer erst auf, wenn man ihn
verlieren soll oder verloren hat. Bald aber mußte ich weg,
ich hatte noch eine Besprechung mit Parteifreunden im
Osten Münchens vereinbart. Meine Lieben begleiteten mich
zum nächsten Halteplatz für Autodroschken. Dort nahmen wir Abschied voneinander. Ich schärfte den Kindern, die jetzt in den Schulen dem Hitlergeist ausgeliefert waren, noch ein, sie sollten an ihrem Vater nicht
irrewerden. Was ich als Sozialdemokrat gewollt und getan
hätte, sei recht und gut gewesen, und wenn es in den Schulen tausendmal anders gelehrt würde. Wenn es eine Gerechtigkeit auf Erden gebe, würden wir nicht immer im
Unglück bleiben, sondern eines Tages wieder in Ehren sein.
Zum letztenmal grüßten wir uns laut mit dem unsterblichen Freiheitsruf. Der Kraftwagenführer schaute uns verwundert an. Dann sah ich meine Frau und die Kinder mit
erhobenen Fäusten in immer weiterer Ferne stehen, bis
der Wagen um eine Ecke bog. Alle waren sie tapfer gewesen, keines hatte geweint.

Am nächsten Morgen fuhren wir in aller Frühe im Auto
eines Freundes dem Gebirge zu. Der Straßenverkehr war
noch gering, niemand hielt uns unterwegs an, wir erblick-

ten in den Dörfern keine verhaßte Parteiuniform. Auf der Höhe des Kesselberges, der den Walchensee vom Kochelsee trennt, machten wir noch einmal halt. Der einsame Walchensee ist der schönste Edelstein in der Krone der bayerischen Seen. Mit kühnen breiten Pinselstrichen hat ihn Lovis Corinth gemalt: einen dunkelgrünen Farbfleck, umrahmt von düsteren schwarzen Waldflächen, violette Bergschatten des Hochgebirges im Hintergrund, darüber grauweißbläuliches seidiges Wolkengewoge.

Mit seinen wenig bewohnten Ufern ist der Walchensee die wahrhafte Flucht vor der Welt. Durch hohe Wälle scheint ein Stück Urwelt von dem Treiben der Menschen abgeschlossen. Wilder, ungestümer tobt der Kampf entfesselter Naturgewalten. Fast kein Sommertag vergeht, an dem nicht vom Herzogstand herab über sich aufbäumende Wälder dahinstürmende Wolkengeschwader auf die grünschwarze Flut herabstürzen, daß sie hoch aufschäumt und sie und die Wolken sich im Kampf zu fassen und wälzen scheinen. Riesen müßten an diesem See hausen und Felsen gegeneinander schleudern, der kleine Mensch wirkt hier als Eindringling und ist an diesen Ufern nie recht heimisch geworden.

In diese Einsamkeit hatte sich schon vor dem Weltkrieg der Führer der bayerischen Sozialdemokratie, Ritter von Vollmar, zurückgezogen und hier sein Heim Soiensaß gebaut. An seinem Sarg hatte ein katholischer Kaplan vor meinen Ohren Christus den ersten Sozialisten genannt. Die bayerische Sozialdemokratie hatte allen Widerständen zum Trotz nach vielen Jahren den Bau eines Kraftwerks zur Ausnützung des Gefälles zwischen Walchen- und Kochelsee durchgesetzt. Ich kannte den Walchensee schon aus dem Schullesebuch. Eine alte bayerische Sage war darin erzählt, daß auf dem Grund des Sees ein ungeheurer Fisch hause, der einmal mit der Flosse wedeln würde, daß die ungeheuren Fluten aufwallten und das ganze Bayernland mit der schönen Stadt München ersäuften. Meine Frau und ich hatten den See über alle Maßen geliebt und immer wieder aufgesucht. Wir waren in früheren Jahren durch die stille Jachenau zu ihm gekommen, wo die Bauern ihren Kühen beim Almabtrieb noch die Hörner vergolden. Ein andermal stiegen wir zu ihm aus dem Alpenrosenkessel des Krottenkopfs über die Sandreißen bei Ohlstadt herab, deren hellgelbe Einförmigkeit zuweilen durch springende braun-rote Gemsen belebt wird. In späteren Jahren waren wir zu ihm manchen Sonntag vom hellgrünen Kochelsee im Kraftwagen heraufgefahren oder rückwärts von Mittenwald her über Wallgau gekommen, das die schönste Aussicht auf die blaugrauen Wände des Wettersteins und Karwendels gewährt. Jetzt nahm ich Abschied von einem Fleck Heimat, der mir ans Herz gewachsen war.

Dann fuhren wir langsam zum See hinab und an dem Ahornbaum vorbei, den Goethe in seiner Italienischen Reise erwähnt, und weiter durch die dunklen Fichtenwälder bei Krün bis in die Nähe von Mittenwald. An einer Stelle, an der ein Fußweg in ein Gebirgstal führt, stiegen wir aus und verabschiedeten uns von der Frau unseres Freundes, die mitgefahren war. Es war noch früh am Tage, aber die Sonne brannte schon unbarmherzig herab, und es lag wie Föhn in der Luft. Wir drei stiegen auf Seitenpfaden rasch bergan und hatten vor, möglichst keinem Menschen zu begegnen. An Wäsche hatten wir in den Rucksäcken nur das Nötigste bei uns. Aber obwohl wir um bekannte Schutzhütten große Haken schlugen, kam uns mitten im Wald eine ältere Bergsteigerin entgegen, die uns den Gruß im schönsten Sächsisch bot. Man kann in der Sommerzeit im bayerischen Gebirge keinen Schritt tun, ohne auf Sachsen zu stoßen. Sie hausen sogar in Heuhütten oder verlassenen Almen, nähren sich von Geißmilch und Pilzen und ärgern so die Bauern, die wenig an ihnen verdienen. Franz drängte nach dieser Begegnung zur Eile, er glaubte, auf dem Weg, den er vorgeschlagen hatte, für meine Sicherheit irgendwie verantwortlich zu sein.

Endlich hatten wir den Bergwald hinter uns und kamen in die riesigen Kare, kesselartige, mit Schutt und Steinbrocken halb ausgefüllte Mulden hinein. Unser Gemsenpfad führte aber bald seitwärts in den kantigen Fels. An einem steilen Absturz, an dem meine Kletterkünste versagten, nahm mich dann der bergkundige Hans ans Seil. Der erste Versuch, mich in der Hochtouristik zu betätigen, mißglückte, ich glitt aus, schwebte frei in der Luft und hatte mir ins nackte Knie noch eine blutende Wunde gerissen. Mit der Zeit aber gewöhnte ich mich an die neue Technik, und es ging leidlich vorwärts. An einer Bergnase bekamen wir dann plötzlich freien Ausblick. Wir sahen tief unter uns eine Berghütte, auf dem Mast neben ihr wehte eine Hakenkreuzflagge. Man konnte deutlich SA-Leute unterscheiden, sie winkten grüßend herauf. Offenbar hielten sie uns für harmlose Bergsteiger und gaben sich sonst auf der schönen Alm da drunten, auf der es keine Sünde gibt, den bekannten Hüttenfreuden, dem Tanz und Gesang und der Liebe, hin. Wir aber machten für den Fall, daß uns ein Trupp nachsteigen sollte, unter uns aus, uns nicht gefangen zu geben, sondern auf etwaige Verfolger Felsstücke abzulassen.

Über steile Grashalden und spitzige Felsgrate entlang kamen wir in der drückenden Hitze höher und höher. Es wurde Spätnachmittag, und von Westen zog ein Gewitter herauf. Höchste Eile tat not. Aber noch einmal hielt uns ein an den Rändern scharf abgeschmolzenes Schneefeld, das sehr mühsam zu begehen war, längere Zeit auf. Im Wettlauf mit dem heranrollenden Gewitter gelangten wir dann auf die Berghöhe, einen schmalen Felsgrat, der die Grenze zwischen Bayern und Österreich bildet, als erste an. Aber schon sang mein eisenbeschlagener Bergstock, den Hans im Rucksack trug, wir warfen ihn fort in den Schnee.

Dann konnten wir gerade noch das Seil zusammenlegen, und schon brach das Unwetter los. Vergebens suchten wir uns dadurch zu schützen, daß wir uns im Kreis mit unserem Rücken gegen den Berggipfel lehnten. Der Regen rann wie ein Sturzbach den Hals und Rücken hinunter und bei den Hosenröhren wieder heraus. Meine Lederhose war in kürzester Zeit durchweicht. Janker und Hemd schienen sich in Brei aufzulösen. In einem fort zuckten die Blitze, rollten die Donner, und vom Sturm und Regen losgelöste Steine prasselten die Felsen herab.

Nach einer Stunde war das Schlimmste vorbei. Der Regen ging in ein dünnes Rieseln über, wir schlotterten vor Kälte und mußten unbedingt weiter, da für eine Nachtwanderung nichts vorgesehen war. Mit Begeisterung überschritten wir die Grenze und sandten den Verderbern unseres Vaterlands kräftige Flüche hinüber. Der Abstieg begann mit einem fast senkrecht in die schwindelnde Tiefe führenden Felsgrat. Dann aber kam ein weites, hellgrünes Grasband, und Österreich grüßte uns mit einer seiner schönsten Bergblumen, der wohlriechenden gelben Aurikel, die wir Bayern Gemsblümerl, die Tiroler aber Platenigl nennen. Es war ein wunderschöner Fleck Erde, das saftige frische Gras und die nickenden, duftenden Blumen. Schon glaubte ich voreilig, die ganze Südseite des Gebirges würde aus grünen Hängen und Latschenbüschen bestehen.

Dann aber standen wir vor einem jähen Abgrund, der mehrere hundert Meter auf ein großes Schneefeld in der Tiefe abstürzte, und mit unserer frohgemuten Stimmung war es vorbei. Franz, der vergebens immer noch einen Weg in den Felsen suchte, kletterte ohne Sicherung voran, ich ging in der Mitte am Seil, das Hans hinter mir fest in Händen hielt. Gefahrlos war die Sache nicht, wäre ich ausgeglitten, hätte ich Hans wahrscheinlich mitgerissen. Die schmalen Fels- und Grasbänder, die wir mit den Füßen ertasten mußten, waren vom Regen glatt und glitschig geworden, aber wir wandten die größte Vorsicht an. So ging es stundenlang unter äußerster Anspannung der Sinne abwärts. Wir hatten Glück, daß kein neues Gewitter über uns kam. Oft blieben wir in den Felsen stecken und konnten nicht weiter, fanden uns aber doch wieder zurecht und gelangten endlich erschöpft auf dem Schneefeld an.

Ich löste mich vom Seil, das Hans in seinem schweren Rucksack verstaute. Bis dahin war es mit mir leidlich gegangen, jetzt aber schienen meine Kräfte verbraucht. Während meine Freunde halb in der Kniebeuge jauchzend durch den Schnee abfuhren, versuchte ich vergeblich, es ihnen gleichzutun. Meine Muskeln gehorchten nicht mehr. Ich blieb zurück und stapfte mühsam die Schneehalde hinab. Von oben sah ich dann einen Weg in die Felsen münden, meine Freunde aber waren rechts ausgebogen. Ich rief, sie hörten mich nicht. So blieb mir nichts übrig, als ihnen nachzuhumpeln. Mitten in steilen Felsabstürzen erwarteten sie mich dann. Der Gemsenpfad, den sie entlangkletterten, führte wieder bergan. Ich teilte ihnen meine Mutmaßung über den richtigen Weg mit, sie aber blieben eigensinnig auf ihrer Meinung. So stieg ich verdrossen hinter ihnen her. Nach einer Stunde waren wir ohne Weg und Steg, mitten in steilen Felsabstürzen, und die Dunkelheit brach herein. Schon konnte man in der Dämmerung kaum mehr die richtigen Griffe mit dem Augen erkennen. Jetzt endlich lenkten die beiden ein und kehrten um. Mühsam arbeiteten wir uns wieder zurück und kamen dann an die Stelle, die ich von oben bereits erspäht hatte. Es war ein halbwegs gangbarer Pfad in die Schlucht. Ich war furchtbar erschöpft, und meine Begleiter berieten, ob wir nicht an einer etwas geschützten Stelle nächtigen sollten. Aber wir waren alle bis auf die Haut durchnäßt und konnten nicht wagen, in diesem Zustand ohne Bewegung zu bleiben. Die Nächte waren in dieser Höhe auch im Juli noch kalt.

So raffte ich mich wieder auf, und wir machten uns

abermals auf den Weg. Er wand sich in kurzen Krümmungen hin und her. Inzwischen war es stockdunkel geworden. Wir zündeten an Stellen, wo wir nicht mehr weiterfanden, unsere Zeitungen als Papierfackeln an. Zuletzt gingen uns aber Papier und Zündhölzer aus. Dann lernten wir, obwohl keiner seinen Vordermann mehr sah, die Schremsen mit den Füßen zu ertasten. Endlich tauchten riesige schwarze Schatten vor uns auf, die ersten Schirmfichten, wir hatten das Schlimmste hinter uns. Da brach gerade wieder ein Unwetter los. Wir retteten uns vor dem strömenden Regen unter einen Baum, aber er bot nicht für alle Schutz. Ich tappte deshalb in der Dunkelheit einige Schritte weiter auf einen benachbarten Schatten zu. Plötzlich stürzte ich kopfüber in ein Loch. Schon glaubte ich, das sei das Ende, aber als ich gestreckterlängs liegen blieb, kroch ich wieder heraus und tastete meine Glieder ab. Nur die Brille war zerbrochen, und am Schenkel rann Blut herab. Ich band mir ein Taschentuch herum. Als der Gewitterregen nachließ, setzten wir den Abstieg fort. Lange ging es durch Bestände von Zwergfichten und Latschen abwärts, dann kam ein bleichschimmerndes Kar.

Der Regen hatte aufgehört. Ab und zu brach der Mond durch Wolkenfetzen, dann sahen wir tief unten endlose Latschenfelder und dahinter ein schmales Tal. Das Kar bestand aus groben, kantigen Felsbrocken, eine kaum sichtbare Spur führte in spitzen Winkeln hindurch. Ich konnte nur noch mit größter Mühe meine schmerzenden Füße heben, stolperte einmal um das anderemal und fiel wiederholt in die Steine. Dann war ich müde wie nie in meinem Leben und hätte mich unter den geisterbleichen Felsbrocken am liebsten zur ewigen Ruhe gestreckt. Kaum hatte ich noch ein Auge für die scheuen Gemsen, die das Steinkar durchquerten, bei unserem Anblick verwundert stutzten und dann in gewaltigen Sätzen ins Dunkel verschwanden.

Aber einmal nahm auch diese Qual ein Ende, wir erreichten die Latschenfelder, wir kamen auf eine durchweichte Waldstraße, gingen über einsinkenden Wiesenboden, sprangen über den Bach, der durch den Talgrund floß. Dann waren wir auf der Fahrstraße, die aus den Bergen zu einem großen Tiroler Dorf führte. Ein einsames Bauernhaus lag im Bergschatten, kein Hund rührte sich; nur ein Brunnen rauschte laut durch die Nacht. Wir tranken und wanderten weiter, stundenlang weiter mit den mißhandelten, schmerzenden Füßen auf der harten Kalkstraße dem Dorf im Tal zu. Immer wieder versuchte ich mit den Freunden Schritt zu halten, aber ich blieb immer weiter zurück, ich konnte kaum mehr.

Es war schon über drei Stunden nach Mitternacht, als wir durchnäßt und durchfroren das Dorf in Tirol betraten. Alles schlummerte, kein Mensch hielt uns an, kein Hund gab Laut. Eine braune Sturmabteilung hätte das Dorf, ohne einen Schuß abgeben zu müssen, erstürmen und dem Dritten Reich einverleiben können. Wir weckten einen Bergwirt und ließen uns Glühwein kochen. Dann zogen wir die durchnäßten Stiefel aus, und ich wusch mir das Blut von Knie und Gesicht. Glücklich schlürften wir den heißen Trank, ließen uns Zimmer geben, rissen die feuchte Fetzen vom Leib und legten uns hin, einen langen Schlaf zu tun. Meine letzten Gedanken vor dem Einschlafen galten dem schönen Österreich.

Ich kannte es seit meiner Jugendzeit, ich hatte damals seine Täler durchwandert, vor allem das unvergleichlich schöne, jetzt von den Italienern genommene Südtirol, ich hatte bis in die letzten Jahre fast jeden Sommer in seinen Bergen zugebracht. In vielen österreichischen Wahlkämpfen hatte ich auf den Versammlungen unserer sozialdemokratischen Freunde im heiligen Land Tirol als Redner gesprochen. Morgen, nein heute noch würden wir im Garten des der österreichischen Partei gehörigen Hotels »Sonne« in Innsbruck sitzen und von den alten Bekannten mit dem trauten Wort »Freundschaft« begrüßt werden. Irgendwo würde ein Abend der sozialistischen Jugend sein, rote Fahnen würden wehen, und wir würden mit Tränen in den Augen seit schweren Monaten zum ersten Mal wieder öffentlich unser Lied »Brüder, zur Sonne, zur Freiheit!« mitsingen. Hinter uns lag Deutschland, das uns vorläufig verloren war. Wir würden eine neue Heimat finden, das glückliche Österreich. Ich ließ mir in dieser Nacht nicht träumen, daß auch dieses Land nach dem Willen des ehernen Schicksals bereits unaufhaltsam den Weg zum Faschismus ging.

Nachwort

Rechenschaft im Exil:
Warum Weimar in Trümmer fiel

»Die unerbittliche Wahrheit darf in der heutigen Zeit noch nicht ausgesprochen werden. Sie richtet sich gerade *so* gegen unsere Zustände und manche unserer leitenden Persönlichkeiten«, schrieb Dr. Wille, Lektor des sozialdemokratischen Jean-Christophe-Verlags in Zürich, Mitte Juli 1937 an den SPD-Emigranten Wilhelm Hoegner, nachdem er dessen Manuskript »Flucht vor Hitler« geprüft hatte. Wille bescheinigte dem Autor zwar »rücksichtslosen Bekennermut« bei der Darstellung des schmählichen Endes der deutschen Sozialdemokratie im Frühjahr 1933 und wertete das Buch als »historisches Dokument eines klugen Beobachters«. Unter Verweis auf die innenpolitische Lage in der Schweiz lehnte er dennoch eine Veröffentlichung ab: »Die Mitteilung dieser Tatsachen an den Gegner ist nicht angezeigt. Viele Genossen müßten das Buch als einen Rückenschuß empfinden.«[1]

Diese Antwort aus dem politischen Freundeskreis mußte Wilhelm Hoegner überraschen. Er hatte seine Erinnerungen an die Kapitulation der SPD vor dem anstürmenden Nationalsozialismus, an die illusionäre Politik seiner Partei in der Phase der Halblegalität ja nicht nur deshalb im Frühjahr 1937 zu Papier gebracht, um die historische Wahrheit zu schildern, sondern vor allem, um auf ähnliche Gefahren für die freie Arbeiterbewegung in anderen Ländern hinzuweisen. Eine leidenschaftliche Warnung auch an die Schweizer Sozialdemokraten sollte seine Schrift sein, als bitterer Bericht einer großen, schließlich epochemachenden politischen Niederlage – und gerade aus diesem Grund nicht erscheinen dürfen? Hoegner mochte allein deshalb die Ablehnung seines Buchs nicht einleuchten, zumal Wille in seiner widersprüchlichen Stellungnahme auch noch anmerkte, ihm persönlich sei das Manuskript »zu wenig kritisch«. Diesen abschlägigen Bescheid beantwortete Hoegner umgehend mit einem ausführlichen Brief, dessen entscheidende Passagen, die wir im folgenden ungekürzt wiedergeben, die Intentionen des Autors sehr präzis, wie in einem Vorwort, zum Ausdruck bringen. Hoegner glaubte noch, Wille durch einige grundsätzliche Erläuterungen umstimmen zu können:

> »Für Ihre im allgemeinen gute Meinung über die ›Flucht‹ danke ich Ihnen und dem Genossen Hans Oprecht herzlich. Da ich den Zusammenbruch fast mit körperlichem Schmerz miterlebte, mußte ich mir den Stoff wohl einmal von der Seele schreiben. Etwas ganz anderes ist natürlich die Frage der Veröffentlichung. Hier halte ich mich nicht für allein zuständig. Ich kann insbesondere zu wenig beurteilen, ob das Buch in Schweizer Parteikreisen Anstoß erregen oder gar als Rückenschuß empfunden würde. Das möchte ich natürlich in keinem Fall. Auf der anderen Seite bin ich der Meinung, daß die Arbeiterbewegung nicht gesunden kann, wenn sie sich nicht rücksichtslos von Persönlichkeiten reinigt, die in ruhigen Zeiten anmaßend und unnahbar, diktatorisch und geschäftüchtig, im Ernstfall aber unfähig, entschlußlos, feig und nur auf die eigene Rettung bedacht sind. Es ist ein magerer Trost, daß es in dieser Beziehung, wie mir Herr Brüning kürzlich bei einer Besprechung schilderte, in bürgerlichen Kreisen Deutschlands noch viel schlimmer ausgesehen hat. Wenn wir mit unserer Idee die Welt erobern wollen, dann müssen wir

eben in jeder Hinsicht, nicht nur in der Theorie, sondern auch in der Praxis, besser als unsere Gegner sein. Diese Voraussetzung fehlte uns deutschen Sozialdemokraten, darum sind wir gescheitert. Ich möchte wünschen, daß der Schweizer Partei eine ähnliche Probe auf Herz und Nieren erspart bleibt.

[...]

Es ist mir wahrlich nicht leicht gefallen, Parteifreunde, mit denen man Jahrzehnte zusammengearbeitet hat, nicht zu schonen und ihre Schuld nicht zu bemänteln, sondern ihr Verhalten in nackter Wahrheit zu schildern. Ich bin als Altbayer kein Fanatiker, eher weich und anhänglich und in der Freundschaft meines Wissens nie treulos gewesen. In einer Schilderung des Zusammenbruchs aber muß man, wenn sie überhaupt einen höheren als einen persönlichen Erinnerungswert haben soll, nach Lassalles Wort rücksichtslos aussprechen, was war. Wenn unser Leben überhaupt noch einen Sinn haben soll, so kann es doch nur der sein, daß wir wenigstens noch die Ehrlichkeit auf uns bringen, die Ursachen unserer Niederlage unerbittlich aufzudecken, damit die Genossen in anderen Ländern ein Beispiel haben, wie sie es im Ernstfall nicht machen sollen. Selbstgerechtigkeit lag mir bei der Niederschrift fern, ich glaube nicht, daß ich irgendeine Schuld, die mir irgend jemand zumessen kann, auf andere Leute abgewälzt habe. Nun muß man allerdings stark sein, um die Wahrheit ertragen zu können. Ich bin überzeugt, daß der alte deutsche Parteivorstand dazu auch heute noch nicht in der Lage ist. Wer es ihm noch zutraute, der mußte zu seinem Schrecken durch Stampfers Buch eines anderen belehrt werden. Über die Wirkung meines Buches auf diese Leute war ich mir von vornherein klar. Ich glaubte und hoffte nur, diesen Mut zur Wahrheit und diesen Willen, aus unserem Unglück zu lernen, anderweitig zu finden. Aber wenn die Ver-

hältnisse ähnlich liegen wie bei uns, dann muß ich die ohnehin geringen Hoffnungen, die ich in die Zukunft der demokratischen Arbeiterbewegung setzte, noch weiter herunterschrauben.

Damit komme ich zu Ihrer Auffassung, als ob ich die frühere deutsche Partei heute noch bejahen würde und keinen neuen Weg aufgezeigt hätte. Ich weiß nicht, ob die Schilderung des Zusammenbruchs der richtige Ort ist, neue Wege zu weisen. Man kann manches dafür und manches dagegen sagen. Aber ich möchte Ihnen gegenüber mit meiner persönlichen Auffassung über neue Wege gar nicht hinter dem Berge halten:

Die deutsche Sozialdemokratie war in ihrem Kern gut. An ihrer demokratischen Grundrichtung wird man heute weniger rütteln wollen als je. Wir hatten zahllose begeisterte Anhänger, die bereit waren, für die sozialistische Weltanschauung jedes Opfer zu bringen. Allein die Leitung der Partei und der Gewerkschaften wußte schon 1918 mit diesem bildsamen Stoff wenig anzufangen. Sie besaß weder Geist noch politische Phantasie. So wurde aus unseren äußerlich glänzenden Organisationen ein leeres Getriebe, eine klappernde Mühle ohne Korn. Wir waren stets in die Verteidigung gedrängt, und damit gewinnt man keine politische Schlacht. Wir waren in der Außenpolitik, aber auch in der Innenpolitik fast nur noch Anhängsel unserer bürgerlichen Verbündeten geworden. Die Führung hatte den Glauben an die sozialistische Idee verloren. Sie traute weder sich noch der Anhängerschaft etwas zu. Wohl hatte sie vom preußischen Militarismus eine für jede Organisationsform bequeme Einrichtung übernommen: den Gehorsam, die Zucht der Geführten, die bei uns wirklich vorbildlich war.

Aber daß solche Eigenschaften zum Siege nicht ausreichen, hatten bereits Valmy, Jena-Auerstedt und der

Verlauf des Weltkriegs gezeigt. Ich halte die Übernahme
militärischer Einrichtungen in eine Weltanschauungs-
partei, übrigens auch in eine rein politische Partei, in der
Gleichberechtigung gilt, für grundsätzlich falsch. Sie
führt zur Erstarrung, ins geistige Nichts. Sie macht die
Masse bewegungslos und handlungsunfähig. Das war
unser Schicksal. Die Nationalsozialisten schüchterten
oder sperrten die Führung ein. Damit war die Masse er-
ledigt, sie fügte sich. Nirgends flammte der Wille zum
Widerstand gegen ein unsinniges Schicksal auf. Ein neuer
Weg? Ich weiß nur einen: Erziehung der Masse zur geisti-
gen Selbständigkeit und zur Tat- und Opferbereitschaft.
Das ist ein langer Weg, besonders wenn man Klassen-
kampf und Revolution immer nur als Mittel zu höheren
Lohnforderungen betrachtet hat. Aber ich weiß keinen
besseren. Ich glaube nur, daß uns die besten Programme,
Einrichtungen, taktischen Schwenkungen und sonstige
Verhaltensweisen nichts nützen, wenn nicht geistig ent-
wickelte Tat- und Willensmenschen dahinterstehen. Viel-
leicht werden sie in der Leidenszeit heranwachsen. Wir
Alten sind erledigt, wir sind gewogen und zu leicht be-
funden worden. Wir können nur noch Warnungszeichen
auf dem Wege *sein, auf dem* **Wege ins Nichts.**«[2]

Trotz einer persönlichen Aussprache zwischen Hoegner
und Wille, die diesem Brief folgte, und trotz einer Emp-
fehlung von Hans Oprecht, dem Präsidenten der Schweizer Sozialdemokratie, der das Manuskript für »druckreif
und druckwert« hielt, änderte Wille seine Meinung nicht.
Im Dezember 1937 begründete er nochmals seine Ablehnung und schloß reichlich gönnerhaft mit den Worten:
»Ich bin überzeugt, daß Sie später, wenn Sie Ihr Leben
rückwärts überschauen werden, selbst überzeugt sein werden, daß wir Ihnen persönlich einen guten Dienst erwiesen
haben, wenn wir Ihr Werk in dieser Form nicht in die

Öffentlichkeit gebracht haben.«[3] So blieb das Manuskript, das vor genau vierzig Jahren nicht zuletzt unter dem starken Eindruck des Spanischen Bürgerkriegs entstand, bis heute unveröffentlicht. Einige Teile konnte Hoegner freilich später in seine Erinnerungen »Der schwierige Außenseiter«[4] aufnehmen.

Abgesehen von wenigen stilistischen Glättungen, die vom Autor seinerzeit (1937) selbst vorgenommen wurden, liegt nun das Buch »Flucht vor Hitler« in seiner ursprünglichen Fassung vor.[5] Jede Änderung im Aufbau, jede Abschwächung in Ausdruck und Urteil, auch das Streichen von manchen sehr zeitgebundenen Passagen hätte den dokumentarischen Wert dieses Buchs geschmälert, das insgesamt einer schonungslosen Abrechnung mit den historischen Fehlern der deutschen Demokraten vor 1933 gleichkommt.

Gerade im Rahmen des sozialdemokratischen Exils während des Nationalsozialismus hätte Hoegners »Flucht« somit eine besondere Wirkung haben können. Statt die Politik der SPD während der Weimarer Zeit grundsätzlich zu rechtfertigen oder die Entwicklung nachträglich als »unabänderlich« erscheinen zu lassen wie einige andere Exilschriftsteller, etwa Friedrich Stampfer in seinem von der Prager Exil-SPD (Sopade) verlegten Buch »Die vierzehn Jahre der ersten deutschen Republik«, wies Hoegner auf die grundlegenden Versäumnisse der deutschen Arbeiterbewegung seit 1918 hin. Mit einer in der SPD traditionell seltenen Offenheit, mit einem ungewöhnlichen moralischen Rigorismus und mit faszinierender Klarheit geißelte Hoegner die strukturellen Mängel der einst so eindrucksvollen und international als leuchtendes Vorbild betrachteten deutschen Sozialdemokratie: die verhängnisvolle Rolle der vulgärmarxistischen Programmatik, die sich im »offiziellen Radikalismus«[6] der Parteisprache äußerte, die aber auch jene fatale Zukunftsgewißheit hervorbrachte; den absoluten Vorrang parlamentarischer Arbeit; die Verselbständigung von Funktionären und Mandatsträgern; die politisch hemmende Funktion des vor allem auf die Erhaltung der bloßen Organisation bedachten Parteiapparats; den demokratischen Illusionismus und die historische Blindheit der führenden Mitglieder; deren Unfähigkeit, in entscheidenden Momenten – wie etwa nach dem Staatsstreich in Preußen am 20. Juli 1932 – eine Volksfront von den christlichen Arbeitern bis zu den Kommunisten herbeizuführen; die tiefe Furcht vor direkten Aktionen, die nach 1930 im Gegensatz zur wachsenden Militanz an der Parteibasis stand.

Daß solche unangenehmen Wahrheiten in den Reihen der Sozialdemokratie nicht auf besonderen Beifall rechnen konnten, hatte Hoegner bereits zwei Jahre zuvor sehr drastisch erfahren. Im Auftrag der Prager Sopade, die sogar finanzielle Vorschüsse leistete, hatte er eine umfangreiche »Geschichte der deutschen Gegenrevolution« geschrieben. Dennoch ist dieses Buch über die Weimarer Republik damals nicht erschienen. Offensichtlich hatte Hoegner die Mitschuld der SPD am »Sieg der Gegenrevolution« nach Meinung des Prager Vorstands zu deutlich herausgestellt. Konsequente Selbstkritik, die ohne Beschönigungen auszukommen versuchte, war nicht gewünscht. Nach mehreren hinhaltenden Briefen nahm die Sopade unter dem verschleiernden Hinweis auf »Parallelen zu Stampfer« von einer Veröffentlichung endgültig Abstand.[7]

Schon aus diesem Grund hatte Hoegner sein Manuskript »Flucht vor Hitler« nicht mehr der Exil-SPD angeboten, obgleich er von der Sopade mehrfach zu publizistischen Arbeiten herangezogen worden war: für ihre sozialistische Schriftenreihe, für rechtspolitische Übersichten in den »Deutschland-Berichten«, als Lektor für ausländische Publikationen.

Bei seinen Schweizer Parteifreunden konnte Hoegner

mit größerer Toleranz rechnen. Seit seiner zweiten Flucht von Österreich in die Schweiz am 27. Februar 1934 lebte er mit seiner Familie als prominenter SPD-Emigrant in Zürich. Rasch fand er Anschluß an die Schweizer Arbeiterbewegung, vor allem über Hans Oprecht, der als Parteipräsident der SPS zugleich Vorsitzender des gewerkschaftlichen »Verbands des Personals der öffentlichen Dienste« war. Ziemlich regelmäßig konnte Hoegner während dieser Jahre in Partei- und Gewerkschaftsblättern schreiben, fast ausschließlich allerdings unter Pseudonym, da die rigorose Schweizer Asylpraxis den politischen Flüchtlingen in der Regel keine Arbeitsbewilligung ermöglichte.[8]

Hoegner, hierin schon eine Ausnahme, durfte zwar als Schriftsteller arbeiten, nicht aber als Journalist. Viele Schweizer Sozialdemokraten und Gewerkschafter, für die internationale Solidarität kein bloßes Lippenbekenntnis war, setzten sich jedoch über diese im Kern unmenschlichen Bestimmungen der Berner Bundesregierung hinweg und beschäftigten für ihre Zeitungen und Zeitschriften neben Hoegner auch andere sozialdemokratische Flüchtlinge aus Deutschland und Österreich.

Gern nahm Hoegner diese Gelegenheit wahr, am Gastland, wenn auch weitgehend verdeckt, öffentlich wirken zu können. In kurzer Zeit publizierte er Hunderte von Artikeln und Aufsätzen: als Rezensent, als Gerichtsreporter, Übersetzer und historisch-politischer Schriftsteller. Von Brotarbeiten abgesehen, beschäftigte er sich in erster Linie mit der Politik des Nationalsozialismus, um die ausländische Öffentlichkeit über Genese, Praxis und Pläne des faschistischen Deutschland aufzuklären. Jedem vordergründigen Aktivismus abgeneigt, sah Hoegner darin die wichtigste Aufgabe des deutschen Exils während der dreißiger Jahre. Zahlreiche dieser Aufsätze, die auch in der theoretischen Monatsschrift der SPS, »Rote Revue«, erschienen sind, würden als markante Dokumente des sozialdemokratischen Exils eine neuerliche Veröffentlichung durchaus verdienen.

Im Rahmen dieser umfangreichen und vielseitigen publizistischen Tätigkeit ist schließlich das Buch »Flucht vor Hitler« entstanden. Abgesehen von seiner thematischen Brisanz gerade auch für die Schweizer Bruderpartei, ist das Scheitern der Veröffentlichung wohl nicht zuletzt auf die beteiligten Personen zurückzuführen. Auch bei einigen Schweizer Antifaschisten schwand das Verständnis für die Problematik des Nationalsozialismus in dem Maße, wie sich das Regime in Deutschland festigen konnte. Der Schock angesichts der deutschen Ereignisse im Frühjahr 1933 und der »Februarkämpfe« 1934 in Österreich[9] hielt bei manchen nicht sehr lange vor.

Wilhelm Hoegner dagegen, der im Jahr 1919 der SPD beigetreten war, hatte gerade in München den Aufstieg des Nationalsozialismus von Anfang an und unmittelbar miterleben können. Als leidenschaftlicher Gegner der Hitlerbewegung hatte er sich zunächst als Mitglied des vom Bayerischen Landtag mit einiger Verspätung eingesetzten Untersuchungsausschusses über den Hitler-Putsch von 1923 einen Namen gemacht. Den Nationalsozialisten endgültig verhaßt war er seit seiner Jungfernrede im Deutschen Reichstag am 18. Oktober 1930, die anschließend von der SPD in hoher Auflage unter dem Titel »Der Volksbetrug der Nationalsozialisten« verbreitet wurde. Während dieser »großen Rede«[10] war er von mehreren Abgeordneten der NSDAP persönlich bedroht worden: »Kommen Sie nur wieder nach München!« Hoegner hatte nach der Ernennung Hitlers zum Reichskanzler daher allen Grund, um sein Leben zu fürchten.

Die politischen Erfahrungen in Bayern zwischen 1918 und 1933, in deren Verlauf sich seine Heimat zur »Unordnungszelle« des Deutschen Reiches entwickelt hatte, haben

Hoegners Feder bestimmt. Die Schärfe des Urteils, die Unmittelbarkeit seiner Schilderung, das Bemühen, in »Flucht vor Hitler« ein ungeschminktes Gesamtbild zu geben, sind vor allem Ausdruck persönlicher Erlebnisse im Kampf gegen den Nationalsozialismus. Auch schmerzlicher Selbstkritik weicht Hoegner dabei nicht aus. Peter Kritzer, dessen große, an den Quellen orientierte Hoegner-Biographie im Frühjahr 1979 erscheinen wird, sieht gerade in diesem Manuskript den Schriftsteller Hoegner auf seiner Höhe.[11] »Flucht vor Hitler« kann schon deshalb keine Analyse aus der Distanz sein, ist vielmehr der ehrliche Versuch, Rechenschaft zu geben, warum die Weimarer Republik schließlich in Trümmer fiel. Wenn dabei durchweg die Mitschuld der SPD im Vordergrund steht, so läßt Hoegner doch keine Zweifel, daß die bürgerlichen Parteien noch weit mehr versagt hatten, allen voran der politische Katholizismus und hier wieder besonders die Bayerische Volkspartei, die in Bayern 13 Jahre lang an der Regierung gewesen war.

Manche Abschnitte dieses Buchs, auch einige Wendungen mögen den heutigen Leser zunächst überraschen. Häufig wählt Hoegner klassische Vergleiche, mehrfach weist er auf historische Parallelen hin. Mit dieser Tendenz steht er freilich nicht allein. »Die Wendung zur Geschichte«[12] war ein wesentlicher Grundzug der gesamten deutschen Exilliteratur jener Jahre. Es versteht sich fast von selbst, daß hierbei Reflexionen über die deutsche Sonderentwicklung ein bevorzugtes Thema waren. Auch Ernst Bloch machte sich angesichts des nationalsozialistischen Rachesturms Gedanken über den »Furor teutonicus« und sah »deutsche Roheit« einen neuen Höhepunkt erreichen: »Der Berserker artet aus, der in jede Richtung marschiert, wo zu zerstören ist; seine irre Grausamkeit verstärkt den Rachetrieb des Kleinbürgers.«[13] Die besten Köpfe des deutschen Exils hatten keine Scheu, auch die Rolle der Irrationalität in der Politik gründlich zu überdenken.

»Flucht vor Hitler« bedeutet indes nicht nur einen wertvollen Beitrag zur deutschen und insbesondere zur bayerischen Parteiengeschichte (wer fühlt sich beim Porträt des SPD-Führers Erhard Auer nicht an die »Politiker der bayerischen Hochebene« in Lion Feuchtwangers Roman »Erfolg« erinnert?) – auch die politische Gestalt von Wilhelm Hoegner selbst bekommt durch dieses Buch einige neue Konturen. Beliebte, weil so bequeme Formeln wie »königlich-bayerischer Sozialdemokrat« oder »Erzföderalist« sind in ihrer Einseitigkeit nicht länger zu gebrauchen. Der nach eigenem Urteil »schwierige Außenseiter« hat sich zu keiner Zeit von der sozialistischen Tradition der deutschen Arbeiterbewegung gelöst, sein Bekenntnis zur Sozialdemokratie stand nie ernsthaft in Frage.

Wohl aber hat der kämpferische Reformist Hoegner politisch wie persönlich immer auf Eigenständigkeit gehalten. Sein sozialistisches Programm, im wesentlichen während der Schweizer Emigration in der Exilgruppe »Das Demokratische Deutschland« entwickelt, entzieht sich dem gängigen Rechts-Links-Schema. Freiheit und Sozialismus gehen darin zusammen: die Errungenschaften der bürgerlichen Emanzipation mit den sozialen Erfolgen der Arbeiterbewegung als Vorstufe einer wirklich klassenlosen Gesellschaft. Politische und soziale Macht sollen sich dabei auf viele Ebenen verteilen.

Deshalb hat Hoegner immer wieder selbstbewußte Individuen gefordert, die Selbstverwaltung der Gemeinden betont wie die föderale Gliederung des Bundesstaates, und genossenschaftliche Zusammenschlüsse in der Wirtschaft empfohlen. Föderalismus ist nach diesem Verständnis nicht provinzieller Eigenbrötelei gleichzusetzen, sondern ebenfalls Ausdruck einer in der Tendenz radikalen Demokratie.

So ist Wilhelm Hoegner bis heute ein leidenschaftlicher Mahner vor dem Obrigkeitsstaat geblieben, ein Kämpfer gegen Rechtsradikalismus und politischen Terror, als freiheitlicher Sozialist (hier ist dieser Begriff keine Leerformel) ein prinzipieller Gegner gesellschaftlicher Vorrechte. Im innerparteilichen Leben hat er »Kadavergehorsam«[14] stets abgelehnt – seine politische Laufbahn ist dafür das beste Beispiel. Angesichts der heutigen Verfassungswirklichkeit in der Bundesrepublik und der Tendenz, daß sich im Rechtsstaat »Grauzonen« bilden, auch im Hinblick auf die gegenwärtige Lage der deutschen Sozialdemokratie gewinnt das Buch »Flucht vor Hitler« wieder bestürzende Aktualität. Es tut deshalb gut, nachdrücklich an die erste Lehre der Weimarer Republik erinnert zu werden: Freiheit und Sozialismus sind unteilbar.

Wolfgang Jean Stock

Anmerkungen

[1] Das Privatarchiv von Wilhelm Hoegner wird als »Sammlung Ministerpräsident Wilhelm Hoegner« im Institut für Zeitgeschichte (IfZ) in München bewahrt. Unter der Signatur ED 120 umfaßt die Sammlung annähernd 400 Bände und Mappen schriftlicher Dokumente aus den Jahren 1933 bis heute. – Das Zitat wurde entnommen: ED 120, Bd. 11, Briefwechsel mit Dr. Wille, Zürich; hier: Schreiben Wille an Hoegner, 17. 7. 1937

[2] ebda.; Schreiben Hoegner an Wille, 19. 7. 1937

[3] ebda.; Schreiben Wille an Hoegner, 14. 12. 1937

[4] *Wilhelm Hoegner*: »Der schwierige Außenseiter. Erinnerungen eines Abgeordneten, Emigranten und Ministerpräsidenten«, München 1959, Hof 1975²

[5] Eine Durchschrift des Originals im IfZ: ED 120, Bd. 31

6   *Erich Matthias*: »Der Untergang der alten Sozialdemokratie 1933«, in: *Vierteljahreshefte für Zeitgeschichte*, 4. Jg. (1956), Heft 3, S. 265

7   IfZ, ED 120, Bd. 13, Briefwechsel mit Sopade, Prag

8   Zur Schweizer Asylpolitik siehe meinen Aufsatz »Schweizer Flüchtlingspolitik und exilierte deutsche Arbeiterbewegung 1933–1943«, in: *Karl Hans Bergmann*: »Die Bewegung ›Freies Deutschland‹ in der Schweiz 1943–1945«, München 1974

9   Fälschlicherweise werden die »Februarkämpfe« von 1934 gewöhnlich als »Arbeiteraufstand« gewertet. Siehe dazu: *Karl R. Stadler*: »Opfer verlorener Zeiten. Die Geschichte der Schutzbund-Emigration 1934«, Wien 1974, S. 17 ff.

10 *Erich Matthias*: »Die Sozialdemokratische Partei Deutschlands«, in: »Das Ende der Parteien 1933«, hsg. von Erich Matthias und Rudolf Morsey, Düsseldorf 1960, S. 221, Anm. 7

11 *Peter Kritzer*: »Wilhelm Hoegner, ein bayrischer Sozialist«, in: »Das andere Bayern. Lesebuch zu einem Freistaat«, München (Nymphenburger) 1976, S. 237

12 *Günther Heeg*: »Die Wendung zur Geschichte. Konstitutionsprobleme antifaschistischer Literatur im Exil«, Stuttgart 1977

13 *Ernst Bloch:* »Amusement Co., Grauen, Drittes Reich«, in: ders.: »Freiheit und Ordnung und andere ausgewählte Schriften«, Frankfurt am Main (Büchergilde Gutenberg) 1972, S. 44

14 *Rudolf Ritter* (d. i. Wilhelm Hoegner): »Lehren der Weimarer Republik«, in: *Schweizer Monatshefte*, 25. Jg. (1945), Heft 1, S. 33

Kommentiertes Personenregister[*]

Erarbeitet von Werner Präg

Agnes (SPD), Düsseldorfer MdR   125

Anschütz, Gerhard (geb. 10. 1. 1867 Halle, gest. 14. 4. 1948
Heidelberg), Staatsrechtler, Professor in Tübingen, Berlin und
Heidelberg, führender Darsteller der preußischen Verfassung
von 1850 und der Weimarer Reichsverfassung   128

Arco-Valley, Anton Graf v. (geb. 1897 St. Martin, gest. 1945
Salzburg), ehem. bayerischer Offizier; erschoß Ministerpräsident Eisner am 21. 2. 1919, wurde am 16. 1. 1920 zum Tode
verurteilt. Der bayer. Ministerrat wandelte am 17. 1. 1920
die Strafe in lebenslängliche Festungshaft um; am 13. 4. 1924
Aussetzung des Strafvollzugs   90

Auer, Erhard (geb. 22. 12. 1874 Dommelstadt/Niederbayern,
gest. 20. 3. 1945 Giengen a. d. Brenz), Landarbeiter, dann
Kaufmann. 1907–1933 in Bayern MdL (SPD), seit 1919
MdR. Chefredakteur der »Münchner Post«, wurde als bayer.
Innenminister am 21. 2. 1919 durch ein Attentat im Landtag
schwer verwundet, behielt bis 1933 die Führung der Sozialdemokraten in Bayern. Nach 1933 hielt sich Auer unter fal-
schem Namen im Schwarzwald auf   48, 73, 87–90, 93, 98–
106, 108 ff., 113 f., 119–122, 147–152, 154 f., 175, 179, 181,
194, 197, 209–213, 222, 224 f., 233, 239 ff., 243 ff.

Auer, Ignaz (geb. 19. 4. 1846 Dommelstadt/Niederbayern, gest.
10. 4. 1907 Berlin), Sattler, 1872/73 Gründung und Vorsitz
des Allgemeinen Deutschen Sattlervereins, 1874 hauptamt-
licher Sekretär der SPD, 1875 Parteileitung, 1890–1894 als
Vertrauensmann der Parteiführung zugleich Redaktionsmit-
glied des »Vorwärts«; 1877/78, 1880/81, 1884–1887 und
1890–1907 MdR   86, 89

Aufhäuser, Siegfried (geb. 1. 5. 1884 Augsburg), von 1917–1933
Vorsitzender des Allgemeinen Freien Angestelltenbundes

[*] Trotz verschiedenartiger Bemühungen war es nicht in allen Fällen
möglich, die exakten biographischen Daten zu ermitteln.

(AFA), 1920–1933 MdR (SPD), lebte von 1933–1950 als Schriftsteller im Ausland; nach dem 2. Weltkrieg Vorsitzender der Deutschen Angestellten-Gewerkschaft 54

Barmat, Henri und Julius, aus der Ukraine nach Deutschland eingewanderte Großkaufleute, denen es gelang, ohne hinreichende Sicherheiten Kredite in Höhe von 34,6 Mill. Goldmark von öffentlichen Kreditinstituten zu erhalten, die sie später nicht zurückzahlen konnten. Das Gerichtsverfahren erregte einerseits durch die Beziehungen der Barmats zu führenden Politikern, andererseits durch seine lange Dauer (11. 1. 1927–30. 3. 1928) großes Aufsehen 230

Beimler, Hans (geb. 2. 7. 1895 München, gest. 1. 12. 1936 Madrid), Schlosser, 1929 Stadtrat von Augsburg, 1932 MdL in Bayern, Sekretär des Unterbezirks Südbayern der KPD (1928–1932), Juli 1932–30. 3. 1933 MdR. Nach seiner Verhaftung am 11. 4. 1933 gelang ihm am 8. 5. 1933 die Flucht aus dem KZ Dachau, Verfasser des Berichts »Im Mörderlager Dachau« (Moskau 1933). Kriegskommissar des Thälmann-Bataillons der internationalen Brigaden im Span. Bürgerkrieg, zu dessen Opfern er zählte 205

Bell, Johannes (geb. 23. 9. 1868 Minden/Westf., gest. 21. 10. 1949 Würgassen), Rechtsanwalt, Februar 1919 Reichskolonialminister, bis 1920 Reichsverkehrsminister, Mitunterzeichner des Versailler Vertrags, Mai 1926–Juni 1927 Reichsjustizminister und Minister für die besetzten Gebiete, 1912–1933 MdR (Zentrum) 131

Bernhard, Nikolaus (geb. 3. 4. 1881 Bühl, gest. 18. 8. 1957 Berlin), Maurer, Vorstandsmitglied des Allgemeinen Deutschen Gewerkschaftsbundes, Sept. 1930–Juli 1932 und März 1933–22. 6. 1933 MdR (SPD), danach mehrfach in KZs festgehalten 200

Biedermann, Adolf (geb. 30. 3. 1881 Hamburg, gest. 11. 5. 1933 Recklinghausen), Schlosser, Schriftsteller, 1919–1927 Mitglied der Hamburger Bürgerschaft, 4. 11. 1926–11. 5. 1933 MdR (SPD) 200

Biester, Lois (geb. 3. 8. 1882 Wenden/Nienburg), Lehrer, Dez. 1924–22. 6. 1933 MdR (SPD), am 27. 6. 1933 Einlieferung ins KZ Lichtenburg 200

Bohm-Schuch, MdR (SPD) 130

Brandes, Albin (SPD), Vorsitzender des Metallarbeiterverbandes des Allgemeinen Deutschen Gewerkschaftsbundes 25 f.

Braun, Otto (geb. 28. 1. 1872 Königsberg, gest. 15. 12. 1955 Locarno), Buchdrucker, 1913 Mitglied des Preußischen Abgeordnetenhauses, 1919 Abgeordneter der Nationalversammlung, März 1920–März 1933 preußischer Ministerpräsident (mit Unterbrechungen), Jan. 1920–März 1933 MdR (SPD), ging im März 1933 ins Exil in die Schweiz 31, 49, 136

Breitscheid, Dr. Rudolf (geb. 2. 11. 1874 Köln, gest. 24. 8. 1944 Buchenwald), Volkswirtschaftler, 1903 Mitglied der Freisinnigen Vereinigung, 1904 Stadtverordneter in Berlin und Abgeordneter des Brandenburgischen Provinziallandtags, 1908 Mitbegründer der »Demokratischen Vereinigung«, seit 1912 Mitglied der SPD (1917–1922 der USPD), 1920–1933 MdR (außenpolitischer Sprecher der SPD-Fraktion), ging 1933 nach Paris ins Exil, wo er 1936/37 Mitglied des Volksfrontausschusses war; 1941 Verhaftung und Auslieferung an die Gestapo, 1942 KZ Sachsenhausen, 1943 KZ Buchenwald, wo er bei einem Luftangriff umkam 34, 51 f., 66, 87, 92

Brüning, Dr. Heinrich (geb. 26. 11. 1885 Münster, gest. 31. 3. 1970 Norwich/USA), Volkswirtschaftler, 1920–1930 Geschäftsführer der Christlichen Gewerkschaften, Mai 1924–Nov. 1933 MdR (Zentrum, seit 1929 Fraktionsführer), 31. 3. 1930–1. 6. 1932 deutscher Reichskanzler; am 30. 6. 1934 Flucht nach Holland, Exil in USA, dort Professor an der Harvard University 18–21, 51, 53 f., 71, 74, 108, 129, 133

Buttmann, Dr. Rudolf (geb. 4. 7. 1885 Marktbreit, gest. 25. 1. 1947 München), Landtags-Oberbibliothekar, 1924–1933 MdL (NSDAP) in Bayern (ab 1925 Fraktionsführer), 1933 Ministerialdirektor im Reichsministerium des Innern (Leiter der Kulturabteilung), ab 1935 Generaldirektor der Bayer. Staatsbibliothek München 99

Crispien, Arthur (geb. 4. 11. 1875 Berlin, gest. 2. 12. 1946 Bern), Maler, Journalist, anfänglich Mitglied der USPD und deren Parteivorsitzender, 1918 württemb. Innenminister, 1919 MdL in Württemberg, 1924–1933 Parteivorsitzender der SPD, Juni 1920–22. 6. 1933 MdR, ging 1933 ins Exil in die Schweiz 62, 86, 120

Deininger, Karl (geb. 24. 11. 1869), 1914–1933 Stadtrat (SPD) in München 154

Dill, Hans (geb. 25. 6. 1887 Brand/Tachau, gest. 7. 7. 1973 Neuenhain/Taunus), Porzellanmaler, 1919–1932 MdL (SPD) in Bayern, 1919–1927 Redakteur der »Münchner Post«, ab 1927 Parteisekretär für den Bezirk Franken, Sept. 1930–22. 6. 1933 MdR, danach Flucht über die CSSR ins kanadische Exil   195

Dittmann, Wilhelm (geb. 13. 11. 1874 Eutin, gest. 7. 8. 1954 Bonn), Tischler, Redakteur, ab 1912 MdR, Mitbegründer der USPD (auch Parteivorsitzender), nach Wiedervereinigung von USPD und Mehrheitssozialisten 1922 in den Vorstand der SPD und zum Geschäftsführenden Vorsitzenden der neuen Reichstagsfraktion gewählt, 1933 ins Exil in der Schweiz gegangen, Herbst 1951 Rückkehr und Arbeit im Archiv der SPD in Bonn   86, 120

Dollfuß, Engelbert (geb. 4. 10. 1892 Texing/Niederösterreich, gest. 25. 7. 1934 Wien), österr. Politiker, 1931 Landwirtschaftsminister, 1932 Bundeskanzler, regierte unter Ausschaltung des Parlaments, von Nazis im Bundeskanzleramt erschossen   120

Dressel, Fritz (geb. 1. 6. 1896, gest. Mai 1933 Dachau), seit 1926 Vorsitzender der KPD in München und Bezirkssekretär, 1928–1933 MdL in Bayern, ermordet im KZ Dachau   205

Ebert, Friedrich (geb. 4. 2. 1871 Heidelberg, gest. 28. 2. 1925 Berlin), Sattler, dann Schriftleiter, 1896 Abgeordneter in der Bremer Bürgerschaft, seit 1912 MdR (SPD), nach dem Tod von August Bebel (1913) neben Hugo Haase Parteivorsitzender, 1916 Vorsitzender der sozialdemokratischen Reichstagsfraktion, 9. 11. 1918 Übernahme des Reichskanzleramts, Mitglied im Rat der Volksbeauftragten, 11. 2. 1919 durch die Nationalversammlung zum deutschen Reichspräsidenten gewählt   41, 223

Eggerstedt, Otto (geb. 27. 8. 1886 Kiel, gest. 12. 10. 1933 KZ Esterwegen), Bäcker, 1919 Parteisekretär der Mehrheitssozialisten und Stadtverordneter in Kiel, 7. 3. 1921–22. 6. 1933 MdR (SPD), 1929 Polizeipräsident von Altona-Wandsbek, am 24. 5. 1933 verhaftet und ins KZ Esterwegen eingeliefert, wo er von SA-Leuten erschossen wurde   14

Ehrenteit (SPD), Hamburger Gewerkschafter   86

Eisner, Kurt (geb. 15. 5. 1867 Berlin, gest. 21. 2. 1919 München), Journalist, 1892/93 Redakteur der »Frankfurter Zei-

Reichsrat und Mitglied der preußischen Staatsregierung, 1932 Reichsminister des Innern 33, 35

Gerlach, Paul (geb. 19. 4. 1888 Berlin, gest. 10. 10. 1944 KZ Sachsenhausen), Schriftsetzer, Journalist, seit 1922 Landesrat bei der rheinischen Provinzialverwaltung, Mai 1928—22. 6. 1933 MdR (SPD), ab Juni 1933 mehrere Monate in Haft, am 22. 8. 1944 erneut festgenommen und im KZ Sachsenhausen umgebracht 198

Goebbels, Dr. Joseph (geb. 29. 10. 1897 Rheydt, gest. 1. 5. 1945 Berlin), nationalsozialistischer Politiker, seit März 1933 Reichsminister für Volksaufklärung und Propaganda 64, 227

Göring, Hermann Wilhelm (geb. 12. 1. 1893 Rosenheim, gest. 15. 10. 1946 Nürnberg), nach Jura-Studium im 1. Weltkrieg Fliegeroffizier, seit 1922 Mitglied der NSDAP, Mai 1928—Mai 1945 MdR; April 1933 preußischer Ministerpräsident und preußischer Innenminister, Mai 1933 Reichsluftfahrtminister, 1932—1945 Reichstagspräsident, 1940 Reichsmarschall, beging nach Verurteilung im Nürnberger Prozeß Selbstmord 37 f., 45, 62 ff., 67, 69 ff., 83 ff., 124 f., 141, 145, 202 f., 232, 237

Götz, Sepp, MdL (KPD) in Bayern, am 10. 5. 1933 im KZ Dachau ermordet 205

Goldschagg, Edmund (geb. 11. 10. 1886 Freiburg, gest. 7. 2. 1971 München), Journalist und Verleger; Volontär bei der sozialdemokratischen »Volksstimme« in Chemnitz, 1920—1927 Nachrichtenredakteur beim sozialdemokratischen Pressedienst in Berlin, 1927—1933 leitender politischer Redakteur der »Münchner Post«, 1933 Verhaftung, anschließend Berufsverbot als Journalist. Ab 1945 Mitherausgeber und Redakteur der »Süddeutschen Zeitung« in München, bis 1951 Chefredakteur 242

Graßmann, Peter (geb. 28. 7. 1873 München, gest. 25. 10. 1939 Berlin), Schriftsetzer, Vorsitzender des Allgemeinen Deutschen Gewerkschaftsbundes Berlin 1919—1933, Mai 1924—22. 6. 1933 MdR (SPD), ab 2. 5. 1933 mehrere Wochen lang inhaftiert 178, 200

Groener, Wilhelm (geb. 22. 11. 1867 Ludwigsburg, gest. 3. 5. 1939 Berlin), Berufsoffizier, 1918 Eintritt in die Demokratische Partei, zwischen 1920 und 1923 mehrmals Reichsverkehrsminister, 1928–1932 Reichswehrminister, 1931/32 auch Reichsminister des Innern 44

Grzesinski, Albert (geb. 28. 7. 1879 Treptow, gest. 31. 12. 1947 New York), Metallarbeiter, Gewerkschaftsfunktionär, SPD-Mitglied, 1919–1924 Stadtverordneter in Kassel, 1925/26 Polizeipräsident von Berlin, 7. 10. 1926–28. 2. 1930 preußischer Innenminister, 1933 Flucht ins Exil über die Schweiz nach Frankreich, 1936 Mitarbeit am Volksfrontkomitee in Paris, ging dann nach Peru und schließlich in die USA 92, 120, 136

Gürtner, Dr. Franz (geb. 26. 8. 1881 Regensburg, gest. 29. 1. 1941 Berlin), Jurist, Mitglied der Bayr. Mittelpartei, dann der NSDAP, 4. 8. 1922–1. 6. 1932 bayerischer Staatsminister der Justiz, 2. 6. 1932–1941 Reichsjustizminister 47, 76–79, 137, 169, 183 ff., 187, 209 f., 226 ff., 237

Hahnemann, Dr. Alfred (geb. 6. 8. 1872 Rastatt, gest. 2. 2. 1957 Hinterzarten), Jurist, Landgerichtsdirektor in Mannheim, 1921–1924 MdL in Baden, Mai 1924–Nov. 1933 MdR (DNVP) 131

Hammerstein-Equord, Kurt Frhr. v. (geb. 26. 9. 1878 Hinrichshagen, gest. 24. 4. 1943 Berlin), Berufsoffizier, 1929 Chef des Truppenamtes im Reichswehrministerium, 1930–31. 1. 1934 (Rücktritt) Chef der Heeresleitung, 1934 Generaloberst 56

Hartsch, MdR (SPD) 200

Heilmann, Ernst (geb. 13. 4. 1881 Berlin, gest. 3. 5. 1940 Buchenwald), Jurist, Journalist, 1909–1917 Chefredakteur der »Volksstimme« Chemnitz, 1919–1933 MdL (SPD) in Preußen, Fraktionsführer, ab Juli 1933 in verschiedenen KZs inhaftiert, zuletzt in Buchenwald, wo er ermordet wurde 230

Heim, Dr. Georg (geb. 24. 4. 1865 Aschaffenburg, gest. 17. 8. 1938 Würzburg), Realschullehrer, Gründer der Bayer. Volkspartei, Bauernbundführer, 1897–1912 Mitglied der Bayer. Abgeordnetenkammer, 14. 9. 1897–Jan. 1912 und Jan. 1919–Mai 1924 MdR (Zentrum/BVP) 72, 75 f., 80

Heines, Edmund 69

Held, Dr. Heinrich (geb. 1868 Erbach/Taunus, gest. 4. 8. 1938 Regensburg), Jurastudium, 1899 Chefredakteur des »Regensburger Morgenblattes«, seit 1910 des »Regensburger Anzeigenblattes«, 1907–1933 MdL (Zentrum/BVP) in Bayern (1919–1924 Fraktionsvorsitzender), 1918 von Ludwig III.

zum stellvertr. Ministerpräsidenten und Staatsminister ohne Portefeuille ernannt, 1924–9. 3. 1933 bayer. Ministerpräsident 28, 73–81, 99, 101, 112, 176

Helldorf, Wolf Heinrich Graf v. (geb. 14. 10. 1896 Merseburg, gest. 15. 8. 1944 Berlin), im 1. Weltkrieg Husarenoffizier, anschließend Freikorps Oberbayern, als Angehöriger des Freikorps Roßbach Beteiligung am Kapp-Putsch, bis 1924 im Exil in Italien, 1926 Eintritt in die NSDAP, 1931 SA-Führer in Berlin, 1932 MdL in Preußen (Fraktionsvorsitzender), 1933 Führer der SA in Berlin-Brandenburg und Leiter der SS im Gau Brandenburg, 12. 11. 1933 MdR, März 1933–Juli 1935 Polizeipräsident in Potsdam, ab Juli 1935 Polizeipräsident in Berlin, SA-Gruppenführer und General der Polizei, nahm Kontakte zum Widerstand auf und wurde nach dem 20. Juli 1944 zum Tode verurteilt und hingerichtet 56

Hellmuth, Dr., MdL (NSDAP) in Bayern 143

Hergt, Oskar (geb. 22. 10. 1869 Naumburg, gest. 9. 5. 1967 Göttingen), Jurist, 1917/18 preußischer Finanzminister, 1919–1923 MdL (DNVP) in Preußen, 1927/28 Reichsjustizminister und Vizekanzler, Juni 1920–Nov. 1933 MdR 70

Hertz, Dr. Paul (geb. 23. 6. 1888 Worms, gest. 23. 10. 1961 Berlin), Volkswirtschaftler, Schriftsteller, 1917 Mitglied der USPD, 1919–1925 Mitglied der Berliner Stadtverordnetenversammlung, ab 1922 Sekretär der SPD-Reichstagsfraktion, Juni 1920–22. 6. 1933 MdR, seit April 1933 Parteivorstandsmitglied, ging im Mai 1933 ins Prager Exil, ab 1938 Paris, Ende 1938 Ausscheiden aus dem Emigrationsvorstand der SPD und Anschluß an die Gruppe »Neu Beginnen«, Ende 1939 Flucht in die USA; 1949 Rückkehr nach West-Berlin, dort von 1951–1953 und 1955–1961 Senator 46, 67

Heydrich, Reinhard (geb. 7. 3. 1904 Halle, gest. 4. 6. 1942 Prag), Seeoffizier, NSDAP-Mitglied, 1933 Leiter der Politischen Polizei in Bayern, 1934 Chef des geheimen Staatspolizeiamtes in Berlin, 1936 Chef der Sicherheitspolizei und des SD, ab 1939 Leiter des Reichssicherheitshauptamtes, 1941 SS-Obergruppenführer und General der Polizei, ab Sept. 1941 Stellvertretender Reichsprotektor in Böhmen und Mähren, an den Folgen eines Attentats (27. 5. 1942) gestorben 7, 221

Hilferding, Dr. Rudolf (geb. 10. 8. 1877 Wien, gest. 10. 2. 1941 Paris), Mediziner, Journalist, Schüler des österr. sozialdemokratischen Parteiführers Dr. Viktor Adler, 1902 Herausgeber der »Marxstudien« der Austromarxisten, 1906 Lehramt an' der SPD-Parteischule in Berlin, Auslandsredakteur des »Vorwärts«, 1910 erschien von ihm »Das Finanzkapital«, 1917 Beitritt zur USPD, Chefredakteur der »Freiheit«, 1920 Mitglied des Reichswirtschaftsrats, 1922 Rückkehr zur SPD, 1923 Finanzminister in der Regierung Stresemann, 1924–1933 MdR, verfaßte 1925 zus. mit Karl Kautsky das »Heidelberger Programm«, Leitung von »Die Gesellschaft«, 1928/29 Finanzminister in der Regierung Hermann Müller, März 1933 Flucht in die Schweiz, ab 1938 in Paris, am 9. 2. 1941 in Vichy verhaftet und an die Gestapo ausgeliefert, starb nach Mißhandlungen im Gefängnis   62, 87, 101 tet, bei der Einlieferung in das KZ Esterwegen von SA-Leuten erschossen 14, 25, 195

Ley, Dr. Robert (geb. 15. 2. 1890 Niederbreidenbach, gest. 25. 10. 1945 Nürnberg), Chemiker, 1925 Gauleiter der NSDAP im Rheinland, 1933 Reichsleiter der Deutschen Arbeitsfront, 1934 Reichsorganisationsleiter der NSDAP; seit 1928 MdL in Preußen, Sept. 1930–1945 MdR, endete durch Selbstmord 179

Lipinski, Richard (geb. 6. 2. 1867 Danzig, gest. 18. 4. 1933 Bennewitz), Journalist, Schriftsteller, Buchhändler, 1897 Mitbegründer des »Zentralverbandes der Handlungsgehilfen« (später »Freie Angestelltengewerkschaft«), 1900 Mitbegründer des »Vereins Arbeiterpresse«, Redakteur der »Leipziger Volkszeitung«, 1903–1906 und 1920–1933 MdR (SPD), 15. 9. 1918–16. 1. 1919 sächsischer Minister des Innern und des Äußern, ab März 1919 stellvertr. Parlamentspräsident in Sachsen, 11. 12. 1920–2. 2. 1923 sächs. Innenminister, April 1933 inhaftiert 200

Löbe, Paul (geb. 14. 12. 1875 Liegnitz, gest. 3. 8. 1967 Bonn), Schriftsetzer, Redakteur, 1915–1919 Mitglied des Provinziallandtags von Schlesien, 1919/20 Vizepräsident der Deutschen Nationalversammlung, 24. 6. 1920–13. 3. 1924 und Dez. 1924–Juni 1932 Reichstagspräsident, Jan. 1919–22. 6. 1933 MdR (SPD); 26. 6.–Dez. 1933 und erneut vom 23. 8.–19. 10. 1944 im KZ Groß-Rosen. Nach dem 2. Weltkrieg 1948 Mitglied des Parlamentarischen Rats und 1949–1953 MdB (Alterspräsident)   48, 66, 69 f., 87, 128, 141, 196–199, 230 ff.

Lossow, Otto-Hermann v. (geb. 1868 Hof, gest. 1938 München), Generalmajor, 1920–1924 Kommandeur der Reichswehr im Wehrkreis VII und bayer. Landeskommandant   35

Ludendorff, Erich (geb. 9. 4. 1865 Kruszewnia, gest. 20. 12. 1937 München), Berufsoffizier, 1908–1912 Chef der Aufmarschabteilung des Großen Generalstabs, ab 22. 8. 1914 Generalstabschef Hindenburgs (Schlacht bei Tannenberg), 1916 Oberste Heeresleitung (Erster Generalquartiermeister), am 26. 10. 1918 vom Kaiser entlassen; Beteiligung am Hitler-Putsch im Nov. 1923, 1924–1928 MdR (NSDAP), 1925 von den Nationalsozialisten als Kandidat für die Reichspräsidentenwahl aufgestellt, 1926 Gründung des Tannenberg-Bundes   76

Maier, Dr. Reinhold (geb. 16. 10. 1889 Schorndorf, gest. 19. 8. 1971 Stuttgart), Rechtsanwalt, 1924–1933 Vorsitzender der

württemb. Deutschen Demokratischen Partei und MdL., 1932/
1933 MdR, 1930–1933 württemb. Wirtschaftsminister. Nach
dem 2. Weltkrieg Gründer der Demokratischen Volkspartei
(später FDP), Ministerpräsident von Baden-Württemberg,
1953–1959 MdB 140

Marum, Dr. Ludwig (geb. 5. 11. 1882 Frankental, gest. 31. 3.
1934 KZ Kieslau), Rechtsanwalt, 1911–1922 Stadtverordneter der SPD in Karlsruhe, 1914–1928 MdL in Baden,
1918/19 badischer Justizminister, 1928–1933 MdR; am 16. 5.
1933 verhaftet, vermutlich von Gestapo-Leuten ermordet 46,
125, 200, 226

Marx, Wilhelm (geb. 15. 1. 1863 Kiel, gest. 5. 8. 1946 Bonn),
Jurist, von 1910–1918 und 1920–1933 MdR (Zentrum),
1920–1928 Parteivorsitzender, Nov. 1923–Jan. 1925 und
Mai 1926–Juni 1928 deutscher Reichskanzler 80

Meier, Stefan (geb. 6. 11. 1889 Neustadt/Schwarzwald, gest.
19. 9. 1944 Mauthausen), Kaufmann, Dez. 1924–1933 MdR
(SPD), ab März 1933 für mehrere Monate in Haft, 1940 erneut verhaftet und 1941 zu drei Jahren Zuchthaus verurteilt,
danach ins KZ Mauthausen eingeliefert, wo er ermordet wurde 125, 200

Meitmann, Karl (geb. 20. 3. 1891 Kiel), Arbeiterjugendführer,
1905 Mitbegründer der Sozialistischen Arbeiterjugend, Mitbegründer des Reichsbanner in Schleswig-Holstein, 1928 Lan-
desvorsitzender der SPD in Hamburg, 1933 dreimalige Verhaftung und Aufenthalt im KZ Fuhlsbüttel. Nach dem
2. Weltkrieg Wiederwahl zum Landesvorsitzenden der Hamburger SPD und Mitglied des Parteivorstands, seit 1949
MdB 84

Morath, MdR (DVP) 70

Nimmerfall, Hans (geb. 1872), 1912–1918 MdL (SPD) in
Bayern, Parteisekretär in München-Pasing 240 f.

Noske, Gustav (geb. 9. 7. 1868 Brandenburg, gest. 30. 11. 1946
Hannover), Holzarbeiter, Redakteur, Schriftleiter, 13. 3.
1906–Juni 1920 MdR (SPD), Dez. 1918 Mitglied im Rat der
Volksbeauftragten, warf im Jan. 1919 mit Regierungstruppen
und Freikorps den Berliner linksradikalen Aufstand nieder,
Februar 1919–März 1920 Reichswehrminister, Rücktritt nach
dem Kapp-Putsch, 1920–1933 Oberpräsident in Hannover,
August 1944–25. 4. 1945 in Haft 41, 223

1902–1905 Volksschullehrerin, 1918 Mitglied im Landes-
arbeiterrat und Vorsitzende des Bundes sozialistischer Frauen,
1919 Abgeordnete zur Deutschen Nationalversammlung,
Schriftführerin des Justizausschusses für Strafrechtsreform
und Schulpolitik, bis 1933 MdR (SPD), beging Selbstmord
48, 190, 199, 202, 207 f.

Pohle, Kurt (geb. 2. 5. 1899 Forst/Lausitz, gest. 3. 11. 1961
Neumünster), Textilarbeiter, Redakteur, 1922–1925 Parteisekretär der SPD, 1932 MdL in Preußen, Sept. 1930–April
1933 MdR, danach in Haft; 1945 Sozialminister in Schleswig-
Holstein, ab 1949 MdB   200

Puchta, Friedrich (geb. 24. 11. 1883 Hof, gest. 7. 7. 1946 München), Textilarbeiter, Redakteur, Juni 1920–Mai 1924 und
1928–1933 MdR (USPD/SPD), 9. 3. 1933 –29. 4. 1945 Haft
(KZ Dachau/Gefängnis)   200

Quadt, Wykradt und Isny, Eugen Graf zu (geb. 6. 1. 1887
Isny, gest. 19. 10. 1940 Isny), Rittmeister, Sept. 1930–19. 10.
1940 MdR (BVP/NSDAP), 1933 bayer. Wirtschaftsminister
172 f., 234

Reißner, MdR (SPD)   200

Ritzel, Heinrich Georg (geb. 10. 4. 1898 Offenbach), 1924–1930
MdL (SPD) in Hessen, 1930–1933 MdR, Funktionär der
Völkerbundsregierung im Saarland, 1939–1948 Generalsekre-
tär der Schweizer Europa-Union, nach dem 2. Weltkrieg
MdB   129

Röhm, Ernst (geb. 28. 11. 1887 München, gest. 1. 7. 1934 München), Berufsoffizier, 1919 am Aufbau des Freikorps Epp be-
teiligt, 1923 aus der Reichswehr ausgeschieden und Organi-
sator der SA, Teilnahme am Hitler-Putsch Nov. 1923, Mai
1924–Dez. 1925 MdR (NSDAP), 1928–1930 Ausbilder in
Bolivien, ab 1931 Stabschef der SA, 1933 bayer. Staatsminister ohne Geschäftsbereich, am 30. 6. 1934 in Bad Wiessee
wegen angebl. Putschversuch verhaftet und in München erschossen   50, 71, 113, 130, 174, 209

Rosenberg, Alfred (geb. 12. 1. 1893 Reval, gest. 16. 10. 1946
Nürnberg), Architekt, SA-Obergruppenführer, seit 1919 in
München als Schriftsteller, ab 1921 Chefredakteur des »Völ-
kischen Beobachters«, 1923 Teilnahme am Hitler-Putsch, Sept.
1930–Mai 1945 MdR (NSDAP), ab 1933 NS-Reichsleiter

Schemm, Hans (geb. 6. 10. 1891 Bayreuth), 1928 MdL (NSDAP) in Bayern, 1930 MdR, 1933 bayer. Staatsminister für Unterricht und Kultus   174 f.

Schiefer, Gustav (geb. 17. 7. 1876, gest. 19. 5. 1956 München), Schreiner, von 1919–1933 Geschäftsführer des Allgemeinen Deutschen Gewerkschaftsbundes und Mitbegründer bzw. Vorsitzender verschiedener Sozialversicherungsverbände in München und Südbayern   172

Schirmer, Joannes (geb. 8. 6. 1877 Deuben), Tapezierer, Amtshausmann, Juni 1920–1933 MdR (SPD), im Mai 1933 verhaftet; nach dem 2. Weltkrieg Eintritt in die SED und Bürgermeister in Pillnitz/DDR   200

Schleicher, Kurt v. (geb. 7. 4. 1882 Brandenburg, gest. 30. 6. 1934 Neubabelsberg), Berufsoffizier, seit 1926 in der politischen Abteilung im Reichswehrministerium, 1929 Generalleutnant und Chef des Ministeramtes im Reichswehrministerium, 1932 Reichswehrminister, 2. 12. 1932–28. 1. 1933 Reichskanzler, 1934 im Zuge des Röhm-Putschs ermordet   32 f., 35, 39, 44 f., 48–54, 56, 72, 178

Schmid, Eduard (geb. 15. 10. 1861, gest. 8. 6. 1933), Möbelschreiner, Redakteur, 1899–1919 Magistratsrat in München, 26. 6. 1919–31. 12. 1924 1. Bürgermeister in München, 1925–1933 ebda. ehrenamtlicher Stadtrat, 1907–1918 MdL (SPD) in Bayern   207

Schröder, Kurt Frhr. v., Mitinhaber des Kölner Bankhauses I. H. Stein   50

Schwerin von Krosigk, Lutz Graf (geb. 22. 8. 1887 Rathmannsdorf/Anhalt, gest. 8. 3. 1977), 1932–1945 Reichsfinanzminister in den Kabinetten Papen, Schleicher, Hitler, Dönitz, Mitglied der NSDAP, 1945 verhaftet und 1949 zu zehn Jahren Gefängnis verurteilt (1951 begnadigt)   237

Seeckt, Hans v. (geb. 22. 4. 1866 Schleswig, gest. 27. 12. 1936 Berlin), Generaloberst, März 1920–Okt. 1926 Chef der Heeresleitung, Sept. 1930–Juli 1932 MdR (DVP), 1933–1935 militärischer Berater in China   42

Seger, Gerhart (geb. 16. 11. 1896 Leipzig), Steindrucker, Redakteur, Sept. 1930–1933 MdR (SPD), wurde am 12. 3. 1933 in Leipzig verhaftet und ins KZ Oranienburg gebracht, von wo er am 4. 12. 1933 fliehen konnte; veröffentlichte 1934 den ersten authentischen Bericht über das Lager   125, 200, 226

Seldte, Franz (geb. 29. 5. 1882 Magdeburg, gest. 1. 4. 1947

Nürnberg), Fabrikant, November 1918 Gründer und Führer des Bundes der Frontsoldaten – Stahlhelm, 1933–1945 Reichsarbeitsminister, März 1933–Mai 1945 MdR (DNVP/NSDAP) 237

Severing, Carl (geb. 1. 6. 1875 Herford, gest. 23. 7. 1952 Bielefeld), Schlosser, 1901–1912 Gewerkschaftssekretär in Bielefeld, dann Journalist, 1907–1933 MdR (SPD), 1921–1933 MdL in Preußen, 1920/21, 1921–1926 und 1930–1932 Minister des Inneren in Preußen, 1928–1930 Reichsminister des Inneren, 1933 vorübergehend in Haft, 1947 MdL in Nordrhein-Westfalen 32, 49, 131, 136

Siebert, Ludwig (geb. 17. 10. 1884 Ludwigshafen, gest. 1. 11. 1942 Prien), Staatsanwalt, 1919–1933 Oberbürgermeister von Lindau, ab 1932 MdL (NSDAP) in Bayern, März 1933 bayer. Staatsminister der Finanzen, April 1933 bayer. Ministerpräsident, MdR 113, 174, 210

Soldmann, Fritz (geb. 8. 3. 1878 Lübeck, gest. 31. 5. 1945 Wernrode), Schuhmacher, Arbeitersekretär in Schweinfurt, ebda. Stadtrat und Bürgermeister, Juni 1920–1933 MdR (USPD/SPD), im März 1933 und erneut am 22. 8. 1944 verhaftet, am 12. 4. 1945 von alliierten Truppen aus dem KZ Buchenwald befreit 125

Sollmann, Wilhelm (geb. 1. 4. 1881 Oberlind, gest. 6. 1. 1951 Mount Carmel/USA), Journalist, Gewerkschaftsführer, Mitarbeiter des »Fränkischen Volksboten« und der »Rheinischen Zeitung«, 1918–1924 Stadtverordneter und Vorsitzender der SPD-Fraktion in Köln, 1919 Abgeordneter der Deutschen Nationalversammlung, Mitarbeit an der Reichsverfassung, 1919–1933 MdR, in zwei Kabinetten Stresemann Justizminister, 1933 Mitglied des Parteivorstandes und Exil im Saarland, 1936 Flucht in die USA, dort Universitätsprofessor in Philadelphia 125

Stampfer, Friedrich (geb. 8. 9. 1874 Brünn, gest. 1. 12. 1957 Frankfurt/Main), Journalist, Mitarbeit in der SPD-Tagespresse, ab 1916 Chefredakteur des »Vorwärts«, 1920–1933 MdR, 1933 Flucht ins Prager Exil, ab 18. 6. 1933 Leiter des »Neuen Vorwärts« (Karlsbad), 1938–1940 Paris, dann USA, 1948 Rückkehr nach Deutschland, Dozent an der Akademie der Arbeit in Frankfurt/Main und journalistische Tätigkeit 7, 54, 57, 67, 87, 194, 196 f.

Staudinger, Prof. Dr. Hans (geb. 16. 8. 1889 Worms), preu-

ßischer Staatssekretär, Nov. 1932–1933 MdR (SPD), vom
16. 3. 1933–22. 7. 1933 in Haft, 1934 Flucht in die USA, lebt
in New York 85

Stegerwald, Dr. Adam (geb. 14. 12. 1874 Greußenheim, gest.
4. 12. 1945 Würzburg), Schreiner, 1917/18 Mitglied des Her-
renhauses, März–Nov. 1921 preußischer Ministerpräsident,
1919–1929 Vorsitzender des Gesamtverbandes der christlichen Gewerkschaften, April 1929–April 1930 Reichsver-
kehrs- und -arbeitsminister, 1919–1933 MdR (Zentrum),
Juli–Sept. 1944 in Haft, 1945 Regierungspräsident von Un-
terfranken 64, 71

Stegmann, Wilhelm Ferdinand (geb. 13. 6. 1899 München, gest.
15. 12. 1944), Diplomlandwirt, Leutnant, fränkischer NS-
Führer, Sept. 1930–März 1933 MdR (NSDAP), 1933 Aus-
schluß aus der SA, 1940 der Bewährungseinheit Dirlewanger
überstellt, in Rußland vermißt 39

Stelling, Johannes (geb. 12. 5. 1877 Hamburg, gest. 22. 6. 1933
Grünau), Handlungsgehilfe, 1905–1919 Mitglied der Lü-
becker Bürgerschaft, 1919/20 Innenminister von Mecklen-
burg-Schwerin, 1921–1924 Ministerpräsident und MdL (SPD)
von Mecklenburg, Vorsitzender des Reichsbannergaus Berlin-
Brandenburg, Jan. 1919–1933 MdR, am 22. 6. 1933 von
SA-Leuten überfallen und verschleppt; nach zwei Wochen
wurde die verstümmelte und in einem Sack verschnürte Leiche
aus dem Wasser der Dahme bei Berlin-Grünau geborgen
(Köpenicker Blutnacht) 14, 231 f.

Stöhr, Franz (geb. 19. 11. 1879 Weiten-Trebetitsch/Böhmen),
kaufm. Angestellter, Beamter des Deutschnationalen Hand-
lungsgehilfenverbandes, seit 1924 MdR (NSDAP), 1930–1932
Erster Vizepräsident des Reichstags 132

Strasser, Gregor (geb. 31. 5. 1892 Geisenfeld/Obb., gest. 30. 6.
1934 Berlin), Apotheker, Angehöriger des Freikorps Epp und
Führer des Sturmbataillons Niederbayern, 1921 Eintritt in
die NSDAP, 1923 Teilnahme am Hitler-Putsch, April–Dez.
1924 MdL in Bayern, Dez. 1924–März 1933 MdR, Organi-
sator der NSDAP in West- und Norddeutschland (1925) und
Reichsorganisationsleiter (1932), wurde anläßlich des Röhm-
Putschs von der SS ermordet 33, 39, 49

Streicher, Julius (geb. 12. 2. 1885 Fleinhausen/Schwaben, gest.
16. 10. 1946 Nürnberg), Volksschullehrer, gründete 1923 das
antisemitische Hetzblatt »Der Stürmer«, 1924–1940 Gau-

leiter von Franken, 1924–1932 MdL (NSDAP) in Bayern, Juli 1932–Mai 1945 MdR, nach Verurteilung im Nürnberger Prozeß hingerichtet 39, 49, 67, 191

Stresemann, Dr. Gustav (geb. 10. 5. 1878 Berlin, gest. 3. 10. 1929 Berlin), 1903 Mitglied der Nationalliberalen Partei, Syndikus in Berlin, Januar 1907–1912 und 1914–1918 MdR, seit 1917 Vorsitzender der Reichstagsfraktion der Nationalliberalen, Dezember 1918 Mitbegründer der DVP und bis zu seinem Tode ihr Vorsitzender, 13. 8.–21. 11. 1923 Reichskanzler, August 1923–3. 10. 1929 Reichsaußenminister 175, 203

Stützel, Dr. Karl (geb. 1872 Speyer, gest. 1935 München), Ministerialrat, 1924–1933 bayer. Staatsminister des Innern, Mitglied der BVP 81, 102 f., 110, 116, 176

Szillat, Paul (geb. 30. 10. 1888), 1925–1933 MdL (SPD) in Preußen, 1932/33 Oberbürgermeister der Stadt Brandenburg, nach 1945 MdL von Brandenburg und Oberbürgermeister von Rathenow 232

Timm, Johannes (geb. 13. 4. 1866 Schashagen/Holstein, gest. Dez. 1945), Schneider, Gewerkschaftsführer und Arbeitersekretär in Hamburg und München, 1904–1919 Vorsitzender des Bezirks Südbayern der SPD, seit 1905 MdL in Bayern, 8. 11. 1918–21. 2. 1919 provis. bayer. Justizminister 25, 89

Torgler, Ernst (geb. 25. 4. 1893 Berlin, gest. 19. 1. 1963 Hannover), Kaufm. Angestellter, 1924–1933 MdR (KPD), Vorsitzender der Reichstagsfraktion, stellte sich am Tag nach dem Reichstagsbrand der Polizei, blieb trotz Freispruch bis Nov. 1936 in Haft. Nach 1945 Mitglied der SPD 46, 68 f.

Ulrich, Fritz (geb. 12. 2. 1888 Schwaikheim, gest. 7. 10. 1964 Stuttgart), 1919–1933 MdL (SPD) in Württemberg, Sept. 1930–1933 MdR, März 1933 und August 1944 inhaftiert. Nach dem 2. Weltkrieg 1946–1949 Innenminister in Baden-Württemberg und MdL (Alterspräsident) 200

Unterleitner, Hans (geb. 27. 1. 1890 Freising), Metallarbeiter, Parteisekretär in München, Nov. 1918–April 1919 bayer. Minister für soziale Fürsorge, 1920–1933 MdR (SPD), Mai 1933–11. 7. 1935 KZ Dachau, Exil in den USA 118 f., 121, 126, 149, 195, 229, 240, 242

Vogel, Hans (geb. 16. 2. 1881 Oberartelshofen, gest. 6. 10. 1945
London), Bildhauer, Parteisekretär in Berlin, 1912–1918 Mitglied des bayer. Abgeordnetenhauses, 1919–1933 MdR (SPD),
Exilstationen Prag (1933), Paris (1938) und London (1940),
1938–1945 Parteivorsitzender der Exil-SPD   55, 67, 87,
196 f.

Vollmar, Georg v. (geb. 7. 3. 1850 Veltheim b. München, gest.
30. 6. 1922 Soiensass-Urfeld/Walchensee), Offizier, Journalist
und Führer der bayer. Sozialdemokraten, 1866 als Leutnant
im Krieg Preußen-Österreich auf österr. Seite, 1868 Mitglied
der Päpstlichen Garde in Rom, nach Beitritt zur SPD Mitte
der Siebziger Jahre Mitarbeit am »Dresdner Volksboten«, infolge der Sozialistengesetze Ende der Redaktionstätigkeit.
1881–1887 und 1889–1918 MdR, 1883–1889 MdL in Sachsen, 1893–1918 MdL in Bayern   89, 179, 253

Wagner, Adolf (geb. 1. 10. 1890 Algringen/Lothringen, gest.
1944 München), Verleger, 1929 Gauleiter von München-
Oberbayern, MdL in Bayern und MdR (NSDAP), 1933
bayer. Innenminister und Stellvertreter des Ministerpräsidenten, 1936 bayer. Staatsminister für Unterricht und Kultus
99, 113, 143, 150, 175, 239

Wels, Otto (geb. 15. 9. 1873 Berlin, gest. 16. 9. 1939 Paris),
Tapezierer, 1907–1918 Parteisekretär für die Provinz Bran-
denburg, 1921–1939 Parteivorsitzender der SPD, 1912–1933
MdR (Fraktionssprecher), ging 1933 über das Saarland ins
Exil nach Prag, 1938 nach Paris   55, 68, 87, 96 f., 99 ff., 103,
133 ff., 194, 196 f., 230

Westphal, Max (geb. 30. 9. 1893 Hamburg, gest. 28. 12. 1942
Berlin), Arbeiterjugendführer, 1921–1927 Vorsitzender des
Verbandes der Arbeiterjugendvereine, 1925 hauptamtliches
Parteivorstandsmitglied der SPD, Juni–Okt. 1933 in Haft,
erneut Dez. 1938–Mai 1940 (KZ Oranienburg)   232

Wimmer, Thomas (geb. 7. 1. 1887 Siglfing b. Erding, gest. 18. 1.
1964 München), Schreiner, 1925–1933 Stadtrat in München,
SPD-Mitglied, 1948–1960 Münchner Oberbürgermeister   8,
109, 114, 214

Wirth, Dr. Joseph (geb. 6. 9. 1879 Freiburg, gest. 3. 1. 1956
Freiburg), 1920/21 Reichsfinanzminister, 1921/22 Reichskanzler, 1930/31 Reichsinnenminister, 1914–1918 und 1919–1933